Leo N. Tolstoi

Kurze Darlegung
des Evangelium

Aus dem Russischen
von Paul Lauterbach

Band-Signatur
TFb_A004

Tolstoi-Friedensbibliothek
Reihe A | Band 4

Bearbeitet von
Peter Bürger und
Thomas Nauerth

Leo N. Tolstoi

Kurze Darlegung
des Evangelium

Aus dem Russischen
von Paul Lauterbach
(1892)

Mit einem einleitenden Text
von Käte Gaede
(1980)

Tolstoi Friedensbibliothek

TFb_A004

Die TFb-Buchausgaben
folgen dem Editionsprojekt
www.tolstoi-friedensbibliothek.de

© 2023

Leo N. Tolstoi

KURZE DARLEGUNG DES EVANGELIUM

Aus dem Russischen von Paul Lauterbach (1892)

*Neu ediert von Peter Bürger und Thomas Nauerth,
mit einem einleitenden Text von Käte Gaede* (1980)

Tolstoi-Friedensbibliothek: Band-Signatur TFb_A004

Herausgeber, Redaktion & Gestaltung: Peter Bürger
www.tolstoi-friedensbibliothek.de
Umschlagabbildung: „Was ist Wahrheit?",
Nikolai N. Ge | Николай Николаевич Ге (1831-1894)
commons.wikimedia.org

Herstellung & Verlag: BoD – Books on Demand, Norderstedt
ISBN: 978-3-7578-1498-4

Inhalt

Zur Einleitung
LEW NIKOLAJEWITSCH TOLSTOI
Vom Schriftsteller zum Bibelinterpreten
Von Käte Gaede (1980)   9

—

Leo N. Tolstoi
KURZE DARLEGUNG DES EVANGELIUM
Aus dem Russischen von Paul Lauterbach (1892)   33

Vorbemerkung des Übersetzers   35

Vorwort zur Kurzen Darlegung des Evangelium   37

Das Evangelium. Die Verkündigung vom Heile Jesu
Christi, des Sohnes Gottes. Einleitung   55

I. Kapitel. Der Sohn Gottes. Der Mensch ist ein Sohn
Gottes, ohnmächtig im Fleische and frei durch den Geist.
(Unser Vater!)   57

II. Kapitel. Und darum muß der Mensch nicht dem Fleische,
sondern dem Geiste dienen. (Der du bist im Himmel.)   63

III. Kapitel. Aus dem Vater-Geiste ging das Leben aller
Menschen hervor. (Geheiligt werde dein Name!)   73

IV. Kapitel. Das Reich Gottes. Und darum ist der Wille
des Vaters das Leben und Heil aller Menschen.
(Dein Reich komme.)   81

V. Kapitel. Das wahre Leben. Die Erfüllung des Willens
des Vaters wird das wahre Leben geben.
(Dein Wille geschehe!)   92

VI. Kapitel. Das falsche Leben. Und dazu, daß er das wahre Leben empfange, muß der Mensch auf Erden sich lossagen vom falschen Leben des Fleisches und durch den Geist leben. (Wie im Himmel, so auch auf Erden.) 107

VII. Kapitel. Ich und der Vater sind eins. Die wahre Speise des Lebens ist die Erfüllung des Willens des Vaters und die Vereinigung mit ihm. (Unser nötiges Brot gieb uns –) 121

VIII. Kapitel. Das Leben ist keines in der Zeit. Und darum lebt der Mensch wahrhaft, wann er sich nährt von der Erfüllung des Willens des Vaters im Gegenwärtigen, und abläßt von allen Gedanken an das Vergangene und Zukünftige. (Heute.) 136

IX. Kapitel. Die Verführungen. Der Trug des zeitlichen Lebens verbirgt vor den Menschen das wahre Leben im Gegenwärtigen und in der Vereinigung mit dem Vater. (Und vergieb uns unsere Schuld, wie wir vergeben unseren Schuldigern.) 147

X. Kapitel. Der Kampf mit den Verführungen. Und darum muß man, sich vom Bösen zu befreien, zu jeder Stunde seines Lebens eins sein mit dem Vater. (Und führe uns nicht in Versuchung.) 162

XI. Kapitel. Das Abschieds-Gespräch. Das persönliche Leben ist ein Trug des Fleisches, ist das Böse. Das wahre Leben ist das, das allen Menschen gemeinsam ist. (Sondern erlöse uns vom Bösen.) 175

XII. Kapitel. Der Sieg des Geistes über das Fleisch. Und darum giebt es für einen Menschen, der kein persönliches, sondern ein gemeinsames Leben im Willen des Vaters lebt, kein Böses. Der fleischliche Tod ist die Vereinigung mit dem Vater. (Denn dein ist das Reich und die Kraft und die Herrlichkeit.) 185

Schluß.
Die Erkenntnis des Lebens ist die Ausübung des Guten   198

Erste Epistel Johannis des Theologen   199

―――

ANHANG

Kommentierte Bibliographie zu
Leo N. Tolstois Werken über die Evangelien   204

Ausgewählte Sekundärliteratur zu
Tolstois Bibelarbeit   206

Leo N. Tolstoi (1828-1910)
im sechsten Lebensjahrzehnt

Zur Einleitung

Lew Nikolajewitsch Tolstoi
Vom Schriftsteller zum Bibelinterpreten
(Evangelische Verlagsanstalt Berlin, 1980)[1]

Von Käte Gaede

Lew Nikolajewitsch Tolstoi (1828-1910) hat bereits zu Lebzeiten Aufsehen erregt. Iwan Sergejewitsch Turgenjew (1818 bis 1883), mit dem Tolstoi eine Zeitlang freundschaftliche Beziehungen verbanden, hat einmal geäußert: „Tolstoi ... ist unter den russischen Schriftstellern ein Elefant, der es vermag, mit seinem Rüssel einen Baum im Walde mit den Wurzeln herauszureißen, aber auch einen Schmetterling so zart von der Blume zu heben, daß ihr Blütenstaub nicht beunruhigt wird."[2]

Maxim Gorki (1868-1936) hat Erinnerungen an ihn aufgezeichnet; andere Zeitgenossen hielten Gespräche mit ihm fest, schrieben seine Biographie oder gaben seine Briefe und Tagebücher heraus.[3]

Die zaristische und auch die geistliche Zensurbehörde verfolgten aufmerksam seine Veröffentlichungen.

---

[1] Textquelle dieses Buchauszuges | Käte GAEDE: Lew Nikolajewitsch Tolstoi. Schriftsteller und Bibelinterpret. Berlin: Evangelische Verlagsanstalt 1980, S. 7-26. – Darbietung an dieser Stelle mit freundlicher Genehmigung der Evangelischen Verlagsanstalt, Berlin (Schreiben vom 13.02.2023).

[2] Zitiert nach F. STEPUN, Dostojewski und Tolstoi, Christentum und soziale Revolution, München 1961, S. 83.

[3] *Pawel Iwanowitsch Birjukow* (1860-1931) ist der erste bedeutende Biograph und einer seiner treuesten Anhänger. *Nikolai Nikolajewitsch Gussew* (1882-1967) war von 1907 bis 1909 Sekretär Tolstois, später Direktor des Tolstoi-Museums in Moskau und Mitherausgeber der Gesamtausgabe von Tolstois Werken (Polnoje sobranije sotschineni). Zu den Herausgebern gehört auch *Wladimir Grigorowitsch Tschertkow* (1854-1936), konsequenter Anhänger Tolstois, der zuletzt auf Grund dessen und wegen seines Einflusses auf Tolstoi in schroffen Gegensatz zu dessen Frau und den meisten Familienmitgliedern geriet. – *Raphael Löwenfeld* (1854-1910), deutscher Slawist, Literaturhistoriker, Übersetzer und Theaterintendant (des Schillertheaters Berlin), war 1890 in Jasnaja Poljana und hat die umfangreichste Werkausgabe im Ausland veranstaltet (vergleiche Quellennachweis).

Andere Schriftsteller, unter ihnen Max Brod, Thomas Mann, Romain Rolland, Anna Seghers, Stefan Zweig, haben sich in gesonderten Arbeiten mit Person und Werk des großen Russen auseinandergesetzt.

Seit über einem Jahrzehnt erscheint in der DDR eine zwanzigbändige Tolstoi-Ausgabe, die uns seine Werke in erfreulichem Umfang und systematisch zugänglich macht und in Nachworten und zum Teil ausführlichen Anmerkungen wichtige Übersicht über zeitgeschichtliche, gesellschaftliche und persönliche Zusammenhänge vermittelt.[4]

Noch heute gehören die Werke Tolstois zu der in die meisten Weltsprachen übersetzten Literatur. Und noch vor seinem Tode schrieben bereits Literaturwissenschaftler, Pädagogen, Politiker, Theologen und Philosophen die ersten Bücher oder Abhandlungen über ihn. Sein umfassendes Gedankengut analysierend aufzunehmen ist eine Aufgabe, die nur von verschiedenen Fachleuten geleistet werden kann.

In der bei Reclam 1974 erschienenen „Russischen Literatur im Überblick" wird Tolstoi (Seite 326) unter anderem wie folgt charakterisiert: „In einem lange währenden qualvollen Prozeß des Suchens nach Klarheit über seinen Platz in der Welt und einer Philosophie, die ihm Richtlinie sein kann, gelangt er zum völligen Bruch mit seiner Klasse und zum Übergang auf die Position der patriarchalischen, also altväterlich-traditionstreuen Bauernschaft. Hiermit verbunden ist ein Bruch mit den Dogmen der orthodoxen Kirche, der bis zur Errichtung eines eigenen christlichen Gedankengebäudes geht." Jenes „eigene christliche Gedankengebäude", häufig mit ‚Tolstois Christentum' oder ‚seiner Bergpredigtinterpretation' umschrieben, prägte dann besonders die letzten dreißig Jahre seines Lebens. Gleichfalls Turgenjew war es – kurz vor seinem Tode -, der angesichts jener Wandlung Tolstoi wissen ließ: „Weh und leid ist es uns, daß Sie, der große Künstler des großen Rußland, Ihren [literarischen] Pinsel zur Seite gelegt haben."[5]

---

[4] Lew TOLSTOI, Gesammelte Werke in zwanzig Bänden. Hrsg, von E. Dieckmann und G. Dudek, Berlin: Rütten & Loening 1965 ff. Wenn keine andere Quellenangabe erfolgt, werden Tolstois Briefe und andere Schriften nach dieser Ausgabe [*Kurztitel*: Werke], mit Angabe des jeweiligen Bandes, zitiert.
[5] Zitiert nach Esther Luba AXELROD, Tolstois Weltanschauung und ihre Entwick-

Von Tolstois Interpretation der biblischen Botschaft und seinem Demonstrieren ihrer Aktualität sah sich dann nicht nur die Russische Orthodoxe Kirche seinerzeit herausgefordert. Auch evangelische Theologen haben Aspekte für die Ablehnung oder Gültigkeit seiner Aussagen herausgearbeitet. Der Theologe Martin Doerne hat erst 1961 in seiner Untersuchung über Tolstoi und Dostojewski darauf hingewiesen, daß Tolstoi heute für jene Theologen, die die Mitmenschlichkeit als kritisches Maß aller Christlichkeit hervorheben, als Kronzeuge gelten könnte. Die 150. Wiederkehr des Geburtstages Tolstois, am 9. September 1978 (28. August alten Stils), konnte ein Anlaß sein, Tolstois Schaffen von theologischer Seite erneut zu würdigen. Darüber hinaus liegt uns daran, vor allem jenes christliche Gedankengebäude anhand der dafür zentralen und schwer zugänglichen Schriften darzustellen sowie sein Entstehen und Wirken zu skizzieren. Die Aktualität dessen, seinerzeit am Reagieren der verschiedenen Kreise ablesbar, wird sich auch dem heutigen Leser erschließen.

———

Das Leben des außergewöhnlichen Menschen Graf Lew Nikolajewitsch Tolstoi nahm auch ein ungewöhnliches Ende. Am 28. Oktober 1910 brach er in dämmriger Frühe aus seinem Gut in Jasnaja Poljana („helle Lichtung"), im Gouvernement Tula, südlich von Moskau gelegen, auf und kehrte nur noch als Toter dorthin zurück.

Mit seinem Hausarzt Dusan P. Makovicky (1866-1921), der ihn seit 1904 ständig begleitete, hatte sich Tolstoi zunächst in das Optina-Einödkloster (Optina pustyn) begeben, das im 19. Jahrhundert ein geistlicher Mittelpunkt der Russischen Orthodoxen Kirche war. Am darauffolgenden Tag besuchte er seine Schwester Maria im nicht allzuweit entfernten Kloster Schamardino. Seine Weiterfahrt auf der Eisenbahnlinie Rjasan – Ural – das genaue Ziel war noch nicht festgelegt – mußte er dann an der kleinen Bahnstation Astapowo unterbrechen: Eine Erkältung, die eine Lungenentzündung nach sich zog, zwang ihn aufs Krankenlager. Am 7. November starb er und wurde am 9. November in Jasnaja Poljana beigesetzt.

Heftige Auseinandersetzungen mit seiner Frau waren Tolstois Aufbruch vorausgegangen. Sie als einzigen Beweggrund zu werten,

lung, Stuttgart: Druck der Union Deutsche Verlagsgesellschaft 1902, S. 30.

würde der Vielschichtigkeit seiner Persönlichkeit nicht gerecht werden.

Ungewöhnlich kann dieser Aufbruch nicht genannt werden; denn er gehört in die Reihe derer, die Tolstoi während seines Lebens immer wieder unternommen hat, weniger Aufbrüche äußerer als vielmehr innerer Art, die sich in seinem praktischen Handeln und in der literarischen Reflexion – im weitesten Sinne – niederschlugen. Alle waren sie auf die Verwirklichung eines sinnerfüllten Lebens gerichtet.

Auch der letzte Aufbruch Tolstois ist weniger spektakulär – will man auch die anderen in seinem Leben nicht so sehen –, als vielmehr von der Absicht getragen, wie er es im Brief an seine Frau am 28. Oktober 1910 ausdrückt, „nicht länger in jenem Luxus zu leben ..." In einem weiteren Brief an seine Frau vom 30./31. Oktober 1910 formuliert Tolstoi geradezu nüchtern: „Vielleicht sind die Monate, die wir noch zu leben haben, wichtiger als alle durchlebten Jahre, und wir müssen sie gut leben."[6] Von demselben Grundgedanken ist die Mahnung vom 1. November 1910 an seinen ältesten Sohn, Sergej Lwowitsch Graf Tolstoi, getragen: „... denke einmal über Dein Leben nach, darüber, wer Du bist, was Du bist, worin der Sinn des menschlichen Lebens besteht und wie jeder vernünftige Mensch es verbringen soll ..."

Bereits 19jährig formuliert Tolstoi in seinem Tagebuch, am 17. April 1847, den Zweck des Lebens: „... das bewußte Streben nach allseitiger Entwicklung alles Seienden ... Ich wäre der unglücklichste Mensch, wenn ich keinen Zweck für mein Leben gefunden hätte, keinen allgemeinen und nützlichen Zweck, nützlich in dem Sinne, daß die unsterbliche Seele, wenn sie ihre natürliche Entwicklung abgeschlossen hat, in ein höheres Wesen und einen diesem angemessenen Zustand übergeht. Mein ganzes Leben soll nun ein tätiges, unermüdliches Streben nach diesem Ziele sein ..."[7].

Nach Abbruch seines Studiums an der Fakultät für orientalische Sprachen und der Rechte an der Kasaner Universität unternimmt

---

[6] Die letzten Briefe Tolstois sind im Band 17 der 20bändigen Tolstoi-Ausgabe nachzulesen und erhellen die Situation der letzten Lebenstage aus der Sicht Tolstois.

[7] L. TOLSTOI: Ein Leben in Selbstbekenntnissen, Tagebuchblätter und Briefe, hrsg. von Arthur Luther, Leipzig 1923, S. 30.

Tolstoi mit der Gründung einer Schule in Jasnaja Poljana seine ersten pädagogischen Versuche, die er aber bald aufgibt und erst zehn
Jahre später mit größerer Wirkung fortsetzt.

Dazwischen liegt die Zeit freiwilligen Dienstes in der Armee,
währenddessen seine ersten literarischen Werke entstehen. Am
Schluß der „Kindheit", die 1852 in der Zeitschrift „Sowremennik"
(Der Zeitgenosse) erscheint, läßt Tolstoi bereits den Helden seiner
Autobiographie, Nikolai Irtenjew, über den Tod der Haushälterin
Natalja Sawischna auf dem Gute Petrowskoje, dem Sommersitz der
Familie Tolstoi, reflektieren: „Sie schied ohne Bedauern aus dem Leben, fürchtete den Tod nicht, sondern nahm ihn als eine Wohltat entgegen. Das wird oft gesagt, doch wie selten ist es wirklich so! Natalja
Sawischna konnte den Tod nicht fürchten, weil sie in unerschütter-
lichem Glauben starb und die Vorschriften des Evangeliums erfüllt
hatte. Ihr ganzes Leben war eine reine, uneigennützige Liebe und
Selbstaufopferung gewesen. Gewiß, ihr Glaube hätte vielleicht erhabener, ihr Leben auf ein höheres Ziel gerichtet sein können; aber war
diese reine Seele deswegen etwa weniger liebenswert und bewun-
derungswürdig? Sie hatte das beste und größte Werk dieses Lebens
vollbracht – sie ist ohne Bedauern und ohne Furcht gestorben …"
(Werke Bd. 1, S. 124). In den zwei Jahre später erschienenen „Kna-
benjahren" weitet Irtenjew den Blick über die unmittelbare Umgebung hinaus aus und macht damit eine „moralische Wandlung"
durch: „Es wurde mir zum erstenmal klar, daß nicht nur wir, nicht
unsere Familie allein, auf Erden lebten, daß sich nicht alles ausschließlich um uns drehte, sondern daß auch noch andere Menschen
existierten, die ihr eigenes Leben führten, nichts mit uns gemein hatten, sich nicht um uns kümmerten und nicht einmal von unserem
Dasein wußten" (Werke Bd. 1, S. 142 f.).

Jene anderen Menschen seiner unmittelbaren Umgebung nehmen dann mehr und mehr die Aufmerksamkeit Tolstois in Anspruch. Gleichzeitig mit ersten pädagogischen Versuchen widmet er
sich seinen Aufgaben als Gutsherr. Die Erlebnisse des 19jährigen,
seine Pläne und Absichten haben in der Erzählung „Der Morgen eines
Gutsbesitzers" ihren Niederschlag gefunden. Erst 1856 fertiggestellt,
spiegelt dieses literarische Werk seiner Frühzeit noch ebenso die il-
lusionären Vorstellungen wider, wie es Aufschluß über die Offen-
heit gegenüber den Problemen des Volkes deutlich macht: Der auto-

biographische Züge tragende Nechljudow „kannte seit langem, nicht vom Hörensagen, sondern aus eigener Anschauung, die furchtbare Armut, in der die Bauern seines Gutes ihr Leben fristeten; doch diese Verhältnisse widersprachen so sehr dem Milieu, in dem er erzogen war, seiner Geistesrichtung und Lebensweise, daß er gegen seinen Willen oft die Wirklichkeit vergaß und daß sich jedesmal, wenn sie ihm jetzt in so anschaulicher Weise in Erinnerung gebracht wurde, ein ungemein bedrückendes, quälendes Gefühl seiner bemächtigte, als sei er an ein von ihm begangenes, noch ungesühntes Verbrechen erinnert worden." (Werke Bd. 2, S. 427 f.) Nechljudow, der den rauhen Alltag und die kärglichen Lebensbedingungen bei seinen Besuchen und den Bittgesuchen der Bauern erlebt, muß bald feststellen, daß seine Pläne, „inmitten dieser schlichten, empfänglichen und unverbildeten Klasse des Volkes zu wirken, sie aus ihrer Armut zu befreien und zum Wohlstand zu führen, ihr etwas von der Bildung zu vermitteln, ... ihre auf Unwissenheit und Aberglauben beruhenden Laster zu bekämpfen und ihre Moral zu heben, sie zu lehren, das Gute zu lieben ..." (S. 470), nicht so leicht zu verwirklichen sind.

Tolstoi beschäftigt sich weiter mit der Bauernfrage und versucht, eine eigene Form der Leibeigenschaftsreform durchzuführen, stößt dabei jedoch auf den Widerstand der Bauern. Diese erwarten von der durch Zar Alexander II. (1855-1881) vorbereiteten Aufhebung der Leibeigenschaft, alles Land zugesprochen zu bekommen, was Tolstoi ihnen – zu günstigen Bedingungen – verpachten will.

Freilich sind Tolstois Aktivitäten in jenen Jahren von dem Bemühen getragen, „das ganze Gebäude von der Feuersbrunst zu retten, die mit jeder Minute um sich greifen" würde, wie er in einem Brief am 9. Juni 1856 an Graf Bludow (1785-1864; zeitweise Innenminister) betont.

Er unterwirft die gesamte gesellschaftliche Situation Rußlands einer vernichtenden Kritik, wenn er an seine Großcousine väterlicherseits, Alexandra Alexandrowna Gräfin Tolstaja (A. A. Tolstaja, 1817-1904, Kammerfräulein, Hofdame und Erzieherin der Zarentöchter), am 18. August 1857 schreibt: „In Rußland ist es abscheulich, abscheulich, abscheulich. In Petersburg, in Moskau hört man alle schreien, sind alle empört, warten auf etwas, und fern von den Hauptstädten trifft man gleichfalls das patriarchalische Barbarentum, Diebstahl und Gesetzlosigkeit …" Tolstoi spricht vom „Gefühl des Abscheus" gegenüber seiner Heimat und beginnt sich erst langsam wieder zu gewöhnen „an all die Schrecken, die uns hier ewig umgeben": „… wie eine vornehme Dame auf der Straße ihr Mädchen mit dem Stock schlug, wie mir der Landkommissar ausrichten ließ, ich solle ihm eine Fuhre Heu schicken, sonst werde er meinem Diener die Heiratserlaubnis nicht ausschreiben, wie ein Beamter vor meinen Augen einen siebzigjährigen kranken Greis halbtot schlug, weil dieser Beamte sich an dem Alten gestoßen hatte, wie mein Verwalter, um mir gefällig zu sein, einen Gärtner, der sich bezecht hatte, damit bestrafte, daß er ihn, abgesehen von den Prügeln, noch barfuß aufs Stoppelfeld schickte, das Vieh zu hüten …" Und während Tolstoi feststellt, daß „das Leben in Rußland eine einzige ewige Anstrengung und ein Kampf gegen die eigenen Gefühle" ist, kommt er hier zu dem Schluß, daß „als Rettung die Welt der Moral, die Welt der Künste, der Poesie und der Neigungen" existiert – wo niemand stört.

Auslandsaufenthalte Tolstois fordern ebenfalls sozialkritische Äußerungen heraus. Seine Urteile sind nicht Ergebnisse von Analysen der historischen Entwicklungstendenzen, sondern aus dem unmittelbaren Erleben zufälliger Situationen erwachsen. Das mindert nicht den Wert der jeweils positiven oder kritischen Position, muß aber bedacht werden, um manch absolutes, negatives Urteil Tolstois zu relativieren. Einerseits ist er beispielsweise hochgestimmt, als er sich im Frühjahr 1857 in Paris aufhält, wie es sich im Brief an den Schriftsteller, Kritiker und Publizisten Wassili Petrowitsch Botkin (1811-1869) vom 24./25. März niederschlägt: „Ich bin ein völliger Nichtswisser; nirgends habe ich das so heftig empfunden wie in Paris. Schon allein deswegen kann ich also zufrieden und glücklich über mein Leben hier sein; um so mehr, als ich spüre, diese Unwissenheit ist nicht hoffnungslos. Und dann die Kunstgenüsse … vor allem aber das Erlebnis der sozialen Freiheit, von der ich in Rußland nicht einmal eine Vorstellung hatte …" Aber noch in demselben Brief schlägt Tolstois Stimmung völlig um: „Ich habe die Dummheit und Grausamkeit besessen, mir heute morgen eine Hinrichtung anzusehen … Ich habe im Krieg und im Kaukasus viel Schreckliches gesehen, aber hätte man in meiner Gegenwart einen Menschen in Stücke gerissen, wäre das nicht so abstoßend gewesen wie diese kunstvolle und elegante Maschine ... Dort herrscht nicht vernünftiger Wille, sondern menschliche Leidenschaft, hier aber handelt es sich um die raffinierteste Gelassenheit und Zweckmäßigkeit beim Töten ohne auch nur eine Spur von Erhabenheit. Der nackte, anmaßende Wunsch, Gerechtigkeit, das Gesetz Gottes zu vollziehen. Eine Gerechtigkeit, über die Advokaten entscheiden – von denen jeder, gestützt auf Rechtlichkeit, Religion und Wahrheit, etwas Entgegengesetztes behauptet ... Gesetz von Menschen – Mumpitz! Die Wahrheit ist, daß der Staat eine Verschwörung nicht nur zur Ausbeutung, sondern vor allem zur Entsittlichung der Staatsbürger darstellt. Und dennoch existieren Staaten, und noch dazu in unvollkommener Gestalt. Und von dieser Ordnung können sie nicht zum Sozialismus übergehen. Was ist also zu tun, von denen, die alles so ansehen wie ich?" Und Tolstoi äußert den Entschluß, „niemals und nirgends *irgendeiner* Regierung [zu] dienen". Aus Zürich schreibt er am 9. Juli 1857 ebenfalls an W. P. Botkin und erwähnt Erlebnisse in Luzern, die ihn so stark beeindruckten, daß „beinahe ein ganzer Aufsatz daraus geworden" ist. Die den entsprechenden Titel tragende Erzählung, *„Luzern"*, enthält Tolstois Kritik an der doppelgesichtigen bürgerlichen Daseinsweise in der republikanischen Schweiz.

Dennoch setzt Tolstoi, nach Jasnaja Poljana zurückgekehrt, seine gesellschaftlichen Aktivitäten fort. Er wird in das Amt eines Friedensrichters gewählt, das er im Distrikt vier des Kreises Krapiwna ausübt. Das Friedensrichteramt – nach der Aufhebung der Leibeigenschaft gebildet, um Probleme zwischen den Gutsbesitzern und den Bauern zu klären – hat Tolstoi wiederum sehr bald in eine Konfrontation mit den zaristischen Behörden gebracht.

Schließlich soll an dieser Stelle bereits Tolstois Aktion im Zusammenhang mit der Verurteilung eines Infanteriesoldaten erwähnt werden, dessen Hinrichtung er 1866 beiwohnen mußte, da er zuvor als dessen Verteidiger aufgetreten war. Der erschütternde Eindruck, den dieses Ereignis auf Tolstoi hinterlassen hat, dürfte vor allen Dingen auch darin seinen Grund haben, daß sich Tolstoi hier mit der feudalen Gewaltherrschaft konfrontiert sah und seine Ohnmacht erkannte, diese durch Gesetz und Gerechtigkeit zu zügeln. Denn obgleich er bei seiner Verteidigung an den „allgemeinen Geist" der „Gesetzgebung" appellierte, „nach welchem die Waagschale des

Richterspruchs immer nach der Seite der Gnade gesenkt wird"[8], ließ sich die Verurteilung des Soldaten nicht abwenden. In späteren Äußerungen (1908) zu diesem Ereignis hat Tolstoi selbst zwar sein Auftreten als sehr „widerlich" charakterisiert; denn aus späterer Sicht schien es ihm ein unmöglicher Versuch, beweisen zu wollen – „indem man sich auf diese lügnerischen und dummen Worte" stützt, „die man das Gesetz nennt" –, „daß man diesen Menschen gar nicht zu töten braucht. ... Denn man kann nicht beweisen, daß das Leben jedes Menschen heilig ist, daß es nicht das Recht eines Menschen sein kann, dem anderen sein Leben zu nehmen, alle Menschen wissen es, und man kann es nicht beweisen, weil es nicht nötig ist. ... Man kann und darf und soll nur eines: sich bemühen, die menschlichen Richter aus dieser Betäubung zu befreien, die sie zu einer so unmenschlichen, unmöglichen Absicht brachte ..." (weil es der menschlichen Natur zuwider ist).

Seit 1859 steht vor allem Tolstois pädagogische Tätigkeit im Vordergrund. Sie ist Ausdruck der praktischen Verwirklichung seiner Einsicht – Brief an Botkin, 26. Januar 1862 –, daß „solange nicht im wesentlichen Gleichheit der Bildung besteht es auch keinen besseren Aufbau unseres Staates geben" wird. Deshalb sieht er auch – im selben Brief geäußert – das für ihn Wesentliche damit getan, daß in seinem „Distrikt von 9000 Seelen ... in diesem Herbst einundzwanzig Schulen entstanden" sind. Im Brief vom 12. März 1860 an den russischen Schriftsteller Jegor Petrowitsch Kowalewski (1811-1868) findet sich der Hinweis Tolstois, daß „das zahlenmäßige Mißverhältnis ins Auge springen [muß], das zwischen Gebildeten und Ungebildeten oder, richtiger gesagt, zwischen Wilden und des Lesens und Schreibens Kundigen besteht". Und er kommt weiter zu dem Schluß, daß die Bildung bisher nicht existiere; denn sie sei „noch nicht begründet worden und wird nie begründet werden, wenn die Regierung für sie zuständig ist". Denn: „Soll es mit der Volksbildung vorangehen, muß sie der Gesellschaft übertragen werden ... Die Gesellschaft muß Erfolg haben, weil ihre Interessen unmittelbar mit dem Bildungsgrad des Volkes verknüpft sind, weil das aller Gewaltmittel beraubte Handeln der Gesellschaft sich ausschließlich

---

[8] Biographie und Memoiren, hrsg. von P. BIRJUKOW, Bde. 1 und 2, Wien/Leipzig 1906/1908; Bd. 1, S. 105. Weitere Zitate S. 114.

nach den Bedürfnissen des Volkes richten wird, ... und am Grad der Befriedigung der Bedürfnisse des Volkes könnte man dieses Handeln ständig überprüfen."

In den Jahren 1871/72 entsteht dann eine Fibel, Material für den Schulunterricht in Lesen, Schreiben und Rechnen sowie methodische Hinweise für die Unterrichtung. Unter dem Titel „Das neue Alphabet" erscheint sie schließlich – umgearbeitet – 1875, hat Erfolg und wird sogar vom zaristischen Unterrichtsministerium für den Schulgebrauch empfohlen. Eine Auswahl der im *„Neuen Alphabet"* sowie in einer anderen Sammlung von Lesestücken, den „Russischen Lesebüchern", erschienenen Erzählungen enthält Band 8 der 20bändigen Tolstoi-Ausgabe.

Erlebter Alltag, Geschichte und Natur sind ebenso Inhalt der Erzählungen wie Fabeln, Märchen und Legenden.

Tolstoi war auf seinen Reisen auch in Erfahrungsaustausch mit ausländischen Pädagogen getreten. Die gewonnenen Erkenntnisse und theoretischen Grundsätze stellt er schließlich in einem Jahrgang seiner Zeitschrift *„Jasnaja Poljana"* der Öffentlichkeit vor (1862/63). Aber sehr bald wird er denunziert und verdächtigt, revolutionäre Flugblätter gedruckt zu haben, was eine Haussuchung zur Folge hat. Tolstoi war zu jenem Zeitpunkt gerade zur Kur. Eine derartige Konfrontation mit gegen seine freiheitlichen Tendenzen mißtrauischen Behörden löst erneut seinen Unmut über die politischen Verhältnisse aus: „... ich empfinde Erbitterung und Abscheu, nahezu Haß gegen jene liebe Regierung, die bei mir eine Haussuchung nach lithographischen und typographischen Maschinen zum Nachdruck der Proklamationen Herzens vornimmt ..." (Brief an A. A. Tolstaja, 22./23. Juli 1862).

Nach diesen Erfahrungen verliert Tolstoi wieder das Interesse am Schulunterricht. Wenig später, am 23. September 1862, heiratet er eine Tochter eines Moskauer Arztes, Sofja Andrejewna Behrs (geb. 1844). Intensives literarisches Schaffen nimmt ihn dann bald ganz in Anspruch. Von 1864 bis 1869 arbeitet er an dem Epos *„Krieg und Frieden"*, das ihm Weltruhm einbringt. 1873 entsteht zunächst die erste Fassung des großen Romans „Anna Karenina", der schließlich als zweiteiliges Werk 1875 abgeschlossen ist.

Auf diese Zeit zurückblickend, schreibt Tolstoi in seinen Selbstbekenntnissen, der „Beichte", 1879: „Obwohl ich die Schriftstellerei in diesen fünfzehn Jahren als Kinderei betrachtete, schrieb ich dennoch weiter. Ich hatte schon die Verlockung der Schriftstellerei gekostet, die Verlockung riesiger Honorare und lauten Beifalls für völlig wertlose Arbeit und hatte mich ihr als einem Mittel ergeben, meine materielle Lage zu verbessern und alle Fragen nach dem Sinn meines Lebens und des Lebens überhaupt in meinem Innern zum Schweigen zu bringen" (Werke Bd. 15, S. 85).

Tatsächlich mußte Tolstoi 1862 dem Herausgeber der Zeitschrift *„Russki westnik"* (Der russische Bote), Michail Nikoforowitsch Katkow (1818-1887), die noch unvollendete Novelle *„Die Kosaken"* überlassen, die dann 1863 erscheint. Das Honorar von 1000 Rubel hatte er beim Billardspiel bereits an Katkow verloren. Jenes Meisterwerk wurde von Tolstoi wegen der damit verbundenen unangenehmen Erinnerungen nicht vollendet. Zehn Jahre lang hatten ihn die Kosaken beschäftigt, und sie zeigen auch das unablässige Ringen des Denkers. In der Idee der Selbstverleugnung und des Wirkens für andere berühren sie sich mit dem *„Morgen eines Gutsbesitzers"* und enthalten – ebenso wie seine pädagogischen Aufsätze – den Gedanken, daß man beim Volk in die Schule gehen müßte.

In das umfassende Zeitpanorama von *„Krieg und Frieden"* bettet Tolstoi in den Gestalten von Pierre Besuchow und Andrej Bolkonski die Entwicklung von unbeschwerten jungen Menschen zu verantwortungsbewußt lebenden Erwachsenen ein. Auf der Suche nach einer sinnvollen Erfüllung ihres Lebens durchlaufen sie viele Stadien, gewinnen neue Eindrücke, sind von diesen wiederum enttäuscht, entwickeln Illusionen und verlieren sie.

Bereits während der Arbeit an *„Anna Karenina"* liest Tolstoi mit besonderem Eifer und großer Intensität philosophische Werke, religionswissenschaftliche Abhandlungen, betreibt hebräische und griechische Sprachstudien, so daß die Arbeit an jenem Roman immer wieder unterbrochen wird. In der Gestalt Konstantin Lewins finden sich Tolstois innere Kämpfe ebenso verdichtet wie seine Erfahrungen als Gutsbesitzer, Pädagoge und Reformer. Zweifel an der Richtigkeit der eigenen Lebensweise, der des russischen Volkes und der Menschheit überhaupt plagen den jungen Gutsbesitzer, und ebenso wie Tolstoi in seiner *„Beichte"* (Werke Bd. 15, S. 87 f.) die gegen sich selbst angewandte List zur Vertreibung von Selbstmordabsichten beschreibt, ist Lewin „mehrmals so nahe daran, sich das

Leben zu nehmen, daß er jeden Strick versteckte, um sich nicht damit zu erhängen, und es vermied, mit einem Gewehr auszugehen, um nicht in Versuchung zu kommen, sich zu erschießen" (Werke Bd. 7, S. 500).

Daß Tolstoi (Lewin) seinem Leben kein Ende bereitet hatte, lag wohl daran, daß er ... nach jenen geistigen Grundsätzen gelebt, die er mit der Muttermilch eingesogen hatte, aber beim Nachdenken über das Leben hatte er diese Grundsätze nicht anerkannt und sich sogar mit Vorbedacht über sie hinweggesetzt. Jetzt war er zu der Überzeugung gekommen, daß er nur dank jenen Grundsätzen leben konnte, nach denen er erzogen worden war. Was wäre aus mir geworden und was für ein Leben hätte ich bis jetzt wohl geführt, wenn ich nicht diese Grundsätze gekannt und nicht gewußt hätte, daß man für Gott statt um seiner eigenen Bedürfnisse willen leben muß? ..." (Werke Bd. 7, S. 511).

Tolstoi hatte sich in jenen Jahren – wie er im Vorwort zur „Vereinigung und Übersetzung der vier Evangelien" beschreibt – angesichts der „lebendigen Menschheit" überzeugt, „daß die Menschen durch den Glauben lebten und leben ... und aus diesem einen solchen Lebenssinn schöpfen, der ihnen die Kraft gab, ruhig und freudig zu leben und ebenso zu sterben" (S. 9; vgl. Anm. 15). Er war ja im orthodoxen Glauben erzogen worden, hatte in seiner Jugendzeit und später immer wieder zur Heiligen Schrift gegriffen. In der „Beichte" behandelt er die Frage des Glaubens ausführlicher und stellt fest, daß er nie wirklich gläubig gewesen sei, sondern nur Vertrauen zu dem gehabt habe, was ihn gelehrt worden sei und was die Erwachsenen in seiner Gegenwart bekannt hätten. Der von ihm konstatierte Abfall vom Glauben, der sich in den Jahren seiner Jugend ereignet habe, stellt sich darum nicht eigentlich als Abfall dar; denn der obenerwähnte Glaube Tolstois hatte den Charakter des Fürwahrhaltens überkommener Glaubenslehren. Darum habe man auch daraus, was ein Mensch tat, nicht entnehmen können, ob er an Gott glaube oder nicht. „Verstand ..., Ehrlichkeit, Aufrichtigkeit, Güte und Sittlichkeit begegneten einem meist bei Menschen, die sich als Ungläubige bezeichneten" (Werke Bd. 15, S. 74). „Daher ist es jetzt genau wie früher", vermerkt Tolstoi weiter in der „Beichte" (Werke Bd. 15, S. 75), „die Glaubenslehre, die vertrauensvoll aufgenommen wird und ihren Fortbestand äußerem Druck verdankt, schmilzt unter dem

Einfluß von Kenntnissen und Lebenserfahrungen, die ihr widersprechen, allmählich dahin, und die Menschen leben sehr oft lange Zeit in der Einbildung, die ihnen seit ihrer Kindheit vermittelte Glaubenslehre sei noch unversehrt, während in Wirklichkeit keine Spur mehr davon vorhanden ist."

In einem Brief an A. A. Tolstaja findet sich Ende April 1859 bereits – rückschauend auf seine Kindheit – folgende Einschätzung: „Als Kind glaubte ich glühend, sentimental und ohne zu überlegen, später, etwa mit vierzehn Jahren, fing ich an, über das Leben allgemein nachzudenken, und stieß auf die Religion, die nicht zu meinen Theorien paßte, und selbstverständlich hielt ich es für ein Verdienst, sie zu zerstören."

Er habe dann etwa zehn Jahre lang „ein sehr unbekümmertes Leben führen können", aber als sich ihm „alles erschlossen hatte, das Leben keine Geheimnisse mehr barg", hatte dieses Leben dafür auch seinen Sinn verloren. Er habe dann jedoch „entdeckt, daß es Unsterblichkeit gibt, daß es Liebe gibt und daß man für den anderen leben muß, will man ewig glücklich sein". Nachdem er die Ähnlichkeit dieser Gedanken „mit der christlichen Religion" bemerkt hatte, wandte er sich dem Evangelium zu, habe dort aber weder „Gott, noch den Erlöser, noch die Sakramente" gefunden und sei deshalb bei seiner „eigenen Religion geblieben und gut mit ihr ausgekommen" – „Ich muß hinzufügen – noch". In der Fortsetzung des eben zitierten Briefes präzisiert Tolstoi jedoch seine Gedanken dahingehend: „Ich liebe ... die Religion, verehre sie, glaube, daß der Mensch ohne sie weder gut noch glücklich sein kann, ich möchte sie eher als alles andere auf der Welt besitzen, ich fühle, wie mein Herz von Jahr zu Jahr ohne sie verdorrt, ich hoffe noch, und für kürzere Augenblicke scheint mir, ich glaube, aber ich besitze weder Religion, noch glaube ich. Außerdem schafft bei mir das Leben die Religion und nicht die Religion das Leben ..."

In der Schule von Jasnaja Poljana hatte Tolstoi zweimal in der Woche einen Priester kommen lassen, der die Ordnung des Gottesdienstes, die Liturgie und die im Alten und Neuen Testament überlieferten Feste mit den Kindern durchsprach. „Und Sie glauben immer, ich sei ein Heide. Dabei bringe ich dem Priester noch bei, wie er unterrichten soll", schreibt dazu Tolstoi Anfang August 1861 an A. A. Tolstaja.

Leo N. Tolstoi (1828-1910) als junger Mann:
Aufnahme aus dem Jahr 1854

Aus Tagebucheintragungen und anderen Briefen ist ersichtlich, daß es immer wieder Zeiten gab, in denen er durchaus Gottesgewißheit hatte. Es finden sich Notizen über Gebete (1851), in denen Tolstoi von Gott als dem „allumfassenden Wesen" spricht, dessen Vergebung er gewiß ist, und er ist von Liebe zu Gott ergriffen. Tolstoi bezeichnet hier auch Gott als die „Vorsehung", die die „Quelle der Vernunft" ist, weshalb es der Vernunft des Menschen nicht möglich sei, diesen Urquell zu durchdringen; denn der „Verstand verliert sich in diesen Abgründen der Weisheit ..." (Tagebuch 12. Juni 1851; Werke Bd. 18).

In einem Brief an seine Tante Tatjana Alexandrowna Jergolskaja (1792-1874) schreibt er am 6. Januar 1852, daß er seit einiger Zeit an Gott glaube, und am 26. Juni desselben Jahres heißt es: „... Gott, der den Grund meines Herzens sieht und der es leitet, weiß, daß es dank ihm während meines Lebens keine Zeit gegeben hat, die ich untadelhafter verbracht habe und die mir innerliche Befriedigung gewährt hat, als die acht Monate von meiner Reise nach Tiflis an bis zu diesem Tage ..."[9]

Seinen Glauben faßt er im November 1852 in seinem Tagebuch wie folgt zusammen: „Ich glaube an den Einigen, unergründlichen, guten Gott, an die Unsterblichkeit der Seele und an die ewige Vergeltung unserer Taten. Ich begreife das Geheimnis der Dreieinigkeit und der Geburt des Sohnes Gottes nicht, aber ich achte den Glauben meiner Väter und verwerfe ihn nicht."[10]

Wenig später, 1853, vermerkt er in seinem Tagebuch, daß er das Vaterunser „an die Stelle aller Gebete" setzt, die er „erfunden" hatte, weil in ihm alles, was er „von Gott erbitten könnte ..., ungleich erhabener und ... würdiger" enthalten sei, nämlich „in den Worten ‚Dein Wille geschehe wie im Himmel, also auch auf Erden'".[11]

Auffällig ist, daß Tolstoi in Augenblicken, da er „Liebe zu Gott" empfindet, auch der „seichten – der lasterhaften Seite des [eigenen] Lebens" ansichtig wird (12. Juni 1851).

Im Jahre 1857 schließlich studiert er – aufgezeichnetermaßen – die Evangelien, und er stellt hier fest, daß Homer, dessen „Ilias" er

---

[9] Briefe 1848-1910, herausgegeben von P. A. SERGEJENKO, Berlin 1911, S. 37.

[10] Tagebuch der Jugend, Bd. I, 1847-1852, übersetzt von Ludwig BERNDL, München 1919, S. 225.

[11] Zitiert nach BIRJUKOW, Biographie, Bd. 1, S. 227.

zur gleichen Zeit las, deshalb nicht die Liebe als das einzig Gute erkannt habe, „weil er nichts von der Offenbarung wußte …"[12]

In den ersten Märztagen 1855 trägt Tolstoi in sein Tagebuch in Sewastopol ein: „Ein gestern geführtes Gespräch über das Göttliche und den Glauben brachte mich auf einen großen und erhabenen Gedanken, dem ich mein Leben zu weihen fähig wäre. Dieser Gedanke besteht in der Gründung einer neuen Religion, die dem Entwicklungsstand der Menschheit angemessen ist, einer Religion Christi, aber gereinigt von Glauben und Geheimnis, einer praktischen Religion, die kein künftiges Glück verheißt, sondern Glück auf dieser Erde gewährt. Einen solchen Gedanken können, das begreife ich wohl, nur Generationen in die Tat umsetzen, die bewußt auf dieses Ziel hinarbeiten. Eine Generation wird den Gedanken der folgenden als Vermächtnis hinterlassen, und irgendwann einmal wird Fanatismus oder Vernunft ihn verwirklichen. Bewußt daran zu arbeiten, Menschen und Religion zu vereinen, ist die Quintessenz dieses Gedankens, der mich hoffentlich nicht mehr losläßt" (Werke Bd. 18, 2., 3., 4. März).

Dieses Vorhaben ist – so oft über Tolstois weltanschauliche Entwicklung und Position geschrieben worden ist – immer besonders herausgestellt worden. Nicht zu übersehen ist die auch in diesen großen Worten Tolstois vorhandene Verflochtenheit seiner Glaubensfragen mit den persönlichen und gesellschaftlichen Lebensproblemen seiner Zeit. Denn jener praktische Aspekt – die Religion, die Seligkeit auf Erden verleiht – ist es, dem Tolstoi mit seinen verschiedenartigen Aktivitäten bereits bis zum Jahre 1876 zu entsprechen versucht hatte. Sein in jungen Jahren im Vordergrund stehender Drang nach Selbstvervollkommnung wird immer mehr durch die einzig möglichen Beziehungen zwischen Individuum und Gesellschaft ausgefüllt. Die Gesellschaft aber repräsentierten für ihn mehr und mehr die Bauern beziehungsweise das Volk, weshalb er sich diesem schon in seiner pädagogischen Tätigkeit intensiv zugewandt hatte. Eine ebensolche Begegnung mit dem Volk hat bei seinen literarischen Gestalten zur Klärung geführt: Konstantin Lewin erfährt in „Anna Karenina" ebenso wie Pierre Besuchow in „Krieg und

---

[12] Zitiert nach BIRJUKOW, Biographie, Bd. 1, S. 336.

24

Frieden" Hilfe zur Selbstfindung durch einen Bauern. Ähnlich positive Auswirkungen hat das Zusammentreffen mit Menschen aus dem Volk für Olenin in den *„Kosaken"* und Nechljudow in *„Luzern"*. Wiederum steht Tolstoi den gesellschaftlichen Problemen seines Landes 1872 so kritisch gegenüber, daß er in einem Brief vom 15. September an A. A. Tolstaja die Absicht äußert, für immer nach England überzusiedeln beziehungsweise so lange dort zu bleiben, „bis bei uns Freiheit und Würde eines jeden Menschen garantiert sind". Dennoch fühlt sich Tolstoi auch in jenen Jahren zum Volke hingezogen und von dessen Problemen betroffen. Erwähnt sei hier ein Aufruf, den er an die Herausgeber der Tageszeitung *„Moskauer Nachrichten"* am 28. Juli 1873 sendet, um auf notwendige Hilfsmaßnahmen für die infolge jahrelanger Mißernten von Hungersnot bedrohten Familien aufmerksam zu machen. Dieser Brief erschien am 17. August desselben Jahres und hatte ein großes Echo, wurde vielfach nachgedruckt, und Sammlungen erbrachten nahezu zwei Millionen Rubel.[13]

1875 leitet Tolstoi siebzig Schulen, die in seinem Kreis eröffnet worden sind, wie aus dem Brief vom 16. Februar an Nikolai Nikolajewitsch Strachow (1828-1896, Literaturkritiker und Journalist) hervorgeht.

Tolstois Hinwendung zur Russischen Orthodoxen Kirche, wie sie seit 1876 verstärkt geschieht, ist eine andere Form der Hinwendung zum Volk. Die in der Kirche üblichen Zeremonien bereiten ihm allerdings Schwierigkeiten. Anläßlich der Bestattung eines Kindes seines Bruders äußert er sich 1873 gemeinsam mit diesem abfällig über jene äußeren Formen. In einem Brief (vermutlich) vom 27. Januar 1878 an N. N. Strachow findet sich aber jene Äußerung, daß die Antworten, die die Religion gebe, vom „Standpunkt der Vernunft aus ... sinnlos [sind] ... Dennoch aber antworten allein sie auf die Fragen des Herzens. Als Ausdruck, als Form sind sie sinnlos, als Inhalt jedoch sind sie wahr ..." Und Tolstoi nimmt in diesem Brief in bezug auf die äußeren Formen dann eine gemäßigtere Position ein: „... Alle Glaubensvorstellungen, die ich habe, die Sie haben und die das ganze Volk hat, beruhen nicht auf Worten und Überlegungen, sondern auf einer Reihe von Handlungen, von Menschenleben,

---

[13] Anmerkung zum Brief, Werke Bd. 16, S. 736.

die einander ... unmittelbar beeinflussen, angefangen vom Leben eines Abraham, eines Moses, eines Christus, der heiligen Väter, und sogar durch äußere Handlungen: durch das Beugen der Knie, das Fasten, das Einhalten bestimmter Tage und dergleichen mehr. Aus der unendlichen Menge der Handlungen dieser Menschen haben sich aus irgendeinem Grunde bestimmte Handlungen herauskristallisiert und eine einzige, in sich geschlossene Überlieferung gebildet, die die einzige Antwort auf die Fragen des Herzens darstellt. Und deswegen enthält diese Überlieferung für mich durchaus nichts Sinnloses, ja noch mehr, ich begreife nicht einmal, wie man an diese Erscheinungen den Maßstab von Sinn und Unsinn anlegen kann ..." Im weiteren nimmt Tolstoi dann eine interessante Differenzierung vor: „... wenn mir daher diese Überlieferung sagt, ich müsse wenigstens einmal im Jahr Wein trinken, der Blut des Herrn heißt, dann werde ich diesen Akt auf meine Weise oder auch überhaupt nicht begreifen, ihn aber ausführen. Er enthält nichts, was meinem verworrenen Bewußtsein widerspräche; ... aber wenn mir die Überlieferung ... sagt: Laßt uns alle beten, daß wir möglichst viele Türken erschlagen ..., dann werde ich mich nicht nach der Vernunft richten, sondern nach der zwar verworrenen, aber keinen Zweifel aufkommen lassenden Stimme des Herzens und sagen: Diese Überlieferung ist falsch ..." Obgleich Tolstoi in jener Zeit seinen „Seelenfrieden" – im zitierten Brief erklärtermaßen – gefunden hat, wendet er sich abrupt vom gottesdienstlichen Geschehen ab. Der Grund dafür besteht in jenem Gebet ‚gegen die Türken'. Auf den letzten Seiten von „Anna Karenina" polemisiert Konstantin Lewin bereits dagegen, den Einsatz von Freiwilligen zur Unterstützung von Serbien und Montenegro als dem „Volkswillen" entsprechend zu behaupten (Kap. 15, Werke Bd. 7, S. 521 ff.).

Und als schließlich Rußland der Türkei den Krieg (1877-1878) erklärt, wird Tolstois Einsicht in die Rolle der Kirche tief erschüttert. Ein rückschauender Bericht seiner Frau – bei Raphael Löwenfeld, „Gespräche über und mit Tolstoi" – ist in dieser Hinsicht eindeutig: „Tolstoi nahm an der Andacht teil, welche vor dem Auszug der Truppen in allen Kirchen Rußlands abgehalten wurde. Der Widerspruch, der sich daraus ergab, daß hier in christlichen Kirchen, dort in mohammedanischen Moscheen um dasselbe gebetet wurde, um die Überwindung des Feindes, regte die alte Ungläubigkeit wieder an. Der Zweifel war geweckt, und die politischen Ereignisse der nächsten Jahre machten ihn wachsen" (S. 115).

Dennoch hat Tolstoi 1879 nicht mehr die Absicht, aus seinem Lande zu gehen; sondern er wendet sich sozusagen dem Glauben ‚seiner Väter‘ zu. Man wird sagen können, daß er in dieser Zeit seinen gesellschaftlichen Auftrag nicht nur erkannt, sondern angenommen hat, und nun strebt er danach, „das Kreuz ... hinter Christus her [zutragen], indem ... sein Gesetz der Liebe Gottes und des Nächsten" erfüllt wird, wobei Tolstoi dieses Kreuz nicht auf sich nehmen will, sondern bereit ist, es zu tragen, weil es ihm auferlegt worden ist, wie er an A. A. Tolstaja am 25. März 1879 schreibt. Dort bezeichnet er allerdings sein Kreuz als das der „Denkarbeit".

Das Jahr 1877 schließlich hat er selbst als das Datum gekennzeichnet, von wo an er „ein ganz neuer Mensch geworden" ist. In den „Gesprächen über und mit Tolstoi" heißt es, daß in Tolstois Werken „das Streben nach stetiger Vervollkommnung vom ersten bis zum letzten in auffallender Weise zum Ausdruck komme ...", worauf Tolstoi (im Jahre 1898) erwidert, daß er die Zeit vor 1877 nicht zähle, weil alles, „was vorher liegt ..., Eitelkeit und Selbstsucht ..." gewesen ist (S. 83 f.).

Vielfach wird der mit dem Jahre 1876 einsetzende Lebensabschnitt Tolstois als Krise – und pointiert als „religiöse Krise" – bezeichnet. Die einen sehen in dem Abbruch seiner literarischen Tätigkeit eine Abwendung von seinen vorherigen Lebenszielen, die anderen sehen mindestens in der Tatsache, daß sich Tolstoi eingehend der Interpretation des Evangeliums widmet und im Ergebnis dieser Arbeit eine Evangelienharmonie und darauf bezogene Schriften veröffentlicht, eine Wandlung in seinem Leben.

Pawel Iwanowitsch Birjukow (1860-1931) hat demgegenüber in seiner Tolstoi-Biographie wie folgt die Beziehung hergestellt: „Gewiß kann das Jahr 1876 nur im engeren, episodischen Sinn als der Beginn der Krise angesehen werden. Man kann auch anders sagen. Die Krise begann von dem Tage an, wo er anfing, bewußt zu leben; beides wird richtig sein." Und Birjukow beruft sich auf Tolstoi selbst, der geäußert habe, „daß es eine eigentliche Krise, eine Umwälzung in seinem Leben gar nicht gegeben habe, daß er immer danach gestrebt habe, den Sinn des Lebens zu finden und daß nur komplizierte äußere Erscheinungen und Ereignisse sowie seine eigenen Leidenschaften und Schwärmereien die Lösung der Lebensfrage aufgeschoben und die latenten Kräfte in einen mächtigen inneren Anstoß konzentrierten, welcher eben das morsche Gebäude zusammenstürzen machte ..." (Werke Bd. 2, S. 311 f.).

Außer den Bemühungen Tolstois, den Sinn des Lebens zu finden und zu verwirklichen, sind jetzt noch andere Ereignisse zu nennen, die ihn ebenfalls auf diesem Weg begleitet haben und die in einer Reihe von Untersuchungen über ihn einen hervorragenden Platz einnehmen: die Konfrontation mit dem Tode, besonders durch den Verlust nahestehender Personen. Eine Häufung dessen liegt durchaus in den Jahren 1873 bis 1875. Von seinen zwölf Kindern sterben in jenen Jahren drei Söhne, außerdem seine Tante T. A. Jergolskaja, die die Kinder nach dem Tode des Vaters, Graf Nikolaus Iljitsch Tolstoi, 1837 aufgenommen hatte. Tolstois Mutter, Maria Nikolajewa Wolkonsky, war bereits 1830 verstorben.

Es stirbt 1875 auch seine Tante Pelageja Iljinitschna Juschkowa, die zweitälteste Schwester seines Vaters, an die die Vormundschaft über Lew und seine Geschwister 1841 übergegangen war. Bereits 1860 leidet Tolstoi unter dem Verlust seines ältesten Bruders, Nikolai Nikolajewitsch Graf Tolstoi, der in seinen Armen stirbt und angesichts dessen Todes Tolstoi verzweifelt an den Lyriker Afanassi Afanassjewitsch Fet (1820 bis 1892) am 17. Oktober 1860 schreibt: „Wenn aber schon er nichts gefunden hat, woran er sich klammern konnte, was werde ich dann finden?" Diese bange Frage bereitet ihm schließlich im September 1869 in Arsamas, einer Kreisstadt im ehemaligen Gouvernement Nishni Nowgorod, eine „quälende Unruhe", wie er seine Frau in einem Brief am 4. September wissen läßt. Jener ,Arsamasische Schrecken' findet später in den *Aufzeichnungen eines Wahnsinnigen"* (1883) einen ausführlichen Niederschlag: „Und jenes entsetzliche Grauen, das ich damals in Arsamas und in Moskau empfunden hatte, befiel mich jetzt noch um das Hundertfache verstärkt ... Nein, ich will nicht sterben! – Was bedeutet der Tod? Ich schickte mich an, wieder Gott anzurufen, ihm wieder Vorwürfe zu machen ...; ich fühlte plötzlich, daß ich das nicht durfte ... und daß ich allein an allem schuld hatte. Und ich betete zu Gott, bat ihn um Vergebung und empfand Abscheu vor mir selbst. Mein Grauen legte sich schnell ..." (Werke Bd. 12, S. 70). „Fortan las ich häufig die Heilige Schrift ... Am allermeisten indessen fesselten mich die

Lebensgeschichten der Heiligen, in denen ich Trost fand und die mich mehr und mehr in dem Wunsch bestärkten, dem Vorbild dieser frommen Männer nachzueifern. Mein Interesse an den mit der Gutswirtschaft und dem Haushalt zusammenhängenden Angelegenheiten wurde seitdem immer geringer ... Alles dies schien mir nicht das Rechte zu sein. Worin das Rechte bestand, wußte ich nicht, aber ... alles, was bislang der Inhalt meines Lebens gewesen war, hatte seine einstige Bedeutung verloren. Besonders deutlich kam mir das zum Bewußtsein, als wieder der Kauf eines Gutes erwogen wurde ..." (S. 71). Und das Ende der Erzählung macht deutlich, daß der ,Wahnsinnige' – das Eigentum als Unrecht erkennend und sich von weiterem Erwerb abwendend – frei wird von aller Todesfurcht.

Ob es das Sterben der Haushälterin in Tolstois Autobiographie, der schlichte, unheroische Tod des Soldaten Bondartschuk (in *„Wie russische Soldaten sterben"*, 1854 – Werke Bd. 2) oder der Kontrast zwischen dem Sterben einer Herrin und dem eines Kutschers ist (in *„Drei Tode"*, 1858 – Werke Bd. 2) – den ausgesprochenen oder unausgesprochenen Unterschied zwischen dem Tod eines einfachen Menschen und dem eines Angehörigen der oberen Schichten läßt Tolstoi jedesmal deutlich erkennen. Eine Reihe seiner Werke illustriert also seine – bereits zitierte – Erfahrung, daß die Verzweiflung an der Sinnhaftigkeit des menschlichen Lebens ... nicht das allgemeine Los der Menschen ist, sondern daß die Menschen durch den Glauben lebten und leben ... und aus diesem einen solchen Lebenssinn schöpfen, der ihnen Kraft gab, ruhig und freudig zu leben und ebenso zu sterben" (*Vereinigung und Übersetzung der vier Evangelien*, S. 9 – vgl. Anm. 17).

Im *„Tod des Iwan Iljitsch"* (1884-1886 verfaßt) schildert Tolstoi das nach allgemeinen Maßstäben ‚anständige' Leben eines Beamten, aus dem verschiedene Situationen vorgeführt werden, anhand deren die Sinnlosigkeit des Lebens jenes Mannes deutlich wird – das wirkt allerdings gelegentlich sehr postuliert. Und so fragt „die Stimme in seinem Innern": „‚Du willst leben? Wie Leben?'" Und kurz vor seinem Tode wird Iwan Iljitsch klar, „daß er verkehrt gelebt habe ..." (Werke Bd. 12, S. 140).

Freunde und Angehörige des Iwan verstehen seine hinter den Todesqualen stehende Sinnfrage nicht und meiden die Begegnung mit dem Sterbenden. Tolstoi läßt Gerassim als Kontrastperson zu

Iwan und seinesgleichen auftreten, fast nur passiv. Aber dieser Bauernbursche vermag in Ruhe über den Tod Iwan Iljitschs zu sprechen. Der Vorwurf, der auf dem Gesicht des Toten gezeichnet und als Mahnung an die Überlebenden gemeint ist, wird von denen, die ein ebenso sinnloses Leben führen, nicht verstanden.

Diese Erzählung erscheint wie eine letzte literarische Illustration für Tolstois intensive Hinwendung zum kirchlichen Leben und dann besonders und noch intensiver zum Studium der Bibel. Die konstruiert wirkende Aussage jener Erzählung erscheint als das Resümee von Tolstois Erkenntnis, zu der er durch sein Bibelstudium gelangt ist, und steht darum nicht von ungefähr am Ende seiner exegetischen Bemühungen.

Tolstoi hat bei seiner Hinwendung zum Volk die Erfahrung gemacht, daß sich ihm „immer mehr der befriedigende Sinn des Lebens, der durch den Tod nicht zerstört wird", eröffnete. Die ihn wieder und wieder bedrängende Frage nach dem Sinn des Lebens hat also nicht ihren Grund in einer Furcht vor dem eigenen physischen Tod; denn es geht ihm nicht primär um den Sinn des eigenen Daseins. Er fragt vielmehr nach dem Sinn menschlichen Lebens überhaupt, um abgeleitet davon den eigenen finden zu können. Sein Problem liegt also in der Aufgabe für das Leben – freilich angesichts des physischen Todes, der der Möglichkeit eines sinnerfüllten Lebens ein Ende setzt.[14]

Dieses sinnerfüllte Leben ist für Tolstoi seit jener Zeit der Krise einzig ein Leben aus dem Glauben, der sich – wie er im Vorwort zur Evangelienauslegung, S. 15, äußert – auf jenes Wissen stützt, das „die gesamte Menschheit aus dem in der Unendlichkeit verborgenen Urquell hervorbringt ..." und jenes Leben im Glauben bekommt

---

[14] Besonders der „Tod des Iwan Iljitsch" und die „Aufzeichnungen eines Wahnsinnigen" in Verbindung mit den Verlusten Tolstoi persönlich Nahestehender veranlaßten andere Autoren, die Wurzel der Krise Tolstois in einer elementaren Erschütterung seines Lebensgefühls, dem Tod, zu sehen. Eine auf entsprechend existential-philosophische Vereinseitigung hinauslaufende Untersuchung ist die interessant zu lesende von Käte HAMBURGER, Leo Tolstoi, Gestalt und Problem, Bern 1950. Auf diese sich stützend, kommt Martin DOERNE in seiner umfassenden Studie über Tolstoi und Dostojewski teilweise zu ähnlichen, aber differenzierteren Schlüssen.

von diesem Urquell seinen Sinn, der dem Sinn des Daseins der gesamten Menschheit entspricht.

Und so widmet sich Tolstoi schließlich dem intensiven Bibelstudium, in der Absicht, die in der Bibel enthaltene Wahrheit des Lebens „ohne Vermittlung zu erkennen". Dabei läßt er sich von der Gewißheit leiten: „Wenn Gott in diesen Büchern spricht, so erkennt er die Schwäche meines Verstandes und wird zu mir nicht so sprechen, daß er mich zum Irrtum verleitet" (Vorwort, S. 13). Am Schluß seines Bemühens stehen die zum Teil bereits genannten Abhandlungen: *„Beichte"* (Ispowjed; 1879-1881); *„Kritik der dogmatischen Theologie"* (Kritika dogmatitscheskowo bogoslowija; 1880/81); *„Vereinigung und Übersetzung der vier Evangelien"* (Sojedinjenije i perewod tschetyrjoch Jewangeli; 1880/81; Korrekturen hier und da werden von Tolstoi immer wieder – bis 1884 – vorgenommen); *„Worin besteht mein Glaube?"* (W tschem moja wera?; 1884).

Tolstoi hat sie alle als Teile eines Werkes verstanden. Nach Veröffentlichung dieser Schriften – die *„Vereinigung und Übersetzung der vier Evangelien"* (bisher auch Evangelienauslegung genannt) erschien erstmals 1892 bis 1894 in Genf und London, jeweils in russischer Sprache[15] – war die Resonanz auf die Evangelienauslegung ziemlich gering. Um so größeres Aufsehen erregte ein Auszug aus diesem großen Werk, die [im vorliegenden Band neu edierte] *„Kurze Darlegung des Evangeliums"* (Kratkoje isloshenije Jewangelija), in deutscher Sprache bereits 1891 in Berlin, 1892 in Leipzig erschienen. Seine Entstehung verdankt dieser Auszug einem Zufall: Wassili Iwanowitsch Alexejew (1848-1919), Lehrer im Hause Tolstois, wollte bei seiner Abreise 1881 eine Abschrift der Evangelienauslegung mitnehmen, konnte aus Zeitmangel jedoch nur die Übersetzungen der Texte abschreiben, die dann Tolstoi korrigiert und mit einem neuen Vor- und Nachwort versehen hat. Tolstoi hat selbst einmal erklärt, daß diese Arbeit nicht hätte veröffentlicht werden sollen, und in der Tat bietet sie ein verzerrtes Bild des ohnehin differenziert zu beurteilenden umfangreicheren Werkes.

---

[15] Die *„Beichte"* sollte im Mai 1882 in der Zeitschrift „Russkaja mysl" (Russischer Gedanke) erscheinen. Das wurde jedoch durch entschiedenen Einspruch der geistlichen Zensur verhindert. Die Schrift erschien – ebenso wie die Evangelienauslegung – in Genf, allerdings bereits 1884. *„Worin besteht mein Glaube?"* erschien zur Abfassungszeit in der Zeitschrift „Russkaja mysl".

Die „*Beichte*" ist als Darlegung des persönlichen Lebenslaufes und der geistigen Entwicklung Tolstois das Bindeglied zwischen der persönlichen sowie gesellschaftlichen Situation und den theologischen Auseinandersetzungen in den übrigen Werken. Die „*Kritik der dogmatischen Theologie*" bietet ausführliche Begründungen für entsprechende Ausführungen in der *Evangelienauslegung*.[16] Schließlich faßt Tolstoi die aus den vor allem neutestamentlichen Texten erhobene Glaubenslehre in der vierten Schrift, „*Worin besteht mein Glaube?*", zusammen und polemisiert anhand ausgewählter Texte erneut gegen die kirchliche Auslegung.[17]

---

[16] Die „*Kritik der dogmatischen Theologie*" setzt sich vor allem mit der dogmatischen Theologie des Professors in Kiew und Petersburg und späteren Metropoliten von Moskau, *Makari* (Bulgakow, 1816-1882), eines der maßgebenden Theologen jener Zeit, und dem Katechismus des *Filaret* (Drosdow, 1782-1867), Rektor der Petersburger Geistlichen Akademie, Metropolit von Moskau, auseinander und polemisiert gegen die Glaubensartikel im Detail.

[17] Von den genannten Schriften ist die „*Beichte*" in der 20bändigen Tolstoi-Ausgabe, Werke Bd. 15, S. 73-152, enthalten und wird danach zitiert. Die anderen Abhandlungen werden in jener Ausgabe unter anderem in einer Anmerkung zur „Beichte" erwähnt. Am besten zugänglich ist „*Mein Glaube*" und „*Kritik der dogmatischen Theologie*" in der Ausgabe von Raphael Löwenfeld [beide Übersetzungen werden derzeit vorbereitet zur Neuedition in der Tolstoi-Friedensbibliothek: Reihe A, Bände 3 und 6]. Zitate sind jener Ausgabe entnommen. Die „*Vereinigung und Übersetzung der vier Evangelien*" liegt bisher nicht in deutscher Übersetzung vor. Sie ist zugänglich in der mit wissenschaftlichem Apparat versehenen 90bändigen Jubiläumsausgabe der Werke Tolstois – anläßlich des 100. Geburtstages in Moskau begonnen – und wird danach zitiert. Verfasserin hat in „*Das Schriftverständnis Lev Tolstojs und Fragen seines gesellschaftlichen Bezuges*", theol. Dissertation, Berlin 1974 (Masch.), eine ausführliche Analyse dieses Werkes vorgenommen. Übersetzungen der Evangelienauslegung Tolstois entsprechen dortigem Text. Die „*Kurze Darlegung des Evangeliums*" – ebenfalls im Bd. 24 der [90bändigen] Jubiläumsausgabe veröffentlicht – liegt in mehreren deutschen Übersetzungen vor. Sykrin hat seine Ausgabe [demnächst in der Tolstoi-Friedensbibliothek: Reihe A, Band 5] lediglich mit einigen Anmerkungen aus der „*Vereinigung und Übersetzung der vier Evangelien*" ergänzt. [Vgl. zu den Ausgaben von Tolstois Werken zur Bibelarbeit die Bibliographie im Anhang des vorliegenden Bandes.]

Kurze Darlegung des Evangelium

[Kratkoe izloženie Evangelija,
1881-1883]

Von
Graf Leo N. Tolstoj

Aus dem Russischen
von Paul Lauterbach

———

Leipzig:
Druck und Verlag
von Philipp Reclam jun.
[1892]

Kurze Darlegung

des

Evangelium.

Von

Graf Leo N. Tolstoj.

———

Aus dem Russischen

von

Paul Lauterbach.

———————

Leipzig.

Druck und Verlag von Philipp Reclam jun.

Textquelle der dargebotenen Übersetzung I Kurze Darlegung des Evangelium.
Von Graf Leo N. Tolstoj. Aus dem Russischen von Paul Lauterbach.
Leipzig: Druck und Verlag von Philipp Reclam jun. [1892]. [204 Seiten].

Das vorliegende Bändchen der „Universal-Bibliothek" macht dem deutschen Leser das volkstümlichste Werk des größten lebenden russischen Schriftstellers zugänglich.

Den Weg von der Lektüre des „Evangeliums" bis zu seiner Verdeutschung hätten wir einen Besseren als uns gehen lassen, wenn wir ihn beim Aufbruche nach Länge und Steigung besser abgeschätzt hätten.

Tolstojs Persönlichkeit ist in Deutschland nicht mehr unbekannt. Hören wir immerhin über ihn den Vicomte de Vogüé, um die Zeit der Abfassung unseres Buches: „Zum mindesten muß man in Tolstoi einen der seltenen Reformatoren erkennen, die ihr Leben nach ihren Vorschriften einrichten. Man versichert mir (V. schreibt in Rußland), daß sein Wirken ein ausgebreitetes und heilsames ist, daß um ihn herum Wunder geschehen, wie man deren nur in Rußland erlebt, daß die Sitten der ersten Christen wieder aufleben. Tag für Tag erhält er Briefe von Unbekannten: Steuerpächter, pflichtvergessene Staatsdiener – Zöllner mit einem Worte – legen übel erworbene Gelder in seine Hand, junge Leute unterstellen sich seiner Führung, Frauen, die gefehlt haben, flehen ihn um Hilfe und Rat an. In ländlicher Zurückgezogenheit teilt er von dem Seinen mit, lebt und arbeitet er mit den Bauern. Er trägt Wasser, mäht, ackert, macht Stiefel. Er braust auf, wenn man ihm von seinen Romanen spricht. Man zeigt mir ein Bild von ihm, das ihn im Aufzuge eines ‚*moujik*' darstellt, wie er die Schusterahle handhabt. – Meister der Kunst (*artisan de chefs d'oeuvre*), das ist dein Werkzeug nicht!"

Widerstrebend brechen wir unser Citat ab: eine Würdigung des Verfassers der „Darlegung des Evangelium" oder dieser selbst, gleichviel unter welchen Gesichtspunkten und wie richtig an sich, griffe hier in die Rechte des Lesers ein. Statthafter dürfen wir voraussagen, daß sie auf viele und vielfach wirken, eine Caritas: „Gaben, kostbar, ungleich, aus sich fremden Händen" reichen wird. – Wird der Letztbedachte sein, wer ihren Evangelientext im ganzen und einzelnen gegen das, dem griechischen Wortlaute sehr nahe

bleibende „Neue Testament" Weizsäckers hält und bei solchem Ab-
wägen eines individuell-geistigen gegen ein historisches Produkt
bald die eine, bald die andere Schale sich senken sieht?

Wir geben der Hoffnung Raum, daß der kunstvolle Aufbau des
Werkes über seinem Grundplane es vor einseitig theologischer Auffassung schützt. Wir setzen endlich nicht minder voraus, daß der
Leser des Vorwortes wisse, im Schoße welcher Kirche Graf Tolstoi
als Russe lebt.

Leipzig, 1892.   P[aul]. L[auterbach][1].

---

[1] [Zum Übersetzer, dem studiertem Naturwissenschaftler und Nietzsche-Vereh-
rer *Paul Lauterbach* (22.1.1860-24.3.1895) vgl. David Marc HOFFMANN: Zur Geschichte des Nietzsche-Archivs. Chronik, Studien und Dokumente. Berlin/New
York: Walter de Gruyter 1991, S. 244-246.]

VORWORT ZUR
„KURZEN DARLEGUNG DES EVANGELIUM"

Diese kurze Darlegung des Evangelium ist ein Auszug aus einem größeren Werke, das im Manuskripte vorliegt, in Rußland aber nicht erscheinen darf.
Das Werk besteht aus 4 Teilen:

1. Einer Darlegung meines persönlichen Lebens- und Gedankenganges, insofern er mir die Überzeugung brachte, daß in der christlichen Lehre Wahrheit zu finden sei.
2. Einer Darlegung der christlichen Lehre nach den Auslegungen der Kirche im allgemeinen, sowie der Apostel, Konzile und der sogenannten Kirchenväter nebst den Beweisen für die Falschheit dieser Auslegungen.
3. Einer Untersuchung der christlichen Lehre nicht nach diesen Auslegungen, sondern allein nach dem, was von Christi Lehre auf uns gekommen ist, wie sie ihm zugeschrieben wird und in den Evangelien aufgezeichnet ist; einer Übersetzung der vier Evangelien und einer Verschmelzung derselben in eines.
4. Einer Darlegung des wirklichen Sinnes der christlichen Lehre, der Gründe um derentwillen sie entstellt worden ist und der Folgen, die ihre Predigt haben muß.

Diese „Kurze Darlegung des Evangelium" nun ist ein Auszug aus jenem dritten Teile. Die Verschmelzung der vier Evangelien habe ich nach dem Geiste der Lehre bewirkt. Bei dieser Verschmelzung war ich fast nicht genötigt, von jener Anordnung abzuweichen, in der die Evangelien sich darstellen, sodaß in meiner Verschmelzung nicht allein nicht mehr, sondern eher weniger Umstellungen von Versen des Evangeliums vorkommen, als in der Mehrzahl der mir bekannten Konkordanzen, auch in unserem Vierevangelienbuch von Gretschulewitsch.

In den Evangelien Johannis giebt es bei meiner Verschmelzung überhaupt keine Umstellungen, vielmehr sind sie gänzlich in der Ordnung dargelegt, wie im Original selber.

Die Einteilung des Evangeliums nach zwölf Kapiteln (oder sechs, wofern man je zweie in eins vereinigt) floß von selbst aus dem Sinne der Lehre.

Der Sinn dieser Worte ist der folgende:

1. Der Mensch, ein Sohn des unendlichen Ursprungs, ist der Sohn dieses Vaters nicht durch das Fleisch, sondern durch den Geist.
2. Und darum muß der Mensch diesem Ursprunge durch den Geist dienen.
3. Das Leben aller Menschen ist göttlichen Ursprungs. Dies Leben allein ist heilig.
4. Und darum hat der Mensch diesem Ursprunge im Leben aller Menschen zu dienen. Das ist des Vaters Wille.
5. Nur dem Willen des Vaters des Lebens dienen, ergiebt ein wahres, d. h. vernünftiges Leben.
6. Und darum ist die Befriedigung des eigenen Willens für das wahre Leben nicht erforderlich.
7. Das zeitliche, fleischliche Leben ist die Speise des wahren Lebens, der Baustoff für das vernünftige Leben.
8. Und darum liegt das wahre Leben außerhalb der Zeit allein im Gegenwärtigen.
9. Der Trug des Lebens in der Zeit, in Vergangenheit und Zukunft verbirgt den Menschen das wahre Leben, das in der Gegenwart.
10. Und darum muß der Mensch dahin streben, den Trug des zeitlichen, des Vergangenheits- und Zukunftslebens zu zerstören.
11. Das wahre Leben liegt nicht allein außerhalb der Zeit, als ein Leben im Gegenwärtigen, sondern ist auch ein Leben außerhalb der Persönlichkeit, als ein allen Menschen gemeinsames Leben.
12. Und darum vereint sich, wer im gegenwärtigen, allen Menschen gemeinsamen Leben lebt, mit dem Vater, dem Ursprunge und Grunde des Lebens.

Je zwei Kapitel hängen unter sich wie Ursache und Folge zusammen. Außer den zwölf Kapiteln sind der Darlegung beigefügt: die Einleitung des 1. Kapitels Johannis, in der der Schreiber von sich aus vom Sinne der ganzen Lehre spricht und der Schluß der Epistel desselben Schreibers (wahrscheinlich früher als die Evangelien geschrieben), der einen allgemeinen Auszug aus dem gesamten Vorhergehenden enthält. Einleitung und Schluß machen keinen wirklichen Teil der Lehre aus. Sie bieten nur allgemeine Blicke auf die gesamte Lehre. Trotzdem daß, wie die ganze Unterweisung, so auch der Schluß ohne Einbuße für den Sinn der Lehre hätte wegbleiben können (umsomehr, da diese beiden Teile von der Person Johannis, nicht Jesu herrühren), behielt ich sie deshalb bei, weil diese Teile bei einem einfachen und vernünftigen Begreifen der Lehre Christi, indem sie sich wechselseitig und die gesamte Lehre stützen, im Gegensatze zu den seltsamen Auslegungen der Kirche den allereinfachsten Hinweis auf die Bedeutung ausmachen, die der Lehre beigelegt werden muß.

An den Beginn eines jeden Kapitels stellte ich außer eine kurze Inhaltsdefinition noch die Worte des Gebetes, das Jesus seine Jünger beten lehrte, soweit sie jedem Kapitel entsprechen.

Nachdem ich meine Arbeit abgeschlossen, fand ich zu meiner Verwunderung und Freude, daß das sogenannte Gebet des Herrn nichts anderes ist, als die ganze Lehre Jesu in gedrängtester Fassung und grade der Anordnung, nach der ich die Kapitel verteilt hatte; daß jede Formel des Gebetes dem Sinne und der Anordnung der Worte entspricht.

1. Unser Vater
   Der Mensch ist ein Sohn Gottes.
2. der du bist in den Himmeln!
   Gott, das ist der unendliche geistige Ursprung des Lebens.
3. Geheiligt werde dein Name!
   Heilig sei dieser Ursprung des Lebens!
4. Es komme dein Reich!
   Und seine Herrschaft verwirkliche sich bei allen Menschen!
5. Es geschehe dein Wille wie im Himmel
   Und der Wille dieses unendlichen Ursprungs erfülle sich wie in ihm selbst.
6. so auch auf Erden.
   Also auch im Fleische.
7. Unser nötiges Brot gieb uns
   Das zeitliche Leben ist die Speise des wahren Lebens.
8. heute
   Das wahre Leben ist das im Jetzt.

9. Und vergieb uns unsere Schulden, wie auch wir vergeben haben unseren Schuldnern.

Und mögen die Fehler und das Irren des vergangenen Lebens dieses wahre Leben vor uns nicht verbergen!

10. Und führe uns nicht in Versuchung,

Und mögen sie uns nicht in Täuschung führen!

11. sondern erlöse uns vom Bösen.[2]

Und so wird es kein Böses geben.

12. Denn dein ist das Reich und die Kraft und der Ruhm.

Dein aber wird sein Herrschaft und Kraft und Vernunft.

In der ausführlichen Darlegung des dritten Teiles, die im Manuskripte vorliegt, habe ich das Evangelium ohne die geringsten Auslassungen nach den vier Evangelisten übersetzt und dargestellt. In der gegenwärtigen Darlegung hingegen habe ich die folgenden Verse weggelassen: die Empfängnis, die Geburt Johannis des Täufers, seine Gefangenschaft und Tod, die Geburt Jesu, seinen Stammbaum, die Flucht mit der Mutter nach Ägypten, die Wunder Jesu in Kanaan und Kapernaum, die Austreibung der Teufel, das Wandeln auf dem Meere, das Verdorren des Feigenbaumes, die Heilung der Kranken, die Auferstehung Christi selbst und die Hinweise auf die Prophezeiungen, die im Leben Christi sich erfüllten.

Diese Verse sind in der gegenwärtigen „Kurzen Darlegung" deshalb weggelassen worden, weil sie keine Lehre in sich enthaltend und lediglich Ereignisse schildernd, die sich vor, während und nach der Zeit der Predigt Jesu zutrugen, die Darstellung nur verwickeln und belasten. Verstehe man diese Verse nun wie man es wolle, sie enthalten weder einen Widerspruch gegen die Lehre, noch eine Bestätigung derselben. Ihre alleinige Bedeutung für das Christentum war die, daß sie Jesu Göttlichkeit jemandem, der nicht an sie glaubte, bewiesen. Für jemanden aber, der die Überzeugungskraft der Wundererzählungen nicht begreift und überdies an der Göttlichkeit Jesu nicht zweifelt – dies auf seine bloße Lehre hin – fallen diese Verse von selbst als überflüssig weg.

In der größeren Darlegung wird jede Abweichung von der üblichen Übersetzung, jede eingefügte Beleuchtung, jede Auslassung

---

[2] Matth. 6, 10-13, WEIZSÄCKER 1888. *D. Übers.*

durch Vergleich verschiedener Varianten der Evangelien aus dem Gedankenzusammenhange, mittelst philologischer und anderer Erwägungen erläutert und bewiesen. In dieser kurzen Darlegung bleiben sowohl alle diese Nachweise und Widerlegungen der falschen Auffassung der Kirche, wie auch die eingehenden Anmerkungen mit den Belegen aus dem Grunde weg, daß Reflexionen über jede einzelne Stelle, oft sehr lange solche, keine wesentlichen Beweise für die Wahrheit der Auffassung des Sinnes einer Lehre sind. Der Hauptbeweis für die Wahrheit der Auffassung ist die Einheitlichkeit, Klarheit, Einfachheit und Ganzheit der Lehre und ihre Übereinstimmung mit dem inneren Gefühle jedes Menschen, der die Wahrheit sucht. Bezüglich aber überhaupt aller Abweichungen meiner Darlegung von dem von der Kirche acceptirten Texte darf der Leser nicht vergessen, daß die uns so geläufige Vorstellung, alle vier Evangelien mit allen ihren Versen und Buchstaben seien heilige Bücher, von der einen Seite der allergröbste Irrtum, von der anderen der allergröbste Betrug ist. Der Leser muß eingedenk sein, daß Jesus nie selbst irgend ein Buch geschrieben hat, wie es Plato, Philo oder Mark Aurel gethan; nie auch nur gleich Sokrates seine Lehre Personen, die des Lesens und Schreibens kundig waren und eine gewisse Bildung besaßen, anvertraut hat, vielmehr zu jenen Analphabeten sprach, die er im Leben begegnete; daß erst lange nach seinem Tode Leute darauf verfallen sind, daß das, was er sprach, sehr wichtig sei und es nicht übel wäre, etwas von dem, was er gesprochen und gethan, aufzuschreiben; daß man nahezu ein Jahrhundert später angefangen hat aufzuzeichnen, was man von ihm gehört hatte. Der Leser muß eingedenk sein, daß es solcher Aufzeichnungen sehr, sehr viele gegeben hat, daß viele zu Grunde gegangen, viele sehr dürftig gewesen sind und daß die Christen sie alle benützt und allmählich daraus das ausgewählt haben, was ihnen am besten und sinnreichsten erschien; daß die Kirchen beim Aussuchen dieser besten Evangelien nach dem Sprichworte: „Du liest dir kein Knüttelchen aus, ohne ein Knörrchen" mit dem, was sie aus der ganzen gewaltigen Christuslitteratur aussonderten, auch viele Knörrchen mitbekommen mußten, daß es in den kanonischen Evangelien viele Stellen giebt, die ebenso dürftig sind wie die verworfenen apokryphischen, und daß die apokryphischen auch ihr Gutes enthalten.

Der Leser muß eingedenk sein, daß wohl die Lehre Christi heilig sein kann, keinesfalls aber eine gegebene Menge Verse und Buchstaben, und daß grade solche Bücher nicht dadurch allein von der ersten bis zur letzten Seite heilig zu werden vermögen, daß Leute sagen, sie seien heilig. Unter gebildeten Menschen kann nur unser russischer Leser, dank der russischen Censur, hundertjährige Bemühungen der historischen Kritik ignorieren und naiv davon reden, daß die Evangelien des Matthäus, Markus und Lukas, wie sie existieren, jedes für sich und gänzlich von den Evangelisten niedergeschrieben seien. Der Leser muß eingedenk sein, daß er das im Jahre 1880 sagt, und dabei Alles ignoriert, was auf diesem Gebiete durch die Wissenschaft erarbeitet worden ist; ganz genau wie im vorigen Jahrhundert noch die Rede davon war, daß die Sonne sich um die Erde drehe. Der Leser muß eingedenk sein, daß die synoptischen Evangelien, wie sie auf uns gekommen sind, die Frucht allmählichen Nachwuchses mittelst Kopierens und Hinzusetzens und Kombinierens seitens tausend verschiedener menschlicher Köpfe und Hände sind, keineswegs aber Erzeugnisse des heiligen Geistes, der zu den Evangelisten geredet habe. Der Leser muß eingedenk sein, daß eine Fabel es ist, die die Evangelien in ihrer jetzigen Gestalt den Aposteln zuschreibt; eine Fabel, die nicht nur keine Kritik verträgt, sondern auch absolut keine Begründung hat, außer dem Wunsche ehrenwerter Männer, daß dem so wäre. Ganze Zeitalter hindurch sind die Evangelien ausgewählt, mit Zusätzen versehen und ausgelegt worden; alle auf uns gelangten Evangelien des IV. Jahrhunderts sind ohne Wort- oder Satzteilung, ohne Interpunktion geschrieben, haben also auch nach dem IV. und V. Jahrhundert der allerverschiedensten Lesung unterlegen, sodaß man solcher Lesarten der evangelischen Bücher bis an die 50.000 zählt.[3] Alles dessen muß der Leser eingedenk sein, um sich nicht in die uns geläufige Anschauung zu verirren, die Evangelien, wie man sie jetzt begreift, seien genau so auch vom heiligen Geiste zu uns gelangt. Der Leser muß eingedenk sein, daß es nicht allein nicht verwerflich ist, die überflüssigen Stellen aus den Evangelien auszustoßen und die einen durch die anderen zu beleuchten, sondern im Gegenteil verwerflich und gottlos,

---

[3] Vergl. Dr. E. ZITTEL, Entstehung der Bibel, Reclam, Leipzig (Univ.-Bibl. 2836/37) S. 16, sowie zu allem Übrigen die Kap. VII. und V. und V. ebenda. *D. Übers.*

das nicht zu thun und eine gegebene Anzahl Verse und Buchstaben für heilig anzusprechen. Andrerseits bitte ich den Leser meiner Darlegung des Evangelium eingedenk zu sein, daß, wenn ich auf die Evangelien nicht wie auf heilige Bücher blicke, die uns von oben her, vom heiligen Geiste zugelangt seien, ich ebensowenig auf sie blicke wie auf bloße Denkmäler der religiösen Litteraturgeschichte. Ich begreife den theologischen Blick auf die Evangelien sowohl wie den historischen, aber ich blicke anders auf sie und bitte deshalb den Leser, bei der Lektüre meiner Darlegung sich weder in die kirchliche Anschauung zu verirren, noch in die, in letzter Zeit gebildeten Leuten geläufig gewordene historische Anschauung der Evangelien, eine Anschauung, die ich nicht teile und in gleicher Weise für unzulänglich halte. Ich blicke auf das Christentum weder wie auf eine ausschließlich göttliche Offenbarung, noch auch wie auf eine historische Erscheinung; ich blicke auf das Christentum wie auf eine Lehre, die dem Leben einen Sinn giebt. Ich wurde dem Christentum weder durch theologische, noch durch historische Forschungen zugeführt, sondern durch den Umstand, daß ich, als ich im Alter von 50 Jahren mich und die Weisen meiner Kreise darnach gefragt, was es mit mir auf sich und mein Leben zu bedeuten habe, und die Antwort erhalten: „Du bist eine zufällige Verkettung von Teilchen, dem Leben wohnt keine Bedeutung inne, das Leben ist an sich ein Übel" – daß ich damals zur Verzweiflung gebracht ward und mich töten wollte; eingedenk dessen aber, daß es früher, in der Kindheit, als ich glaubte, für mich im Leben einen Sinn gegeben hatte und dessen, daß die Menschen um mich herum, die da glauben – zum größeren Teile nicht durch Reichtum verderbte Menschen – glauben und ein wirkliches Leben führen, an der Richtigkeit der Antwort, die mir die Weisheit meiner Kreise gegeben hatte, zweifelte und mich bemühte, jene Antwort zu verstehen, die das Christentum den Menschen giebt, die ein wirkliches Leben führen. Und ich begann das Christentum zu studieren und dasjenige in der christlichen Lehre zu studieren, was dem menschlichen Leben Führer ist. Ich begann jenes Christentum zu studieren, dessen Anwendung im Leben ich sah und ich begann diese Anwendung mit ihrer Quelle zu vergleichen. Die Quelle der christlichen Lehre waren die Evangelien und in den Evangelien fand ich Aufschluß über jenen Geist, der das Leben aller derer leitet, die ein wirkliches Leben führen. Wie ich aber das Christentum studierte, fand ich an der Seite dieses Quells reinen Lebenswassers unrechtmäßig mit ihm verbundenen Schmutz und Schlamm, die zwischen mich und seine Reinheit traten; fand ich an der Seite der hohen christlichen Lehre, verbunden mit ihr, eine ihr fremde, mißgestalte hebräische und kirchliche Lehre. Ich befand mich in der Lage eines Mannes, der einen Sack voll stinkenden Schmutzes erhalten und nach langer Überwindung und Mühe erst gefunden hätte, daß in diesem mit Schmutz vollgepfropften Sacke in Wirklichkeit unschätzbare Perlen lägen; der verstanden, daß nicht er schuldig sei in seinem Widerwillen gegen den stinkenden Schmutz und auch die nicht schuldig, vielmehr der Liebe und Achtung wert, die diese Perlen mitsamt dem Schmutze gesammelt und bewahrt hatten, der immerhin aber nicht weiß, was er mit solchen Kostbarkeiten, die er mit Schmutz vermischt gefunden, anfangen solle. Ich befand mich im peinlichsten Zustande, bis auf den Tag, da ich mich überzeugte, daß die Perlen nicht eins seien mit dem Schmutze, daß sie gereinigt werden könnten.

Ich kannte das Licht nicht, glaubte, daß es keine Wahrheit im Leben gäbe, machte mich aber, nachdem ich mich überzeugt, daß die Menschen nur durch dieses Licht lebendig seien, auf, seine Quelle zu suchen und fand sie in den Evangelien, trotz der Falschauslegung der Kirchen. Und bis zu dieser Quelle von Licht gelangt, ward ich von ihm geblendet und erhielt volle Antworten auf die Fragen nach der Bedeutung meines Lebens und des Lebens der anderen, Antworten ganz und gar im Einklange mit allen mir bekannten Antworten anderer Völker und, soweit ich sehe, ihnen allen überlegen.

Ich suchte eine Antwort auf die Frage, die das Leben stellt, keine aber auf eine theologische oder historische Frage, und darum war es mir völlig einerlei: war Jesus Christus nun Gott oder nicht Gott, ging der heilige Geist von dem oder jenem aus; war es ebenfalls weder nötig noch wichtig für mich, zu wissen, wann oder von wem das Evangelium oder irgend eine Parabel abgefaßt sei und ob man sie Christo zuschreiben könne oder nicht. Mir war jenes Licht wichtig, das 1800 Jahre lang die Welt erleuchtete und erleuchtet; welcher Name aber der Quelle dieses Lichtes zu geben sei, oder welches seine Bestandteile seien und von wem es angezündet sei, das war mir ganz einerlei.

Und ich begann prüfend auf dieses Licht zu blicken und nach allem zu suchen, was ihm entgegen wäre und, je weiter ich auf diesem Wege schritt, desto zweifelloser ward für mich der Unterschied zwischen Wahrheit und Lüge. Im Beginne meiner Arbeit hegte ich noch Zweifel, machte ich noch Versuche künstlicher Erklärung; je weiter ich aber kam, desto sicherer und klarer ward die Sache, desto zweifelfreier die Wahrheit. Ich befand mich in der Lage eines Mannes, der eine zertrümmerte Statue zusammensetzt. Anfangs mögen noch Zweifel obwalten, ob dies oder jenes Stück ein Teil eines Beines oder eines Armes sei; sind aber erst die Beine zusammengesetzt, dann nun gehört das Stück gewiß nicht länger zu einem solchen, und paßt das Stück nun obendrein mit einem anderen seitlich aneinander und fällt es mit allen Linien seines Bruches mit einem Stücke unterwärts zusammen, dann kann ferner kein Zweifel obwalten. Dies erfuhr ich in dem Maße, als meine Arbeit fortschritt, und dies Gefühl muß, wenn anders ich den Verstand nicht verloren habe, auch der Leser bei der Lektüre der größeren Darlegung des Evangelium haben, wo jede These gleichzeitig durch philologische Erwägungen und Varianten und aus dem Zusammenhange und Einklange mit dem Grundgedanken gestützt wird.

Und daraufhin könnte ich auch dieses Vorwort schließen, wenn die Evangelien jetzt entdeckte Bücher wären, wenn die Lehre Christi nicht 1800jähriger Falschdeutung unterworfen gewesen wäre. So aber ist es für das wahre Verständnis der Lehre Christi, wie er sie selbst verstehen mochte, unumgänglich, sich der Hauptursachen der Falschdeutungen, die die Lehre entstellt haben und der Hauptmittel der Falschdeutung bewußt zu werden. Die Hauptursache jener Falschdeutungen, die die Lehre Christi so entstellt haben, daß es schwer fällt, sie unter dieser dicken Lage zu gewahren, ist die, daß sie sich von der Zeit Pauli ab, der Christi Lehre nicht recht verstand, sie auch nicht so kannte, wie sie sich nachmals im Evangelium Matthäi zum Ausdruck brachte, mit der Lehre pharisäischer Überlieferung und so mit allen Lehren des alten Testamentes verquickte. Paulus gilt gewöhnlich als Heidenapostel, als protestantischer Apostel. Äußerlich war er es auch, in Bezug auf die Beschneidung z. B. Die Lehre von der Tradition aber, von dem Zusammenhange des neuen Testamentes mit dem alten, ist durch Paulus ins Christentum hineingetragen worden, und diese Lehre von der Tradition, dies Prinzip der Tradition war die Hauptursache der Entstellung der christlichen Lehre und ihres Mißverstandenwerdens.

Von der Zeit Pauli an beginnt ein christlicher Talmud, der sich Kirchenlehre nennt und Christi Lehre wird keine einheitliche, göttliche und ganze Lehre, sondern ein einfaches Glied einer Kette von Offenbarungen, die mit Beginn der Welt anhuben und sich in der Kirche bis auf den heutigen Tag fortsetzen. Diese Falschdeuter nennen Jesum Gott; daß sie ihn aber als Gott anerkennen, das veranlaßt sie nicht, den Worten und der Lehre, die sie Gott zuschreiben, größere Bedeutung zu leihen, als den Worten „Pentateuch", „Psalmen", „Apostelgeschichte", „Episteln", „Apokalypse", und sogar den Synodalverordnungen und den Schriften der Kirchenväter. Kein anderes Verstehen der Lehre Jesu Christi lassen diese Falschdeuter zu, als eines, das im Einklange stände mit jeder voraufgegangenen oder nachfolgenden Offenbarung, sodaß ihr Ziel nicht ist, die Bedeutung von Christi Predigt zu erklären, sondern lediglich das, den mindest widersprechenden Sinn für die sich bis zum Unmöglichen widersprechenden Schriften „Pentateuch", „Psalmen", „Evangelien", „Episteln", „Apostelgeschichte" e.c., überhaupt alles, was als heilige Schrift gilt, zu finden.

Es leuchtet ein, daß bei einem solchen Blicke auf die Lehre Christi ihr Verständnis undenkbar wird. Aus diesem falschen Blicke aber fließen die zahllosen Meinungsverschiedenheiten in der Auffassung des Evangeliums.

Solcher Erklärungen, deren Ziel nicht die Wahrheit ist, sondern die Übereinstimmendmachung des zu keiner Übereinstimmung zu Bringenden, der Schriften alten und neuen Testamentes nämlich, sind klärlich eine zahllose Menge möglich, und so ist es denn auch. Sodaß, damit eine gewisse Übereinstimmendmachung als die wahre anerkannt werde, nur äußerliche Mittel übrig bleiben, wie Wunder, Herabkommen des heiligen Geistes und andere mehr.

Jeder machte und macht auf seine Weise übereinstimmend, jeder aber hält von seiner Übereinstimmendmachung aufrecht, sie sei die sich fortsetzende Offenbarung des heiligen Geistes. Nicht anders als es mit den Sendschreiben Pauli und den Konzilsverordnungen steht, die mit der Formel anheben: „Es hat uns und dem heiligen Geiste gefallen – " nicht anders steht es auch mit den Verordnungen der Päpste, der Synoden, der Arianer, der Paulicianer und aller der

Falschdeuter, die behaupten, der heilige Geist spreche durch ihren Mund. Alle brauchen sie ein und dasselbe grobe Mittel, die Wahrheit ihrer Übereinstimmendmachung zu sanktionieren, daß sie ihre Übereinstimmendmachung nicht die Frucht ihrer Gedanken, sondern das Zeugnis des heiligen Geistes sein lassen.

Auch ohne sich auf die Prüfung dieser Glaubensdogmen, deren jedes sich Wahrheit nennt, einzulassen, ist es unmöglich, nicht zu sehen, daß in der ihnen allen gemeinsamen Art und Weise der Anerkennung einer gewaltigen Menge Schriften sogenannten alten und neuen Testamentes als gleich heiliger eine unübersteigliche, von ihnen selbst errichtete Schranke für das Verständnis der Lehre Christi besteht und auch das noch, daß aus dieser Verirrung geradezu die Möglichkeit, ja die Unumgänglichkeit unendlich verschiedener feindlicher Sekten fließt.

Nur die Übereinstimmendmachung einer ungeheuren Zahl von Offenbarungen vermag unendlich mannigfaltig zu sein; die Auslegung der Lehre einer als Gott betrachteten Person aber kann keine Sekten erzeugen. Die Lehre eines auf die Erde herabgestiegenen Gottes kann nicht verschieden verstanden werden. Kam Gott auf die Erde, um den Menschen die Wahrheit zu offenbaren, dann war das mindeste, was er thun konnte, das, daß er die Wahrheit so offenbarte, daß alle sie verständen; that er das aber nicht, dann war er nicht Gott; sind die göttlichen Wahrheiten aber solche, daß auch Gott sie den Menschen nicht verständlich machen konnte, dann nun konnten die Menschen dies erst recht nicht thun. Ist Jesus kein Gott, sondern ein großer Mensch, dann vermag seine Lehre es noch weniger, Sekten zu erzeugen. Die Lehre eines großen Menschen ist darum nur groß, weil sie verständlich und klar ausspricht, was die anderen weder verständlich noch klar ausgesprochen haben.

Das was an der Lehre eines großen Mannes nicht verständlich ist, das ist auch nicht groß, und die Lehre eines großen Mannes kann keine Sekten erzeugen. Darum allein ist die Lehre eines großen Mannes groß, weil sie alle in einer einzigen Wahrheit für alle eint. Nur eine solche Auslegung, welche behauptet, sie sei Offenbarung des heiligen Geistes, sie sei die einzig wahre, alle übrigen aber seien Lüge, nur eine solche Auslegung erzeugt Haß und sogenannte Sekten. Was die Sektierer aller Bekenntnisse auch sagen mögen darüber, daß sie ein anderes Bekenntnis nicht verdammen, daß sie für seine

Einigung mit dem ihren beten, daß sie ihm gegenüber keinen Haß nähren – sie sind im Unrecht. Nie floß auch nur eine einzige Behauptung irgend eines Dogmas von Arius an aus anderem, als aus der Bezichtigung des gegensätzlichen Dogmas als Lüge. Zu erklären aber, der Ausdruck eines solchen Dogmas sei eine göttliche Äußerung, eine Äußerung des heiligen Geistes, bezeichnet den höchsten Grad von Stolz und Dummheit, von Stolz deshalb, weil man Stolzeres nicht sagen kann, als daß Gott die v o n mir gesprochenen Worte d u r c h mich gesprochen habe, und von Dummheit deshalb, weil man Dümmeres nicht thun kann, als auf die Behauptung jemandes, Gott rede durch seinen Mund, ihm sagen: Nein! Durch deinen Mund nicht, sondern durch meinen redet Gott und er redet das völlig Entgegengesetzte, was dein Gott redet. Und derweile sagen alle Konzile, alle Glaubenssymbole, alle Kirchen grade das nur und daraus fließt und floß alles Böse, was im Namen des Glaubens in der Welt verübt ward und wird, Außer diesem äußerlichen Übelstande der Sekten aber giebt es auch noch ein anderes wichtiges inneres Gebrechen, das ihnen allen anhaftet und ihnen einen unklaren, unbestimmten und unredlichen Charakter verleiht.

Dieses Gebrechen besteht darin, daß bei jeder dieser Sekten, die ihre Offenbarung als die letzte Offenbarung des heiligen Geistes, der auf die Apostel herabgestiegen und auf vermeinte Auserwählte übergegangen sein und übergehen soll, anerkennen, die Falschdeuter nirgend rundweg, bestimmt und endgültig aussprechen, worin diese Offenbarung des heiligen Geistes bestehe, auf diese vermeintlich sich fortpflanzende Offenbarung gleichwohl aber ihren Glauben gründen und ihn nach Christo nennen.

Alle die Sektierer, die die Offenbarung des heiligen Geistes anerkennen, erkennen gleich den Muhammedanern drei Offenbarungen an; die Muhammedaner: Moses, Jesum, Muhammed; die Kirchlichen: Moses, Jesum und den heiligen Geist. Im muhammedanischen Bekenntnisse aber ist Muhammed der letzte Prophet; der, der die Bedeutung der Offenbarungen von Mose und Jesu enthüllte; er ist die letzte Offenbarung, die alle voraufgegangenen erhellt und jeder Rechtgläubige hat diese Offenbarung vor Augen. Beim Kirchenglauben steht es aber nicht so; wie der Muhammedanismus erkennt er drei Offenbarungen an, die von Mose, Jesu und dem heiligen Geiste, nennt sich aber nicht nach der letzten dieser Offenbarungen einen „Heilige-Geist-Glauben", sondern behauptet, die Grundlage seines Glaubens sei die Lehre Christi. So zwar, daß man seine eigene Lehre predigt, die Autorität für diese Lehre aber von Christo leiht. Die Heilige-Geist-Sektierer sollten, wenn sie als letzte Offenbarung, die alle voraufgegangenen erhelle, der eine den Paulus oder diese oder jene Konzile, der andere die Päpste oder gar die Episteln der Patriarchen oder private Offenbarungen des heiligen Geistes anerkennen, das auch sagen und ihren Glauben auch nach dem nennen, der die letzte Offenbarung hatte, und wenn diese nun die der Kirchenväter, oder ein Sendschreiben der östlichen Patriarchen oder päpstliche Erlässe oder der Syllabus oder die Katechese Luthers oder Philarets war, dies auch heraussagen und ihren Glauben darauf taufen, weil die letzte Offenbarung als die, die alle Vorausgegangene erhellt, immer auch die Hauptoffenbarung sein wird. Das thun sie aber nicht; sie predigen statt dessen vielmehr die Christo allerfremdesten Lehren und behaupten, Christus habe diese Lehren gepredigt. Sodaß z. B. aus ihrer Lehre folgt, Christus habe erklärt, er erkaufe die durch Adam gefallene Menschheit mit seinem Blute, Gott sei eine Dreieinigkeit, der heilige Geist sei auf die Apostel herabgestiegen und vermittelst Handauflegens auf die Priesterschaft übergegangen, zur Erlösung seien sieben Geheimnisse nötig *e.c.* – aus ihrer Lehre folgt, daß alles das Christi Lehre ist, während in der Lehre Jesu auch nicht ein Hinweis auf etwas derartiges vorhanden ist. Diese Falschlehrer sollten ihre Lehre und ihren Glauben Lehre und Glaube des heiligen Geistes, nicht aber Christi nennen, weil man christliche Lehre nur die Lehre nennen kann, die die Offenbarung Christi, wie sie in den Evangelien auf uns gekommen ist, als letzte Offenbarung anerkennt; wie sie (nach den Worten Christi, die keinen Lehrer außer Christo namhaft machen) auch anerkennen muß. Es scheint, dies wäre so einfach, daß es nicht einmal lohnte, darüber zu reden; so seltsam es aber auch klingt: bis heutigen Tages gesteht man das nicht zu. Statt, daß man alle seine Kräfte darauf richtete, die Lehre Christi von der künstlichen, durch nichts zu rechtfertigenden Anpassung an das alte Testament und jene willkürlichen Ergänzungen seiner Lehre, die im Namen des heiligen Geistes geschahen und geschehen, abzulösen, richten sich alle Kräfte darauf, die möglichst größte Bedeutung in dieser Vereinigung finden zu lassen. Und wunderbar! In diesem Gebrechen begegnen sich die zwei äußersten Lager, das der Kirchenmänner und das der freidenkerischen Historiker des Christentums. Die einen, die Kirchlichen, verstehen, indem sie Jesum als zweite Person der Dreieinigkeit bezeichnen, seine Lehre nicht anders als im Zusammenhange mit jenen vorgeblichen Offenbarungen der dritten Person, die sie im alten Testamente, in den Sendschreiben der Konzile, den Verordnungen der Väter e.c. finden und predigen den allerseltsamsten Glauben, behauptend, es sei christlicher Glaube. Die anderen, die Jesum als Gott nicht anerkennen, verstehen seine Lehre ebenfalls nicht, wie er sie gepredigt haben mag, sondern so, wie sie von Paulo und anderen Auslegern verstanden wird. Während sie Jesum nicht als Gott, aber als Menschen anerkennen, berauben diese Ausleger Jesum nun des allergesetzlichsten Menschenrechtes, des nämlich, für seine Worte einzustehen, nicht aber für die Falschdeuter seiner Worte. Während sie sich bemühen, die Lehre Jesu aufzuhellen, bürden diese gelehrten Falschausleger Jesu das auf, was zu sagen ihm niemals eingefallen ist. Die Vertreter dieser Auslegerschule, der populärste unter ihnen, Renan, voran, nehmen sich die Mühe nicht, innerhalb der Lehre Christi zu scheiden zwischen dem, was Christus selbst lehrte und dem, was seine Ausleger ihm aufhängen; nehmen sich die Mühe nicht, seine Lehre irgend wie tiefer zu fassen, als die Kirchlichen, – bemühen sich dabei aber, den Sinn des Erscheinens Jesu und der Ausbreitung seiner Lehre aus den Ereignissen, aus dem Leben Jesu und den Umständen seiner Zeit zu begreifen.

Und derweil hätte es geschienen, als ginge es für Geschichtsschreiber nun schon gar nicht an, einen solchen Schnitzer zu machen. Das ihnen zu lösen bestimmte Problem besteht in folgendem: Vor 1800 Jahren erschien irgend ein Bettler und redete irgend etwas. Man geißelte ihn, hängte ihn und vergaß alles über ihn (wie Millionen solcher Fälle vergessen wurden) und zweihundert Jahre lang hörte die Welt nichts von ihm. Nun aber trifft es sich, daß irgend wer sich dessen erinnert, was jener gesprochen, daß er es einem Zweiten, Dritten weitererzählt. Immer weiter, immer Mehreren und nun können sich Milliarden Kluger und Dummer, Gelehrter und Ungebildeter von dem Gedanken nicht losmachen, daß dieser und nur dieser Mensch Gott gewesen sei. Wie diese wunderbare Erscheinung erklären? Die Kirchlichen sagen: Das kam daher, daß Jesus eben Gott war. Und dann ist alles klar. Wenn er aber nun nicht Gott war, wie dann erklären, daß gerade dieser einfache Mensch von allen als Gott anerkannt wird?

Und eifrig forschen nun die Gelehrten dieser Schule nach allen Einzelheiten der Lebensumstände dieses Menschen, ohne zu bemerken, daß, wie viele Einzelheiten sie immer hervorsuchen mögen (in Wirklichkeit suchten sie so gut wie nichts hervor, mit Ausnahme dessen, was bei Flavius Josephus und in den Evangelien steht), daß sogar, wenn sie das Leben Jesu bis auf die kleinsten Kleinigkeiten wiederherstellten und wüßten, wann Jesus etwas aß und wo er übernachtete, die Frage, warum er und er gerade solchen Einfluß auf die Menschen geübt, dessen ungeachtet ohne Antwort bleiben würde. Nicht das ist eine Antwort, daß man sagt, in welchen Kreisen Jesus geboren ward, wer ihn erzog e.c. und noch weniger das, daß man sagt, was in Rom vorging und daß das Volk zum Aberglauben neigte e.c., sondern das allein, daß man zeigt, daß dieser Mensch etwas so Besonderes predigte, daß er die Menschen veranlaßte, ihn von allen anderen zu scheiden und heut wie damals als Gott anzuerkennen. Es schiene nun, als wäre, wenn man das begreifen will, das Erste, was man zu thun hätte, daß man sich bemühte, die Lehre dieses Menschen zu verstehen, seine eigene natürlich, und nicht etwa jene groben Auslegungen seiner Lehren, die sich nach ihm verbreiteten und verbreiten. Das thut man aber nicht. So sehr freuten sich diese gelehrten Geschichtsschreiber des Christentums darüber, daß Jesus kein Gott wäre, so große Lust haben sie zu beweisen, daß seine Lehre keine göttliche und also auch keine verbindliche sei, daß sie vergessen, wie sie, je mehr sie beweisen werden, daß er ein einfacher Mensch und seine Lehre keine göttliche gewesen ist, desto weiter ab von dem Verständnis der sie beschäftigenden Frage sein werden. Und alle Kräfte spannen sie an, um zu beweisen, daß er ein einfacher Mensch war und daß darum seine Lehre keine göttliche gewesen ist. Um sich diese wunderliche Verirrung klar zu machen, braucht man sich nur an Renan und andere zu erinnern, an einen Havet z. B., der naiv behauptet, „Jesus Christus habe nichts Christliches an sich gehabt". An einen Souris, der mit Begeisterung darthut, daß Jesus Christus ein sehr ungeschliffener und einfältiger Mensch war.

Nicht darum handelt es sich, zu beweisen, daß Jesus kein Gott und daß deshalb seine Lehre keine göttliche war und nicht darum, zu beweisen, daß er kein Katholik war, sondern darum, daß man verstehe, was das Wesen einer Lehre ausmache, die den Menschen so hoch und teuer ward, daß sie den Prediger dieser Lehre als Gott anerkannten und anerkennen. Wohl, das habe ich zu thun versucht und habe es für mich zum mindesten gethan. Und das ist es, was ich nun auch meinen Brüdern vorlege.

Gehört der Leser zu der ungeheuren Mehrzahl der gebildeten, im kirchlichen Glauben erzogenen Menschen, die sich von ihm infolge seiner Unvereinbarkeit mit dem gesunden Verstande und dem Gewissen aber losgesagt haben (blieben nun bei solchen Menschen Liebe und Achtung vor dem Geiste der christlichen Lehre bestehen, oder achteten sie nach dem Sprichworte: „Ärgert dich die Laus, ins Feuer den Pelz!" das ganze Christentum für schädlichen Aberglauben), so bitte ich einen solchen Leser eingedenk zu sein, daß das, was ihn abstößt, was ihm als Aberglaube erscheint, die Lehre Christi nicht ist, daß Christum nicht die Schuld jener häßlichen Tradition, die man seiner Lehre verflocht und für Christentum ausgab, treffen kann; daß es lediglich gilt, die Lehre Christi, wie sie auf uns gekommen, jene Worte und Thaten nämlich, die Christo zugeschrieben werden und lehrhafte Bedeutung haben, zu studieren. Ein solcher Leser wird sich, wenn er meine Darlegung liest, überzeugen, daß das Christentum nicht nur kein Gemisch von Hohem und Niederem, nicht nur kein Aberglaube ist, sondern die allerstrengste, reinste und ganzeste metaphysische und ethische Lehre, über die hinaus der menschliche Verstand sich bis heute nicht erhoben hat, und in deren Kreise sich, ohne sich dessen bewußt zu sein, alle höchste menschliche Thätigkeit bewegt, sei sie nun eine politische, wissenschaftliche, poetische oder philosophische. Gehört der Leser jener verschwindenden Minderheit gebildeter Menschen an, die am Kirchenglauben festhalten, indem sie ihn nicht um äußerer Zwecke, sondern um ihrer inneren Ruhe willen bekennen, so bitte ich einen solchen Leser, bevor er liest, in seinem Geiste die Frage zu entscheiden, was ihm teurer sei, die Ruhe der Seele oder die Wahrheit! Wenn die Ruhe, dann bitte ich ihn, nicht zu lesen, wenn aber die Wahrheit, dann bitte ich ihn, eingedenk zu sein, daß die Lehre Christi, die hier dargelegt ist, trotz der Einerleiheit des Namens, eine völlig andere Lehre ist, und daß darum sein Verhältnis zu dieser Darlegung, als eines Bekenners des Kirchenglaubens, dem Verhältnisse eines Muhammedaners zur Predigt des Christentum analog ist; daß es sich für ihn nicht fragt, ob die dargelegte Lehre mit seinem Glauben in Übereinstimmung sei oder nicht, sondern allein, welche Lehre in besserer Übereinstimmung mit seiner Vernunft und seinem Herzen sei, seine kirchliche Lehre oder die bloße Lehre Christi. Es fragt sich für ihn nur, wünscht er eine neue Lehre anzunehmen, oder bei seinem Glauben zu beharren. Gehört endlich der Leser zu den Leuten, die den Kirchenglauben äußerlich bekennen und schätzen, nicht deshalb, weil sie an seine Wahrheit glauben, sondern auf äußerliche Erwägungen hin, d. h. weil sie ihn zu bekennen und zu predigen für sich selbst für vorteilhaft halten, wohl, dann seien auch solche Leute eingedenk, daß, wie viele Gleichgesinnte sie auch haben und wie stark sie auch sein mögen, auf welchen Thronen sie auch sitzen und mit welch hohen Namen sie sich auch nennen mögen, sie nicht die Ankläger, sondern die Angeklagten sind und nicht die von mir, sondern von Christo. Solche Leser seien nur eingedenk, daß sie nichts anzugeben haben, daß sie längst vorgebracht haben, was sie vorzubringen hatten, daß, gäben sie auch an (was sie ja vorzubringen hatten), wessen alle die hunderte einander leugnenden Bekenntnisse kirchlichen Glaubens jedes für sich angeben, ihnen kein Angeben not thut, sondern Rechtfertigung. Rechtfertigung als Spöttern am Heiligen, die die Lehren des Esdra, der Konzile, der Theophilokten mit der Lehre des Jesus-Gottes auf eine Linie stellten und sich erlaubten, auf Grund menschlicher Worte die Worte Gottes umzudeuten und zu tauschen; Rechtfertigung als Verleumdern Gottes, die alle Fanatismen des eigenen Herzens auf den Gott Jesus abwälzten und für seine Lehre ausgaben; Rechtfertigung als Spitzbuben, die, nachdem sie die Lehre Gottes, die herabkam, der Welt das Heil zu geben, unterschlagen, ihren Heilige-Geist-Glauben an deren Stelle setzten und durch diesen Unterschleif Milliarden Menschen des Heils, das Christus den Menschen brachte, beraubten und berauben und statt Friede und Liebe, die mit ihm kamen, Sekten, Verdammung und alle möglichen Schändlichkeiten, mit Christi Namen bedeckt, in die Welt brachten.

Für diese Leser giebt es nur zwei Auswege: die demütige Buße und Abschwörung ihrer Lügen, oder die Verfolgung derer, die sie dessen überführen, was sie gethan haben und thun.

Schwören sie ihre Lügen nicht ab, so bleibt ihnen eines übrig: mich zu verfolgen, worauf ich mich, nun da ich mein Werk beendet habe, bereit mache mit Freude und mit Furcht wegen meiner Gebrechlichkeit.

———

Evangelium
d. i.
Verkündigung vom Heile Jesu Christi, des Sohnes Gottes.

EINLEITUNG.

DIE ERKENNTNIS DES LEBENS

Inhalt der Einleitung.

Das Evangelium ist die Verkündigung dessen, daß der Allursprung kein äußerer Gott ist, wie die Menschen glauben, sondern die Erkenntnis des Lebens. Und deshalb tritt an Stelle dessen, was die Menschen Gott nennen, nach dem Evangelium die Erkenntnis des Lebens. Ohne Erkenntnis kein Leben. Jedweder Mensch ist darum allein lebendig, weil er die Erkenntnis des Lebens hat. Die Menschen, die das nicht begreifen und den Ursprung des Lebens in das Fleisch setzen, berauben sich des wahren Lebens.

Die aber, die begreifen, daß sie lebendig sind nicht durch das Fleisch, sondern durch die Erkenntnis, die haben das wahre Leben. Und dies wahre Leben wies Jesus Christus. Da er als Wahrheit erkannt hatte, daß das Leben des Menschen aus der Erkenntnis hervorgehe, gab er den Menschen Lehre und Beispiel eines Lebens der Erkenntnis im Fleische.

Die früheren Glaubenslehren faßten in ein Gesetz, was zu thun oder zu lassen sei, um Gott zu dienen. Die Lehre Jesu Christi aber besteht in der Erkenntnis des Lebens. Einen äußeren Gott sah nie wer je und vermag ihn nicht zu kennen, und so vermag der Dienst eines äußeren Gottes das Leben nicht zu leiten. Das Anerkennen eines Allgrundes allein, der, Erkenntnis in sich, aus dem Ursprunge der Erkenntnis hervorgegangen ist, wie der Sohn aus dein Vater, weist den Weg zum Leben.

————

Mark. I, 1. Die Verkündigung vom Heile Jesu Christi, des Sohnes Gottes.

Joh. XX, 31. Das ist die Verkündigung vom Heile, daß alle Menschen, die sich überzeugten, daß sie Söhne Gottes sind, das wahre Leben empfangen.

Joh. I, 1. Im Allgrunde und Allbeginne ward die Erkenntnis des Lebens. Die Erkenntnis des Lebens ward an Gottes Statt. Die Erkenntnis des Lebens ist Gott.

2. Sie ward, nach der Verkündigung Jesu, Allgrund und Allursprung an Gottes Statt.

3. Alles ward zum Leben geboren durch die Erkenntnis. Und ohne sie kann nichts Lebendes sein.

4. Die Erkenntnis giebt das wahre Leben.

5. Die Erkenntnis, das ist das Licht der Wahrheit. Das Licht aber leuchtet auch im Dunkeln und die Dunkelheit kann es nicht überwältigen.

9. Das wahre Licht war immer in der Welt und jedem Menschen, der geboren wird, leuchtet es.

10. Und war in der Welt und die Welt war lebend darum allein, daß sie das Licht der Erkenntnis in sich trug; die Welt aber behielt es nicht.

11. Im Selbst erschien es, aber das Selbst behielt es nicht.

12. Nur die, die die Erkenntnis begriffen, nur ihnen ward die Möglichkeit, ihm ähnlich zu werden, dadurch, daß sie an sein Dasein glaubten.

13. Die, die daran glauben, daß das Leben in der Erkenntnis bestehe, wurden Söhne nicht des Fleisches, aber der Erkenntnis.

14. Und die Erkenntnis des Lebens erschien im Fleische in der Person Jesus Christi und also begriffen wir ihren Sinn, daß der Sohn der Erkenntnis, Mensch im Fleische, einer Natur mit dem Vater, dem Ursprunge des Lebens, ein solcher ist, wie der Vater, der Ursprung des Lebens.

15. Die Lehre Jesu ist vollendeter und wahrer Glaube.

16. Darum, daß wir nach der Erfüllung der Lehre durch Jesum einen neuen Glauben statt des früheren begriffen.

17. Durch Mose ward das Gesetz gegeben; den wahren Glauben aber begriffen wir durch Jesum Christum.

18. Gott sah und sieht nie wer je, nur der Sohn, der im Vater ist, der wies den Weg zum Leben.

———

ERSTES KAPITEL

DER SOHN GOTTES

Der Mensch ist ein Sohn Gottes, ohnmächtig im Fleische
und frei durch den Geist.
(Vater unser!)

Inhalt des ersten Kapitels.

Jesus war der Sohn eines unbekannten Vaters. Da er seinen Vater
nicht kannte, nannte er in seiner Kindheit Gott seinen Vater. Zu der
Zeit war in Judäa der Prophet Johannes. Johannes predigte die An-
kunft Gottes auf der Erde. Er sprach, daß, wenn die Menschen ihr
Leben wandeln, alle Menschen unter sich gleichachten, nicht Un-
recht thun, sondern einer dem anderen helfen werden, dann werde
Gott auf die Erde herabsteigen und sein Reich auf Erden gründen.
Jesus, da er diese Predigt gehört, entfernte sich von den Menschen
in die Wüste, daß er den Sinn des menschlichen Lebens und seine
Beziehung zum unendlichen Allursprunge, Gott genannt, begriffe.
Da er seinen leiblichen Vater nicht kannte, erkannte Jesus als seinen
Vater den unendlichen Allursprung an, das, was Johannes Gott
nannte.

Nachdem er in der Wüste mehrere Tage ohne Speise verweilt
hatte, begann Jesus Hunger zu leiden und dachte bei sich: Ich bin
der Sohn des allmächtigen Gottes und darum muß ich allmächtig
sein grade wie auch er; nun aber will ich essen und kein Brot erscheint nach meinem Willen, also bin ich nicht allmächtig. Darauf
sprach er zu sich: Ich kann aus Steinen kein Brot machen, aber ich
kann mich des Brotes enthalten. Und darum, wenn ich nicht allmächtig bin im Fleische, allmächtig aber dem Geiste nach, kann ich
das Fleisch überwinden und darum bin ich der Sohn Gottes nicht
dem Fleische, sondern dem Geiste nach.

Wenn ich aber der Sohn des Geistes bin, sagte er noch zu sich,
dann kann ich mich vom Fleische scheiden und es vernichten. Und
darauf antwortete er: Ich bin ins Fleisch geboren durch den Geist.
Solches war der Wille meines Vaters und darum kann ich mich seinem Willen nicht widersetzen.

Wenn du aber deine Wünsche des Fleisches nicht befriedigen kannst, noch auch dich vom Fleische scheiden kannst, sprach er noch zu sich, dann mußt du dem Fleische dienen und alle jene Freuden genießen, die es dir giebt. Und darauf antwortete er: Ich kann die Wünsche des Fleisches nicht befriedigen, ich kann mich auch nicht vom Fleische scheiden, mein Leben aber ist allmächtig im Geiste meines Vaters und deshalb muß ich im Fleische allein dem Geiste, dem Vater dienen und für ihn wirken. Und da er sich überzeugt, daß das Leben des Menschen nur im Geiste des Vaters ist, ging Jesus aus der Wüste hervor und begann den Menschen seine Lehre zu predigen. Er sprach, daß der Geist in ihm sei, daß von nun an der Himmel offen sei und die himmlischen Kräfte mit den menschlichen sich verbänden, daß für die Menschen ein unendliches freies Leben beginne, daß alle Menschen, wie unglücklich sie auch seien, selig sein könnten.

Matth. I, 18. So verhielt es sich mit der Geburt Jesu Christi: seine Mutter Maria war Joseph verlobt. Ehe sie aber wie Mann und Weib zu leben begannen, erwies sich Maria schwanger.

19. Joseph aber war ein guter Mensch und wollte sie nicht demütigen; er nahm sie zum Weibe und hatte keinen Verkehr mit ihr, bis daß sie ihren ersten Sohn geboren, und nannte ihn Jesus.

Luk. II, 40. Und der Knabe wuchs und ward mannbar und war verständig über seine Jahre hinaus.

41. Jesus war schon zwölf Jahre alt und einst gingen

42. Maria mit Joseph zum Feste nach Jerusalem und nahmen den Knaben mit sich.

43.44. Das Fest ging zu Ende, sie kehrten heim und vergaßen des Knaben.

45. Darauf erinnerten sie sich seiner und dachten, er wäre mit Kindern vorausgegangen und fragten unterwegs nach ihm. Der Knabe aber war nirgends und sie kehrten um seinetwillen nach Jerusalem zurück.

46. Und am dritten Tage endlich fanden sie den Knaben in der Kirche bei Lehrern sitzen, die er frägt und hört.

Luk. II, 47. Und alle staunen über seinen Verstand.

48. Die Mutter erblickte ihn und spricht: Was thatest du uns? Wir jammern mit deinem Vater, wir suchen dich.

49. Und er sagte zu ihnen: Wo suchtet ihr mich denn? Wußtet ihr etwa nicht, daß man den Sohn im Hause seines Vaters suchen muß?

50. Und sie verstanden seine Worte nicht, verstanden nicht, wen er seinen Vater nannte.

51. Und darauf lebte Jesus bei der Mutter und diente ihr in allem.

52. Und nahm zu an Wuchs und Verstand.

Luk. III. 23. Und alle glaubten, Jesus wäre Josephs Sohn. Und so lebte er bis zum 30. Jahre.

Matth. III, 1. Zu der Zeit erschien in Judäa der Prophet Johannes.

Mark. I, 4. Johannes lebte in der judäischen Steppe am Jordan.

Matth. III, 4. Das Kleid Johannis war aus Kameelshaar, er nährte sich von Baumrinde und Kräutern.

Mark. I, 4-6. Er forderte das Volk auf, sein Leben zu wandeln, sich von der Ungerechtigkeit zu befreien und zum Zeichen des Wandels ihres Lebens badete er das Volk im Jordan.

Luk. III, 4. Er sprach: eine Stimme ruft euch auf; bahnet in der Steppe Gott den Weg; ebnet ihm den Weg!

5. Macht, daß alles eben sei, daß es weder Erhöhungen noch Vertiefungen, weder Hoch noch Niedrig gebe.

6. Dann wird Gott mitten unter euch sein und alle werden ihre Erlösung finden.

10. Und es fragte ihn das Volk: Was sollen wir thun?

11. Er antwortete: Wer zwei Kleider hat, gebe eines dem, der keins hat, und wer Speise hat, gebe welche dem, der keine hat.

12. Es kamen Zollpächter zu ihm und fragten: was sollen wir thun?

13. Er sagte zu ihnen: Erpreßt nichts der Abmachung zuwider.

14. Und es fragten Krieger: Wie sollen wir uns verhalten? Er sagte: Thut niemandem ein Leid, betrügt nicht. Seid zufrieden mit dem, was man euch auszahlt.

Matth. III, 5. Und es kamen zu ihm die aus Jerusalem und alle Juden aus der Umgegend des Jordans.

6. Und sie beichteten ihm ihre Ungerechtigkeit und zum Zeichen ihrer Lebenswandlung badete er sie im Jordan.

7. Und Pharisäer und Sadducäer kamen gleichfalls zu Johannes, insgeheim. Er erkannte sie und sprach: Ihr seid eine Schlangenrasse,

oder fingt auch ihr an zu fühlen, daß ihr dem Willen Gottes nicht ausweichen könnt, so besinnt euch denn und wandelt euren Glauben.

8. Und wollt ihr euren Glauben wandeln, dann nun soll an euren Früchten sichtbar werden, wessen ihr euch besannet.

10. Schon liegt die Axt am Baum. Bringt der Baum schlechte Frucht, so wird er abgehauen und ins Feuer geworfen.

11. Zum Zeichen eurer Wandlung reinige ich euch im Wasser, nach diesem Bade aber müßt ihr euch noch durch den Geist reinigen.

12. Der Geist wird euch reinigen, wie der Hausherr seine Tenne reinigt: den Weizen wird er sammeln und das Stroh verbrennen.

13. Jesus kam aus Galiläa an den Jordan zu Johannes, daß er von Johannes gebadet werde und ward gebadet und hörte Johannis Predigt.

IV, 1. Und vom Jordan ging er in die Wüste und dort erkannte er die Kraft des Geistes.

2. Jesus blieb 40 Tage und 40 Nächte in der Wüste ohne Trank und Speise.

3. Und die Stimme seines Fleisches sagte zu ihm:

Luk. IV,3. Wärest du der Sohn des allmächtigen Gottes, so könntest du Brot aus Steinen machen nach Herzenslust, du kannst es aber nicht, also bist du der Sohn Gottes nicht.

4. Jesus aber sagte zu sich: Kann ich aus Steinen kein Brot machen, so bedeutet das, daß ich kein Sohn des Gottes Fleisch, sondern ein Sohn des Gottes Geist bin. Ich bin lebendig nicht durch das Brot, sondern durch den Geist. Und mein Geist kann das Fleisch verachten. Der Hunger aber quälte ihn gleichwohl und die Stimme des Fleisches sagte noch zu ihm: Wenn du nur lebendig bist durch den Geist und das Fleisch verachten kannst, magst du dich vom Fleische scheiden und dein Geist wird leben bleiben.

9. Und es kam ihm vor, als stünde er auf dem Dache des Tempels und die Stimme des Fleisches spräche zu ihm: Bist du der Sohn des Gottes Geist, dann stürze dich vom Tempel, du wirst dich nicht töten.

10. Sondern eine ·unsichtbare Kraft wird dich halten, stützen und von allem Übel befreien.

11. Aber Jesus sagte zu sich: ich kann das Fleisch verachten, aber

ich kann mich nicht von ihm scheiden, weil ich durch den Geist ins Fleisch geboren bin. Solches war der Wille meines Vaters, des Geistes, und ihm kann ich mich nicht widersetzen. Da sagte die Stimme des Fleisches zu ihm: Kannst du dich dem Willen deines Vaters nicht widersetzen in dem, daß du dich vom Tempel stürzest und vom Leben scheidest, so kannst du dich dem Vater ebensowenig widersetzen in dem, daß du hungerst, wann du essen möchtest. Du darfst die Wollust des Fleisches nicht verachten. Sie ist in dich gelegt und du mußt ihr dienen.

5. Und Jesu erschienen alle irdischen Reiche und alle Leute, wie sie leben und sich für das Fleisch plagen und Lohn von ihm erwarten.

6. Und die Stimme des Fleisches sagte zu ihm: Da siehst du, sie dienen mir, und ich gebe ihnen alles, was sie wollen.

7. Wenn du mir dienen wirst, wirst du es haben wie sie.

8. Aber Jesus sagte zu sich: Mein Vater ist nicht Fleisch, sondern Geist. Ich lebe durch ihn, ich weiß ihn stets in mir, ich ehre allein ihn und diene nur ihm und erwarte von ihm allein Lohn.

13. Da brach die Versuchung ab und Jesus erkannte die Kraft des Geistes.

Luk. IV, 14 / Joh. I, 36. I Und da er die Kraft des Geistes erkannt, ging Jesus aus der Wüste hervor und ging wieder zu Johannes und blieb bei ihm. Und da Jesus von Johannes wegging, sagte Johannes von ihm: Das ist der Erlöser der Menschen.

Joh. I, 37. Auf diese Worte Johannis verließen zwei Jünger Johannis ihren früheren Lehrer und folgten Jesu nach.

38. Jesus sah, daß sie ihm folgten, blieb stehen und spricht: Was wünscht ihr? Sie sagten: Meister! wir wollen bei dir bleiben und deine Lehre kennen.

39. Er sagte: Kommt mit mir und ich werde euch alles sagen. Sie gingen mit ihm und verweilten bei ihm und hörten ihn an bis zur zehnten Stunde.

40. Einer von diesen Jüngern hieß Andreas. Andreas hatte einen Bruder Simeon.

41. Andreas, da er Jesu zugehört, ging zu seinem Bruder Simeon und spricht zu ihm: Wir haben den gefunden, von dem die Propheten und Moses geschrieben haben, den, der uns unsere Erlösung verkündete.

42. Andreas nahm Simeon mit sich und brachte ihn ebenfalls zu Jesu. Diesen Bruder des Andreas benannte Jesus Petrus, das heißt Stein. Und diese beiden Brüder wurden Jünger Jesu.
43. Auch vor dem Einzuge in Galiläa begegnete Jesus dann noch dem Philippus und hieß ihn mit sich gehen.
44. Philippus war aus Bethsaida, ein Landsmann des Petrus und Andreas.
45. Als Philippus Jesum kennen gelernt hatte, ging er und suchte seinen Bruder Nathanael auf und spricht zu ihm: Wir fanden den Auserwählten Gottes, von dem die Propheten und Mose geschrieben haben. Es ist Jesus, des Joseph Sohn aus Nazareth.
46. Nathanael wunderte sich, daß der, von dem die Propheten geschrieben, aus dem benachbarten Dorfe wäre und spricht: Seltsam, daß der Gesandte Gottes aus Nazareth ist. Philippus spricht: Geh mit mir, du wirst ihn selbst sehen und hören.
47-49. Nathanael willigte ein und ging mit dem Bruder, und er und Jesus sahen sich und da er ihn gehört, sagte er zu Jesu: Ja, jetzt sehe ich, daß es wahr ist, daß du der Sohn Gottes und der Herrscher der Israeliten bist.
51. Jesus sagte zu ihm: Wisse, was wichtiger ist als das. Von nun an steht der Himmel offen und die Menschen können mit den himmlischen Kräften Gemeinschaft haben. Von nun an wird Gott nicht weiter für sich außer den Menschen sein.

Luk. IV, 16. Und Jesus kam in die Heimat nach Nazareth und am Feste ging er wie stets in die Versammlung und las vor.
17. Sie gaben ihm das Buch des Propheten Jesaias. Er schlug es auf und begann zu lesen. In dem Buche stand geschrieben: Des Herren Geist ist in mir; er erwählte mich dazu, daß ich den unglücklichen und zerschlagenen Herzen das Heil kündete; dazu, daß ich den Gebundenen Freiheit, den Blinden Licht und den Gequälten Ruhe und Erlösung kündete. Dazu, daß ich allen die Stunde der göttlichen Gnade kündete.
20. Er schlug das Buch zu, gab es dem Diener und setzte sich, und alle warteten, was er sagen werde.
21. Und er sagte: Jetzt erfüllte sich diese Schrift vor euren Augen.

———

ZWEITES KAPITEL

UND DARUM MUß DER MENSCH NICHT DEM FLEISCHE, SONDERN DEM GEISTE DIENEN.

(Der du bist im Himmel.)

Inhalt des zweiten Kapitels.

Die Juden, die sich für rechtgläubig hielten, verehrten einen äußeren Gott, Schöpfer und Herrn der Welt. Zufolge ihrer Lehre traf dieser Gott eine Abrede mit ihnen. Auf diese Abrede hin versprach dieser Gott, den Juden beizustehen, die Juden aber versprachen, ihn zu verehren und die Hauptbedingung der Abrede war die Einhaltung des Sabbathes. Jesus sagte: Der Sabbath ist eine menschliche Einrichtung. Der an seinem Geiste lebendige Mensch ist wichtiger, als alle Gebräuche. Die Beobachtung des Sabbathbrauches schließt, wie jede äußere Gottesverehrung, Betrug in sich ein. Unmöglich, daß man am Sabbathe nichts thue. Ein gutes Werk hat der Mensch stets zu thun und wenn der Sabbath die Ausführung eines guten Werkes hindert, so heißt das soviel, daß der Sabbath eine Lüge ist.

Als zweite Bedingung ihrer Abrede mit Gott galt den Juden die Nichtgemeinschaft mit den Ungläubigen. Dazu sagte Jesus, daß Gott nicht Opfer wolle von den Menschen, sondern Liebe zwischen ihnen. Wiederum hielten sie für eine Bedingung ihrer Abrede die Regeln der Waschung und Reinigung. Und dazu sagte Jesus, daß Gott keine äußere Reinheit fordere, sondern allein Erbarmen und Menschenliebe. Hierbei sagte Jesus, daß die äußeren Bräuche eine Gefahr seien, die kirchliche Überlieferung selbst aber etwas Böses. Die kirchliche Überlieferung mache, daß die Menschen die wichtigsten Werke der Liebe, z. B. der Liebe zu Vater und Mutter, ungethan ließen und dies mit der kirchlichen Überlieferung rechtfertigten.

Über das ganze Äußere, über alle Regeln des alten Testamentes, wie der Mensch unrein werde, sagte Jesus: Wisset alle, daß von außen her den Menschen nichts unrein zu machen vermag; unrein macht ihn das nur, was er glaubt und thut. Hierauf ging Jesus nach Jerusalem, jener Stadt, die als heilige galt, und trat in den Tempel, in dem, wie die Rechtgläubigen meinten, Gott selbst wohnte, und sagte, es sei nicht nötig, Gott Opfer zu bringen, der Mensch sei wichtiger als der Tempel; nötig sei allein, den Nächsten zu lieben und ihm beizustehen.

Alsdann sagte Jesus noch, daß man Gott an keinem besonderen Orte anzubeten brauche, dem Vater aber dienen müsse mit der That und im Geiste. Der Geist lasse sich nicht sehen noch weisen, der Geist sei das Bewußtsein des Menschen von seiner Sohnschaft mit dem unendlichen Geiste. Er bedürfe keines Tempels. Der wahre Tempel sei die Welt in Liebe verbundener Menschen. Er sagte, alle äußere Gottesverehrung sei falsch und verderblich nicht allein, wann sie an den Werken des Bösen mitschaffe, wie die Gottesverehrung der Juden, die den Mord verschreibe und die Verachtung der Eltern zulasse, sondern sie sei verderblich darum auch, daß der Mensch, der äußere Bräuche erfülle, sich für gerecht halte und von den Werken der Liebe sich losspreche. Er sagte, daß nur der Mensch dem Guten nachstrebe und Werke der Liebe schaffe, der seine Unvollkommenheit fühle. Daß man Liebeswerke thue, müsse man sich unvollkommen fühlen, die äußere Gottesverehrung aber führe in den Betrug der Selbstgenügsamkeit. Jede äußere Gottesverehrung sei unnütz und müsse wegfallen. Die Werke der Liebe zu vereinen mit der Vollziehung der Riten sei unmöglich und unmöglich unter dem Scheine äußerer Gottesverehrung Werke der Liebe zu schaffen. Der Mensch sei ein Sohn Gottes nach dem Geiste und so müsse er dem Vater durch den Geist dienen.

————

Matth. XII, 1 / Mark. II, 23 / Luk. VI, 1 I Einst geschah es, daß Jesus mit den Jüngern über Land ging am Sabbath. Die Jünger hungerte und unterwegs rauften sie Ähren aus, zerrieben sie in den Händen und aßen die Körner. Nach der Lehre der Rechtgläubigen aber machte Gott einen Bund mit Mose, daß alle den Sabbath einhielten und nichts thäten. Der Lehre der Rechtgläubigen nach befahl Gott, den, der am Sabbath arbeitete, zu steinigen.

Matth. XII, 2. Es sahen Rechtgläubige, daß die Jünger Ähren zerrieben am Sabbath und sie sprachen: Das taugt nicht für den Sabbath. Am Sabbath darf man nicht arbeiten, ihr aber zerreibt Ähren.

Gott setzte den Sabbath ein und befahl mit dem Tode zu strafen, wer ihn verletze.

7. Das hörte Jesus, er spricht: Verstündet ihr, was die Worte Gottes bedeuten ‚Liebe will ich, nicht Opfer', ihr würdet nicht beschuldigen, wo keine Schuld ist.

8. Der Mensch ist mehr als der Sabbath.

Luk. XIII, 10. Ein andermal geschah es am Sabbath, daß Jesus lehrte in der Versammlung.

11. Ein krankes Weib trat zu ihm und bat ihn, daß er ihr helfe.

12. Und Jesus begann sie zu pflegen.

14. Da ward ein rechtgläubiger Ältester der Kirche zornig auf Jesum und sagte zum Volke: In Gottes Gesetze heißt es: Sechs Tage in der Woche sind da zum arbeiten.

XIV, 3. Jesus aber fragte die rechtgläubigen Rechtsgelehrten: Wie, nach eurem Gesetze darf man einem Menschen nicht beistehen am Sabbath?

6. Und sie wußten nicht, wie sie ihm antworteten.

Matth. XII, 11 / Luk. XIV, 5. | Da sagte Jesus: Betrüger ihr! Macht nicht jeder von euch am Sabbathe sein Vieh los von der Krippe und führt es zur Tränke? Und so einem ein Schaf in den Brunnen fällt, läuft er nicht, es herauszuziehen, obschon es Sabbath ist?

Matth. XII, 12. Ein Mensch nun ist weit Besseres als ein Schaf. Ihr aber sprechet, man dürfe einem Menschen nicht beistehen. Was soll man denn thun am Sabbathe nach eurer Meinung – Gutes oder Übles? Eine Seele retten oder eine verderben? Immer ist das Gute zu thun, auch am Sabbathe.

IX, 9. Einst sah Jesus einen Zollpächter an der Zollstätte. Er hieß Matthäus. Jesus begann mit ihm zu reden und Matthäus begriff ihn, gewann seine Lehre lieb und lud ihn zu Gaste zu sich und bewirtete ihn.

10. Als Jesus zu Matthias kam, kamen des Matthäus Freunde, auch Zollpächter und Ungläubige, und Jesus bezeigte ihnen keinen Abscheu und er und seine Jünger setzten sich.

11. Und da waren Rechtgläubige da, die es sahen. Sie sprechen zu den Jüngern Jesu: Wieso speist euer Meister mit Zollpächtern und Ungläubigen? Nach der Rechtgläubigen Lehre befahl Gott, keinen Umgang zu haben mit Ungläubigen.

12. Jesus hört das und spricht: Keines Arztes bedarf wer sich seiner Gesundheit rühmt, wer aber krank ist, der bedarf seiner. 13. Begreift doch, was die Worte Gottes bedeuten: Liebe will ich, nicht Opfer. Nicht die habe ich ihren Glauben wandeln zu lehren, die sich für rechtgläubig halten, sondern die lehre ich, die sich für ungläubig halten.

Matth. XV, 1 / Mark. VII, 1. | Es kamen rechtgläubige Gesetzeskundige aus Jerusalem zu Jesu.

Matth. XV, 2 / Mark. VII, 2. | Und sie sahen, wie er und seine Jünger Brot aßen, ohne zuvor ihre Hände zu waschen. Die rechtgläubigen Gesetzeskundigen begannen ihn darob zu verurteilen.

Matth. XV, 3. Darum, daß sie selbst streng an der kirchlichen Überlieferung halten, wie das Geschirr zu waschen sei, und so sie es nicht gewaschen, nicht essen würden.

Mark. VII, 4. Und auch vom Markte würden sie nichts essen, so sie es nicht wüschen.

5. Und die rechtgläubigen Gesetzeskundigen fragten ihn: Warum lebt ihr nicht nach der kirchlichen Überlieferung und nehmt und esset Brot, ohne zuvor die Hände zu waschen?

Matth. XV, 3. Und er antwortete ihnen: Und ihr, was verletzt ihr denn das göttliche Gebot auf eure kirchliche Überlieferung hin?

Mark. VII, 10. Gott sagte zu euch: Ehre Vater und Mutter.

11. Ihr aber glaubt, jeder könne sagen: Ich gebe Gott das, was man den Eltern gab. Und dann könnt ihr Vater und Mutter nicht ernähren. So verletzet ihr denn mit der kirchlichen Überlieferung das Gebot Gottes.

Matth. XV, 7. Betrüger ihr! die Wahrheit sagte von euch der Prophet Jesaias:

8. Dafür, daß dieses Volk mit Worten nur vor mir niederfällt und mit der Zunge mich ehrt, während sein Herz fern ist von mir.

9. Und dafür, daß seine Furcht vor mir einem menschlichen Befehle nur gilt, den es auswendig lernte, dafür werde ich etwas Erstaunliches, Ungemeines an diesem Volke thun: die Weisheit seiner Weisen wird verfallen und die Vernunft seiner Vernünftigen wird sich verdunkeln. Wehe denen, die sich angelegen sein lassen, ihre Begehren vor dem Ewigen zu verbergen und ihre Werke im Dunkeln thun.

Mark. VII, 8. So unterlaßt auch ihr, was wichtig ist im Gesetze und was göttliches Gebot ist, und haltet an eurer menschlichen Überlieferung, die Gefäße zu spülen.

14. Und Jesus rief das ganze Volk und sagte: Höret alle und verstehet!

15. Nichts derart ist auf der Welt, daß, wenn es einginge in den Menschen, es ihn beflecken könnte; was aber ausgehet aus ihm, das befleckt den Menschen. Sei nur Liebe und Erbarmen in Eines Seele und alles wird rein sein.

16. Müht euch, das zu verstehen.

17. Und als er nach Hause zurückkehrte, fragten ihn seine Jünger, was diese Worte bedeuteten.

18. Und er sagte: Wäre es möglich, daß ihr das nicht verstündet? Verstehet ihr denn nicht, daß das Äußere, Fleischliche, den Menschen nicht unrein machen kann?

19. Darum, daß es nicht in die Seele zu ihm dringt, sondern in den Leib. In den Leib geht es ein und geht mit dem Kote aus.

20. Das allein vermag den Menschen unrein zu machen, was aus dem Menschen, aus seiner Seele hervorgeht.

21. Darum, daß aus des Menschen Seele das Böse hervorgeht, Unzucht, Schamlosigkeit, Frechheit, Neid, Verleumdung, Stolz und jede Thorheit.

23. All dieses Böse kommt aus der Seele des Menschen und es nur kann den Menschen unrein machen.

Joh. II,13. Hierauf kam das Passah heran und Jesus kam nach Jerusalem und trat in den Tempel.

14. In der Vorhalle stand Vieh: Kühe, Ochsen und Hammel, und da gab es Käfige mit Tauben und hinter den Kauftischen Wechsler mit Geld. Alles das brauchte man, um es Gott darzubringen. Man tötete und gab es in den Tempel. Darin bestand der Juden Gebet, wie die rechtgläubigen Gesetzeslehrer sie gelehrt hatten.

15. Jesus trat in den Tempel, flocht eine Peitsche und trieb das ganze Vieh aus der Vorhalle und alle Tauben ließ er frei.

16. Und alles Geld verstreute er und befahl, nichts derart in den Tempel zu tragen.

17. Er sagte: Der Prophet Jesaias sagte zu euch: Das Haus Gottes ist nicht der Tempel in Jerusalem, sondern die ganze Welt der Gottmenschen. Und auch das sagte der Prophet Jesaias zu euch: Glaubt

den Lügenreden nicht, daß hier das Haus des Ewigen sei, glaubt dem nicht und wandelt euer Leben und richtet nicht falsch und bedrückt keinen Fremden, Witwe oder Waise, vergießt kein unschuldiges Blut und kommt nicht in Gottes Haus und sprecht: Nun sind wir beruhigt und können Nichtswürdiges thun. Machet aus meinem Hause keine Räuberhöhle.

18. Und die Juden begannen zu streiten und zu ihm zu sprechen: Du sagst, unsere Gottgefälligkeit ist nicht die rechte. Womit wirst du das beweisen?

19. Und zu ihnen gewandt sagte Jesus: Zerstöret diesen Tempel und in drei Tagen werde ich einen neuen lebendigen Tempel erwecken·

20. Und die Juden sagten: Wie wirst du sogleich einen neuen Tempel machen, wenn dieser in sechsundvierzig Jahren erbaut ward?

Matth. XII,6. – Und Jesus sprach zu ihnen: Ich rede zu euch von dem, was wichtiger ist, als der Tempel.

7. Ihr würdet so nicht sprechen, wenn ihr verstündet, was des Propheten Worte bedeuten: Ich, Gott, freue mich nicht eurer Opfer, sondern freue mich eurer Liebe zu einander. Der lebendige Tempel, das ist die ganze Welt der Menschen, so sie einander lieben.

Joh. II,23. Und viele Leute in Jerusalem glaubten damals an das, was er redete.

24. Und er selbst glaubte an nichts Äußeres, darum, daß er wußte, daß alles im Menschen ist.

25. Er bedurfte dessen nicht, daß irgend wer ihm etwas über den Menschen bezeugte, darum, daß er wußte, im Menschen ist der Geist.

IV, 4. Und es geschah, daß Jesus einst durch Samaria zog.

5. Er kam vorüber an dem samarischen Flecken Zichar, nahe dem Orte, den Jakob seinem Sohne Joseph gab.

6. Dort war der Jakobsbrunnen. Jesus war matt von der Wanderung und setzte sich nieder am Brunnen.

8. Und seine Jünger gingen in die Stadt nach Brot.

7. Und aus Sichar kommt ein Weib nach Wasser. Jesus bat sie, daß sie ihm zu trinken gebe.

9. Sie aber spricht zu ihm: Wie bittest du mich, daß ich dir zu trinken gebe? Ihr Juden verkehrt doch nicht mit uns aus Samaria.

10. Er aber spricht zu ihr: Wenn du mich kenntest und wüßtest, was ich lehre, du würdest so nicht sagen und würdest mir zu trinken geben und ich würde dir Wasser des Lebens geben.

13. Wer von deinem Wasser trinkt, der möchte wiederum trinken.

14. Wer aber von meinem Wasser trinkt, der wird zufrieden sein für immer, und dieses mein Wasser wird ihn ins ewige Leben leiten.

19. Das Weib merkte, daß er über Göttliches redete und spricht zu ihm: Ich sehe, du bist ein Prophet und willst mich lehren.

20. Wie willst du mich aber Göttliches lehren, wenn du Jude bist, ich aber Samarierin. Auf diesem Berge beten die Unseren Gott an, und ihr Juden sprecht, das Haus Gottes stehe in Jerusalem. Du kannst mich Göttliches nicht lehren, weil ihr den einen Glauben habt und wir den anderen.

21. Und Jesus spricht zu ihr: Glaube mir, Weib, schon kam die Zeit herbei, daß weder auf diesem Berge, noch zu Jerusalem Menschen Gott anbeten werden.

22. Darum, daß sie, wenn sie zu Gott beten, zu dem beten, den sie nicht kennen; wenn sie aber zum Vater beten, zu dem, den nicht zu kennen sie nicht vermöchten.

23. Die Zeit kam herbei, daß die rechten Gottverehrer nicht Gott verehren, sondern den Vater im Geiste und durch das Werk. Solche Verehrer braucht der Vater.

24. Gott, das ist Geist, und ihn muß man verehren im Geiste und durch das Werk.

25. Das Weib begriff nicht, was er zu ihr sagte. Sie spricht: Ich hörte, der Gesandte Gottes wird kommen, der, den man den Gesalbten heißt. Der wird dann alles kund machen.

26. Und Jesus spricht zu ihr: Das bin ich, derselbe, der mit dir spricht. Warte auf keinen anderen.

III, 22. Hierauf kam Jesus in jüdisches Land und wohnte dort mit den Jüngern und lehrte.

23. Zu der Zeit lehrte Johannes die Menschen bei Salem und badete sie im Anon.

24. Darum, daß Johannes noch nicht in den Kerker geworfen war.

25. Und zwischen Johannis und Jesu Jüngern gab es Streit darüber, was besser sei, Johannis Reinigung im Wasser oder Jesu Lehre.

26. Und zu Johannes kamen Jünger und sagten zu ihm: Du reinigst hier mit Wasser und Jesus lehrt nur, und alle gehen zu ihm. Was sagst du zu ihm?

27. Johannes sagte: Ein Mensch kann nichts lehren von sich aus, so Gott ihn nicht lehrt.

28. Was einer Irdisches spricht, das ist irdisch, was er aber von Gott spricht, das ist von Gott.

32, 33 und 34. Durch nichts läßt sich beweisen, sind die Worte, die man spricht, von Gott, oder sind sie nicht von Gott. Gott, das ist Geist, nicht zu messen und nicht zu beweisen. Er, der die Worte des Geistes verstehen wird, beweist, daß er vom Geiste ist.

35. Der Vater aus Liebe zum Sohne übergab ihm alles.

36. Wer an den Sohn glaubt, der hat das Leben; wer nicht an den Sohn glaubt, der hat das Leben nicht. Gott ist der Geist im Menschen.

Luk. XI, 37. Darauf kam ein Rechtgläubiger zu ihm und lud ihn zu sich zum Frühstück. Er ging hin und setzte sich zu Tische.

38. Der Rechtgläubige bemerkte, daß er sich nicht wusch vor dem Frühstück und wunderte sich.

39. Und Jesus spricht zu ihm: Ihr Rechtgläubigen waschet alles von außen, ist es aber innen rein bei euch? Sei gütig zu den Leuten und alles wird rein sein.

VII, 37. Und als er im Hause saß bei dem Rechtgläubigen, kam ein Weib aus der Stadt, eine Ungläubige. Sie wußte, daß Jesus bei dem Rechtgläubigen im Hause war und kam herein und brachte ein Glas mit Gerüchen mit.

38. Und kniete nieder zu seinen Füßen, weinte und netzte seine Füße mit Thränen, trocknete sie mit dem Haare und salbte sie mit den Gerüchen aus dem Glase.

39. Der Rechtgläubige sah es und dachte bei sich: Er ist schwerlich ein Prophet. Wäre er wirklich ein Prophet, er würde wissen, was für ein Weib ihn wäscht, würde wissen, daß es eine Ungläubige ist und ihr nicht gestatten, ihn zu berühren.

40. Jesus erriet ihn, wendet sich zu ihm und spricht: Soll ich dir sagen, was ich denke? Sage – antwortet der Hausherr.

41. Und Jesus spricht also: Zwei Männer erachteten sich Schuldner eines Eigentümers, der eine mit fünfhundert in Geld, der andere mit fünfzig.

42. Und weder der eine noch der andere hatte, daß er ihm zurückerstattete. Und der Eigentümer erließ es beiden. Nun, und welcher, denkst du, wird den Eigentümer mehr lieben und ihm mehr aufwarten?

43. Und jener spricht: Wohl der, der mehr schuldete.

44. Jesus zeigt auf das Weib und spricht: So ist es mit dir und diesem Weibe. Du erachtest dich rechtgläubig und so einen geringen Schuldner; sie erachtet sich ungläubig und so einen großen Schuldner. Ich kam ins Haus zu dir, du gabst mir nicht Wasser die Füße zu waschen; sie wäscht meine Füße mit Thränen und trocknet sie mit dem Haare.

45. Du küßtest mich nicht; sie küßt meine Füße.

46. Du gabst mir kein Öl, das Haupt zu salben, sie salbt meine Füße mit teuren Gerüchen.

47. Der, der sich rechtgläubig erachtet, wird keine Werke der Liebe thun. Der sich aber ungläubig erachtet, der wird auch Werke der Liebe thun. Und um Werke der Liebe wird alles verziehen.

48. Und er sagte zu ihr: Verziehen ist dir dein ganzes Unrecht. Und Jesus sagte: Alles kommt darauf an, für wen sich jemand achtet. Achtet sich wer für gut, der wird nicht gut sein, achtet sich aber wer für schlecht, der ist gut.

XVIII, 10. Und weiter sagte Jesus: Einst kamen zwei Männer in den Tempel zu beten; der eine war ein Rechtgläubiger, der andere ein Zollpächter.

11. Der Rechtgläubige betete also: Ich danke dir, Herr, dafür, daß ich nicht bin wie andere; ich bin kein Geizhals, kein Schlemmer, kein Betrüger, kein solcher Taugenichts wie da der Zollpächter.

13. Der Zollpächter aber stand abseits und wagte nicht zum Himmel aufzublicken, und schlug sich nur an die Brust und sprach dazu: Herr, sieh dich um nach mir Schelmen!

14. Wohlan, der war besser als der Rechtgläubige, darum daß, wer sich erhöhet, wird erniedrigt werden, wer aber sich erniedrigt, wird erhöhet werden.

V, 33. Hierauf kamen Jünger Johannis zu Jesu und sprachen: Warum fasten wir und die Rechtgläubigen so viel, deine Jünger aber fasten nicht? Nach dem rechtgläubigen Gesetze befahl Gott, daß man faste.

34. Und Jesus sagte zu ihnen: Dieweil der Bräutigam auf der Hochzeit ist, trauert niemand. 35. Nur wenn kein Bräutigam da ist, trauert man. 36. Dieweil Leben da ist, soll man nicht trauern. Die äußere Gottes-Verehrung ist unvereinbar mit den Werken der Liebe. Die alte Lehre von einer äußeren Gottes-Verehrung ist nicht zu vereinen mit meiner Lehre von den Werken der Nächstenliebe. Meine Lehre zu vereinigen mit der alten ist gleich dem, daß man ein Stück losreißt von einem neuen Kleide und es aufnäht auf ein altes. Und das neue zerreißt man und bessert doch das alte nicht aus. Entweder muß man alles von mir oder alles Alte nehmen. Und hat man meine Lehre angenommen, so kann man an dem Alten: Reinigung, Fasten, Sabbath, nicht festhalten. 37. Wie man neuen Wein in neue Schläuche füllen muß, so kann es auch da nicht beim Alten bleiben.

―――

(Geheiligt werde dein Name!)

Inhalt des dritten Kapitels.

Die Jünger Jesu fragten Jesum, was sein Gottesreich für eines wäre. Er spricht: Das Gottesreich, das ich predige, ist dasselbe, das Johannes predigte. Das ist es, in dem alle Menschen, wie niedrig sie auch seien, alle selig sein können.

Und Jesus spricht zu dem Volke: Johannes predigte als Erster dem Volke ein Gottesreich, nicht draußen in der Welt, sondern in der Seele des Menschen. Die Rechtgläubigen gingen ihn hören, aber verstanden nichts, darum, daß sie das nur verstehen, was sie selbst von einem äußeren Gotte erdichten; ihre Erdichtungen predigen sie und wundern sich, daß niemand auf sie hört. Johannes hingegen predigte die Wahrheit vom Gottesreiche im Menschen selber und darum that er mehr als alle. Das that er, daß von ihm an unnötig wurden Gesetz und Propheten und alle äußere Gottes-Verehrung. Von der Zeit seiner Lehre an ward offenbar, daß das Reich Gottes in der Seele des Menschen ist. Ursprung und Ende von allem ist in der Seele des Menschen. Jeder Mensch erkennt in sich, außer daß er sich empfangen weiß vom fleischlichen Vater im Leibe der fleischlichen Mutter, einen freien, vernünftigen und vom Fleische unabhängigen Geist. Dieser Geist, unendlich und aus dem Unendlichen stammend, ist der All-Ursprung, das, was wir Gott nennen. Allein in uns kennen wir ihn. Dieser Geist ist der Ursprung unseres Lebens, ihn muß man höher stellen als alles, ihm muß man leben. Haben wir diesen Geist zur Grundlage für das Leben gemacht, so empfangen wir das wahre, unendliche Leben. Der Vater-Geist, der diesen Geist in die Menschen sandte, konnte ihn dazu nicht senden, daß er die Menschen betröge, daß die Menschen das unendliche Leben in sich erkennten, um es zu verlieren. Ist ein unendlicher Geist im Menschen, dann muß er gegeben sein dazu, daß die Menschen in ihm das unendliche Leben hätten. Und darum hat der Mensch, der sein Leben in diesem Geiste findet, das ewige Leben. Der Mensch aber, der sein Leben in diesem Geiste nicht findet, der hat kein Leben. Die Menschen können selbst wählen, Leben oder Tod. Das Leben ist im Geiste, der Tod im Fleische. Das Leben des Geistes ist gut, ist Licht; das Leben des Fleisches ist böse, ist Finsternis. An den Geist glauben, heißt Werke des Guten schaffen, nicht glauben, heißt Werke des Bösen schaffen. Das Gute ist Leben, das Böse Tod. Einen Gott, äußeren Schöpfer, Ursprung aller Ursprünge kennen wir nicht. Wie wir ihn uns allein vorzustellen vermögen, ist, daß er den Geist in die Menschen säete und säete, wie ein Sämann säet, überallhin, ohne den Boden auszusuchen. Und der Same, der auf gutes Land fiel, wächst, und der auf widriges fiel, geht zu Grunde. Nur der Geist giebt den Menschen das Leben, von den Menschen aber hängt es ab, es zu bewahren, oder zu verlieren. Das Böse ist nicht da für den Geist. Das Böse, das ist der Schein des Lebens. Nur Lebendes und Nicht-Lebendes giebt es. Das ist der Begriff der ganzen Menschenwelt; für jeden Menschen aber giebt es ein Bewußtsein von dem Himmelreiche in der Seele. Nach seinem Belieben kann jeder Mensch zu ihm eingehen oder nicht eingehen. Um einzugehen zu ihm, muß man an das Leben des Geistes glauben. Wer an das Leben des Geistes glaubt, der hat das unendliche Leben.

————

Matth. XI, 2, 3. Hierauf kamen Jünger Johannis, Jesum zu fragen, ob er der sei, von dem Johannes rede. Ob er das Gottesreich aufthue und durch den Geist die Menschen erne[u]re.

4. Jesus antwortet und spricht: Schauet, höret und erzählt Johannes, ob das Gottesreich kam und ob die Menschen durch den Geist erneuet werden. Erzählt ihm, wie ich das Reich Gottes predige.

5. In den Prophezeiungen ist gesagt, daß, wann das Reich Gottes werde kommen, alle Menschen selig sein werden. So sagt ihm denn, daß mein Reich Gottes eines ist, da die Bettler selig sind.

6. Und daß jeder, der mich versteht, selig wird.

7. Und da er die Jünger Johannis entlassen, begann Jesus zum Volke davon zu reden, welches Gottesreich Johannes verkündige. Er sagte: Als ihr zu Johannes gingt, um getauft zu werden in der Wüste,

was ginget ihr sehen? Auch die rechtgläubigen Gesetzeslehrer gingen, aber sie verstanden nicht, was er verkündigte. Und sie achteten ihn für nichts.

16. Diese Brut, die rechtgläubigen Gesetzeslehrer, halten für Wahrheit nur das, was sie selbst erdichten und einer vom andern hören und das Gesetz, das sie selbst erfanden.

18. Was aber Johannes sprach, was ich spreche, hören sie nicht und verstehen sie nicht. Von dem, was Johannes sprach, verstanden sie nur das, daß er fastete in der Wüste und sie sprachen: Gott ist in ihm.

19. Von dem, was ich sage, verstanden sie nur das, daß ich nicht faste und sie sprachen: er ißt und trinkt mit Zollpächtern und Wüstlingen, er ist ihr Freund.

17. Sie sind wie Kinder auf der Gasse, sie schwatzen miteinander und wundern sich, daß niemand auf sie hört.

19. Und an ihren Werken wird ihre Weisheit sichtbar.

8. Wolltet ihr auf einen Menschen blicken, der in prahlenden Kleidern geht: solche wohnen hier in den Palästen.

9. Wen sahet ihr also nicht in der Wüste? Ihr denkt, ihr ginget hin darum, daß Johannes ein Prophet wäre, wie die anderen? Denkt das nicht, Johannes war kein Prophet wie die anderen. Er war mehr als alle Propheten. Die prophezeiten das, was sein kann, er verkündigte den Menschen das, was ist, daß das Gottesreich war und ist auf der Erde.

11. Fürwahr, ich sage euch, es ward kein größerer Mensch geboren, als Johannes. Er machte das Gottesreich auf der Erde offenbar und darum ist er höher als alle.

Luk. XVI, 16. Gesetz und Propheten, alles das war nötig bis auf Johannes. Von Johannes aber wird zu dieser Zeit verkündet, daß das Gottesreich auf der Erde ist und daß, wer sich darum bemüht, auch eingeht dazu.

XVII, 20. Und es kamen zu Jesu die Rechtgläubigen und begannen ihn zu fragen, wie denn und wann denn das Gottesreich kommen werde. Und er antwortete ihnen: Das Gottesreich, das ich predige, ist nicht eines wie die früheren Propheten es predigten. Sie redeten davon, daß Gott mit verschiedenen sichtbaren Erscheinungen werde kommen, ich aber spreche von einem Gottesreiche, das man nicht mit Augen sehen kann.

23. Und wird man auch sagen: Hier kam es oder wird es kommen oder hier ist es, glaubt ihnen nicht. Das Gottesreich ist da in keiner Zeit und an keinem Orte,

24. Wie der Blitz ist es, bald dort, bald hier, bald überall.

21. Und es hat keine Zeit noch Ort, darum, daß das Reich Gottes, wie ich es predige, in euch ist.

Joh. III,1 und 2. Hierauf kommt ein Rechtgläubiger von den hebräischen Oberen, Nikodemus, zu Jesu bei Nacht und spricht: Du heißest nicht den Sabbath halten, heißest nicht Reinigung beobachten, heißest nicht Opfer bringen und fasten, schafftest den Tempel ab, sprichst von Gott, daß er Geist, und vom Gottesreiche, daß es in uns ist. Was für eines ist dieses Reich Gottes?

3. Und Jesus antwortete ihm: Begreife, wenn ein Mensch vom Himmel empfangen ist, dann muß Himmlisches in ihm sein.

4. Nikodemus verstand es nicht und sagte: Wie kann ein Mensch, wenn er vom Fleische des Vaters empfangen ist und alt ward, wiederum in den Leib der Mutter eingehen und von neuem empfangen werden?

5. Und Jesus antwortete ihm: Begreife, was ich spreche. Ich spreche, daß der Mensch außer vom Fleische noch vom Geiste empfangen ist, und darum, daß jeglicher Mensch empfangen ist vom Fleische und Geiste, darum in ihm das Himmelreich sein kann.

6. Vom Fleische kommt Fleisch. Vom Fleische kann kein Geist geboren werden; allein vom Geiste kann der Geist sein.

8. Der Geist, das ist das, das in dir lebt und frei und vernünftig lebt, das, des Anfang weder noch Ende du weißt, das, das jeglicher Mensch in sich fühlt.

7. Und wie wunderst du dich so darüber, daß ich dir sagte, wir müßten vom Himmel empfangen sein?

8. Nikodemus sagte: Gleichwohl ist es nicht gewiß, daß dem so sei.

10. Da sagte Jesus zu ihm: Was für ein Meister bist du denn, wenn du das nicht verstehst?

11. Begreife, daß ich keinerlei Weisheit auslege; ich erkläre nur das, was wir alle wissen, überzeuge von dem, was wir alle sehen.

12. Wie wirst du glauben an das, was im Himmel ist, wenn du nicht glaubst an das, was in dir selber ist!

13. Im Himmel war doch niemand, sondern der Mensch ist allein

auf Erden, vom Himmel herabgekommen und selbst himmlisch.

15. Eben diesen Himmels-Sohn im Menschen muß man erhöhen, daß jeglicher an ihn glaube und nicht zu Grunde gehe, sondern das ewige Leben habe.

16. Doch nicht den Menschen zum Unheile, sondern zum Heile gab Gott den Menschen seinen Sohn, einen solchen wie sich. Dafür gab er ihn doch, daß jeder an ihn glaubte, und nicht zu Grunde ginge, sondern das unendliche Leben hätte.

17. Doch nicht dafür zeugte er seinen Sohn, das Leben, in der Menschen-Welt, daß er die Menschen-Welt vernichtete, sondern dafür zeugte er seinen Sohn, das Leben, daß die Menschen-Welt durch ihn lebend werde.

18. Wer in ihm das Leben findet, der stirbt nicht, wer das Leben aber nicht findet in ihm, der vernichtet sich selbst dadurch, daß er sich nicht verließ auf das, was das Leben ist.

19. Und davon besteht die Trennung (der Tod), daß das Leben in die Welt kam, die Menschen selbst aber dem Leben aus dem Wege geben. Das Licht ist das Leben der Menschen, das Licht kam zur Welt, die Menschen aber zogen dem Lichte die Finsternis vor und gehen nicht zum Lichte.

20. Und darum geht, wer Übles thut, nicht zum Lichte, daß seine Werke nicht sichtbar seien und beraubt sich des Lebens.

21. Wer aber in Wahrheit lebt, der geht zum Lichte, daß seine Werke sichtbar seien, und hat das Leben und vereint sich mit Gott.

Nicht so ist das Reich Gottes zu verstehen, wie ihr denkt, daß das Reich Gottes werde kommen für alle Menschen zu irgend einer Zeit und an irgend einem Orte, sondern so, daß stets in der ganzen Welt Menschen, die die sich auf den himmlischen Menschensohn verlassen, Söhne des Reiches werden, andere hingegen, die sich nicht auf ihn verlassen, zu nichte werden. Der Vater des Geistes, der im Menschen ist, ist denen nur Vater, die sich als seine Söhne erkennen. Und darum sind nur die für ihn da, die behalten in sich, was er ihnen gab.

Matth. XIII, 3. Und hierauf begann Jesus dem Volke auszulegen davon, was das Reich Gottes sei und legte es durch Gleichnisse aus. Er sagte: Der Vater Geist säet in der Welt das Leben der Erkenntnis, ganz so, wie der Hausherr Samen säet auf seinem Felde.

4. Er säet hinweg über das ganze Feld, ohne zu wählen, wohin etwas falle. Und da fallen der Körner welche auf den Weg, und

Vögel fliegen herbei und picken sie auf.

5. Andere hingegen auf Stein und auf den Steinen, ob sie schon keimen, welken sie, darum, daß sie nirgend wurzeln können.

7. Noch andere aber fallen unter den Wermut, und der Wermut erstickt das Getreide und eine Ähre geht hervor, aber sie füllt sich nicht.

8. Andere endlich fallen auf guten Boden, die gehen auf und entschädigen für die verlorenen· Körner und treiben Ähren und füllen sich und manche Ähre allein giebt hundert, manche sechzig, manche dreißig.

So säete auch Gott den Geist in die Menschen, in einigen geht er verloren, in anderen aber bringt er hundertfältig. Und diese Menschen machen das Reich Gottes aus.

Mark. IV, 26. So ist das Reich Gottes nicht ein solches, wie ihr glaubt, daß Gott werde herrschen kommen über uns. Gott säete nur den Geist, das Gottesreich aber wirdmin denen sein, die ihn bewahren.

27. Gott lenkt die Menschen nicht, sondern wie der Hausherr wirft er die Samen auf die Erde und denkt nicht an sie.

28. Die Samen gehen selbst auf, gehen auf in Blatt, Halm und Ähre und lassen das Korn fallen.

29. Und erst, wann es reif ward, schickt der Hausherr die Sicheln, das Feld zu mähen. So gab auch Gott seinen Sohn, den Geist, der Welt, und der Geist wächst selbst in der Welt, die Söhne des Geistes aber machen das Reich Gottes aus.

Matth. XIII, 33. Wie ein Weib den Sauerteig in das Faß thut und mit Mehle mischt und dreht es nicht länger um, sondern läßt es sich selbst durchsäuern und aufgehen.

So lange die Menschen leben, greift Gott nicht in ihr Leben ein. Er gab den Geist in die Welt, und der Geist lebt selbst in den Menschen, und die Menschen, die sich als Söhne des Geistes anerkennen, machen das Reich Gottes ans. Für den Geist giebt es weder Tod noch Böses. Der Tod und das Böse ist da für das Fleisch, nicht aber für den Geist.

XIII, 24. Das Reich Gottes ist Folgendem vergleichbar. Ein Hausherr säete gute Samen auf seinem Felde. Der Hausherr, das ist der Geist, der Vater. Das Feld ist die Welt, die guten Samen sind die Söhne des Reiches Gottes.

25. Und der Hausherr legte sich schlafen und es kam der Feind und säete Unkraut auf das Feld. Der Feind ist die Verführung, das Unkraut die Söhne der Verführung.

27. Da kamen Arbeiter zum Hausherren und sprachen: Säetest du die schlechten Samen? Auf deinem Felde ging viel Unkraut auf. Schicke uns, wir werden es ausjäten.

29. Der Hausherr aber spricht: Es ist nicht nötig, ihr würdet das Unkraut ausjäten und den Weizen zertreten.

30. Mögen sie miteinander wachsen. Es kommt die Ernte, dann werde ich die Schnitter heißen, das Unkraut sammeln und es verbrennen, den Weizen aber werde ich in die Scheuer sammeln.

Die Ernte, das ist das Ende des menschlichen Lebens, die Schnitter sind die himmlischen Kräfte. Und das Unkraut werden sie verbrennen, den Weizen aber reinigen und sammeln. So wird auch am Ende des Lebens alles zunichte, was Trug der Zeit war, und wird allein das wirkliche Leben überbleiben, das im Geiste. Für den Geist, den Vater, ist kein Böses da. Das, was er braucht, bewahrt der Geist, was aber nicht von ihm ist, das ist für ihn nicht da.

47. Das Gottesreich ist wie ein Netz. Das Netz zieht man durch das Meer und fängt jeglichen Fisch.

48. Dann aber, wenn man es herauszieht, liest man die elenden aus und wirft sie ins Meer. So wird es auch am Ende der Zeit sein: das Gute wird die himmlische Kraft auswählen, das Schlechte aber wegwerfen.

XIII, 10. Und da er seine Rede geendet, begannen seine Jünger ihn zu fragen: Wie sind diese Gleichnisse zu verstehen?

11. Und er sagte zu ihnen: Diese Gleichnisse sind zweifach zu verstehen. Alle diese Gleichnisse rede ich ja darum, daß welche da sind, wie ihr meine Jünger, die verstehen, wo das Gottesreich ist; verstehen, daß das Gottesreich im Innern eines jeglichen Menschen ist, verstehen, wie man in dasselbe eingehe. Andere aber verstehen das nicht. Andere schauen und sehen nicht und hören zu und verstehen nicht.

15. Darum, daß ihr Herz sich verfettete. So spreche ich diese Gleichnisse zweifach, zu denen und zu den andern. Denen spreche ich von Gott und welches Reich für Gott da ist, und das können sie verstehen. Euch aber spreche ich davon, welches Reich Gottes für euch da ist, das, was innen in euch ist.

18. Und ihr seht, ihr versteht, wie ihr sollt, das Gleichnis vom Säemann. Für euch bedeutet das Gleichnis dies:

19. Ein Jeglicher, der den Sinn des Gottesreiches verstand, es aber nicht aufnahm in sein Herz, zu dem kommt das Böse und raubt das Gesäete; dies ist der Same am Wege.

20. Das auf den Stein Gesäete, das ist der, der es sogleich mit Freude aufnimmt.

21. Aber es schlägt keine Wurzeln in ihm, sondern er nimmt es für eine Weile nur auf; findet er Bedrängung und Verfolgung um des Sinnes des Reiches willen, sogleich sagt er sich los davon.

22. Das unter den Wermut Gesäete, das ist der, der den Sinn des Reiches verstand, die weltlichen Sorgen aber und die Gier nach Reichtum ersticken den Sinn in ihm, und er giebt keine Frucht.

23. Das aber auf guten Boden fiel, das ist der, der den Sinn des Reiches verstand und es aufnahm in sein Herz; der bringt Frucht, der eine hundert, der andere sechzig, der andere dreißig.

12. Darum daß, wer behalten wird, dem wird viel gegeben, wer aber nicht behalten wird, dem wird das Letzte genommen.

Luk. VIII, 18. Und darum, sehet zu, wie ihr die Gleichnisse verstehet. Versteht sie so, daß ihr euch nicht unterwerft dem Truge, dem Unrechte und den Sorgen, sondern Frucht bringt, der dreißig, der sechzig, der hundert.

Matth. XIII, 31. Das Himmelreich wächst in der Seele aus nichts, es giebt aber alles. Es ist wie ein Birkenkörnchen, der kleinste unter den Samen, wenn es aufwächst, ist es größer als alle Bäume und die Himmelsvögel bauen Nester darauf.

———

VIERTES KAPITEL

DAS REICH GOTTES.

Und darum ist der Wille des Vaters
das Leben und Heil aller Menschen.
(Dein Reich komme.)

Inhalt
des vierten Kapitels.

Die Menschen dauerten Jesum, daß sie das wahre Heil nicht konnten und er lehrte sie. Er sprach: Selig sind die, die kein Eigentum haben, keinen Ruhm und keine Sorgen darum; unglücklich aber die, die Reichtum und Ruhm suchen, darum daß sie Bettler und zu Boden Gedrückte sind im Willen des Vaters. Die Reichen aber und Großen trachten nur nach Lohn von Menschen in diesem zeitlichen Leben. Den Willen des Vaters zu erfüllen, darf man nicht fürchten niedrig und verachtet zu sein, man muß sich darüber freuen, daß man den Menschen zeige, worin das wahre Heil beruht.

Den Willen des Vaters, der allen Menschen Leben und Heil giebt, zu erfüllen, muß man fünf Gebote erfüllen.

Das erste Gebot. Niemand Wehe thun und so handeln, daß man in niemand Böses errege, darum, daß das Böse Böses zeugt.

Das zweite Gebot. Nicht buhlen mit den Weibern und die Frau nicht verlassen, mit der man Gemeinschaft hatte, darum daß das Verlassen und Wechseln der Frauen die ganze Unzucht zur Welt bringt.

Das dritte Gebot. Nichts beschwören, darum daß der Mensch nichts geloben kann, angesichts dessen, daß er ganz in der Macht des Vaters ist und Schwüre um böser Dinge willen abgenommen werden.

Das vierte Gebot. Sich dem Bösen nicht widersetzen, Unrecht leiden und mehr thun, als die Menschen fordern, also nicht richten und nicht richten lassen, darum daß der Mensch selbst voller Fehl ist und andere nicht lehren kann. Sich rächen lehrt nur sich rächen.

Das fünfte Gebot. Keinen Unterschied machen zwischen Landsleuten und Fremden, darum, daß alle Menschen Kinder eines Vaters sind.

Diese fünf Gebote sollen die Menschen beobachten, nicht um sich Lob zu verdienen von den Leuten, sondern um ihretwillen, um ihrer Seligkeit willen und darum bedarf es weder Betens noch Fastens. Des Betens bedarf es nicht, weil der Vater alles weiß, was die Menschen bedürfen. Um nichts ist er zu bitten, man hat sich allein zu bemühen, daß man im Willen des Vaters sei. Der Wille des Vaters aber ist der, daß man gegen keinen Menschen Groll hege.

Des Fastens bedarf es nicht, weil die Menschen nur fasten um des Lobes anderer Menschen willen; das Lob der Menschen aber muß man fliehen. Wenn man besorgt ist um das Fleischliche, dann kann man nicht besorgt sein um das Himmelreich. Auch ohne Sorge um Speise und Kleidung wird der Mensch lebend sein. Das Leben giebt der Vater. Besorgt sein muß man allein um das, daß man zur gegenwärtigen Stunde im Willen des Vaters sei. Der Vater giebt den Kindern, was ihnen not thut. Wünschen mag man allein die Kraft des Geistes, die der Vater giebt. Die fünf Gebote geben den Weg ins Himmelreich an. Einzig und allein dieser enge Weg führt ins ewige Leben. Die Falsch-Lehrer, die Wölfe in Schafsfellen, trachten stets die Menschen von diesem Wege abzudrängen, man muß vor ihnen auf der Hut sein. Stets kann man die Falsch-Lehrer daran erkennen, daß sie das Böse im Namen des Guten lehren. Wenn sie Gewaltthat und Hinrichtung lehren, sind sie falsche Lehrer. An den Dingen, die sie lehren, kann man sie erkennen. Nicht der erfüllt den Willen des Vaters, der den Namen Gottes anruft, sondern der, der die Werke des Guten thut. So daß, wer diese fünf Gebote erfüllt, ein unerschütterliches und gewisses Leben haben wird, das niemand ihm entreißen wird; wer sie aber nicht erfüllt, der wird kein unerschütterliches Leben haben, vielmehr eines, das man ihm bald entreißen wird, sodaß ihm nichts übrig bleibt. Die Lehre Jesu erstaunt und besticht das ganze Volk dadurch, daß sie alle als frei anerkennt.

Die Lehre Jesu war die Erfüllung der Prophezeiung Jesaias' davon, daß der Auserwählte Gottes den Menschen das Licht bringe und das Böse überwinde und die Gerechtigkeit erneue durch Sanftmut, Demut und Güte, aber nicht durch Gewalt.

Matth. IX, 35. Und Jesus ging durch Städte und Dörfer und lehrte allen die Seligkeit der Erfüllung des Willens des Vaters.

36. Die Menschen jammerten Jesum, daß sie umkämen aus Unkenntnis dessen, was das wahre Leben ausmacht und sich quälten, ohne zu wissen warum, wie verlassene Schafe ohne Hirten.

V, 1. Einst versammelte sich bei Jesu eine Menge Volks, seine Lehre zu hören, und er stieg auf den Berg und setzte sich. Die Jünger umringten ihn.

2. Und Jesus begann das Volk zu lehren, worin der Wille des Vaters bestehe.

Luk. VI, 21. Selig sind die Bettler, die Obdachlosen, darum daß sie im Willen des Vaters sind. Wenn sie auch hungern, sie werden gesättigt werden; wenn sie auch sich härmen und weinen, sie werden getröstet werden.

22. Und wenn die Leute sie verachten und fern halten von sich und sie allerwärts verfolgen.

23. Mögen sie sich freuen darüber, darum daß man die Gottes-Menschen stets so verfolgte und sie werden himmlischen Lohn empfangen.

24. Wehe aber den Reichen, darum daß sie alles, was sie wünschten, schon empfingen und nichts mehr empfangen werden.

25. Jetzt sind sie befriedigt, aber sie werden hungrig sein. Jetzt sind sie froh, aber sie werden traurig sein.

26. Wenn alle sie preisen, wehe ihnen, darum daß alle nur Betrüger preisen. Selig sind die Bettler, aber selig dann nur, wenn sie Bettler sind nicht nur nach ihrem Äußeren, sondern auch im Herzen, wie das Salz dann nur gut ist, wenn es nicht nur im Äußeren dein Salze gleicht, sondern gesalzen ist in sich.

Matth. V, 13. So seid auch ihr Bettler und Obdachlose die Lehrer der Welt, selig seid ihr, wenn ihr wißt, daß das wahre Glück darin besteht, daß man obdachloser Bettler ist. Wenn ihr aber nur Bettler seid von außen, dann taugt ihr wie ungesalzenes Salz zu nichts.

14. Ihr seid das Licht der Welt und darum versteckt euer Licht nicht und zeigt es den Leuten.

15. Denn, hat man ein Licht angezündet, so stellt man es nicht unter die Bank; auf den Tisch stellt man es, daß es allen in der Stube leuchte.

16. So verbergt auch ihr euer Licht nicht, sondern zeigt durch

Werke, so aber, daß die Leute es sehen, daß ihr die Wahrheit kennt, und wann sie auf eure guten Werke blicken, euren himmlischen Vater verstehen. 17. Und denkt nicht, daß ich euch entbinde vom Gesetze. Nicht die Befreiung vom Gesetze lehre ich, sondern ich lehre die Erfüllung des ewigen Gesetzes. 18. So lange es Menschen giebt unter dem Himmel, so lange auch giebt es ein ewiges Gesetz. Dann erst wird es kein Gesetz geben, wenn die Menschen von sich aus in allem dem ewigen Gesetze gemäß werden handeln. 19. Und wird sich jemand auch von einem nur dieser kurzen Gebote befreien und andere lehren, daß man sich von ihnen befreien könne, so wird der der Letzte sein im Himmelreiche; wer sie aber erfüllen und andere sie lehren wird, der wird groß sein im Himmelreiche. 20. Darum daß, so eure Tugend nicht mehr sein wird, als die Tugend der rechtgläubigen Schriftgelehrten, ihr ganz und gar nicht im Himmelreiche sein werdet.

HIER SIND DIESE GEBOTE:

Das erste Gebot: 21. Im früheren Gesetze ist gesagt: Töte nicht. So aber wer einen töten wird, dann muß man ihn richten. 22. Ich aber sage euch, daß des Gerichtes wert ist jeglicher, der in Zorn gerät über seinen Bruder. Und noch mehr schuldig, wer seinem Bruder ein Schimpfwort sagt. 23. Sodaß, wenn du zu Gott willst beten, dann gedenke zuvor, ob kein Mensch da ist, der etwas wider dich hätte. 24. Und gedenkst du, daß auch nur ein Mensch dafür hält, du habest ihn beleidigt, so laß ab von deinem Gebete und geh zuvor dich aussöhnen mit dem Bruder, dann erst bete. Wisset, daß Gott nicht Opfer noch Gebet will, sondern Friede, Eintracht und Liebe zwischen euch. Und daß ihr nicht beten könnt noch an Gott denken, wenn nur ein Mensch da ist, mit dem ihr nicht in Liebe wäret. Das denn ist das erste Gebot: Zürnt nicht, scheltet nicht, habt ihr aber gescholten, so söhnt euch aus und thut so, daß nicht ein Mensch von euch beleidigt sei.

Das zweite Gebot. 27. Im früheren Gesetze ist gesagt: Brich die Ehe nicht! Und wenn du die Frau verabschieden willst, so gewähre ihr die Scheidung; ich aber sage euch, daß, wenn man sich weidet an dem Reize eines Weibes, man schon die Ehe bricht. Jegliche Unzucht tötet die Seele, und darum ist es besser, daß man der fleischlichen Lust sich begebe, als daß man sein Leben zu Grunde richte. XIX, 9. Und wenn du deine Frau verabschiedest, so treibst du auch sie noch zur Unzucht und den, mit dem sie verkehren wird, außer daß du ein Unzüchtiger bist.

Und darum hier das zweite Gebot: Denke nicht, daß die Weiberliebe etwas Gutes sei. Wirf deine Augen nicht auf die Weiber, sondern lebe mit der, mit der du Gemeinschaft hattest und verlaß sie nicht.

Das dritte Gebot. V,33. Im früheren Gesetze ist gesagt: Sprich den Namen des Herrn deines Gottes nicht unnütz aus, rufe deinen Gott nicht an zum Lügen und (3. Mos. XIX, 12): schände den Namen deines Gottes nicht. Schwört nichts Unwahres bei mir, sodaß ihr euren Gott besudeltet. Ich aber sage euch, daß jeder Schwur eine Besudelung Gottes ist, und darum schwört überhaupt nicht.

34. Der Mensch vermag nichts zu geloben, darum daß er ganz in der Gewalt des Vaters ist. Er, der nicht aus einem grauen Haar ein schwarzes machen kann, wie schwört er im voraus, daß er dies und das thun werde, und schwört es bei Gott.

36. Jeder Schwur ist eine Entheiligung Gottes, darum, daß, wenn der Mensch einen Schwur wird halten müssen, der dem göttlichen Willen entgegen ist, sich ergiebt, daß er gelobte gegen seinen Willen zu handeln, und darum ist jeder Schwur Böses.

37. Und wenn man dich fragt nach irgend Etwas, sprich Ja, wenn Ja; Nein, wenn Nein; alles, was du noch hinzufügst wird böse sein. Und darum ist das dritte Gebot: Schwöre niemand etwas. Sprich Ja, wenn Ja; Nein, wenn Nein, und wisse, daß jeder Schwur Böses ist.

Das vierte Gebot. 38. Im früheren Gesetze ist gesagt: (2. Mos. XXI, 22) Wer Leben umbringen wird, soll geben Leben für Leben, Auge für Auge, Zahn für Zahn, Hand für Hand, Stier für Stier, Knecht für Knecht und noch Vieles so.

39. Ich aber sage euch: Bekämpft nicht das Böse mit Bösem und nehmt durch das Gericht nicht nur nicht Stier für Stier, Knecht für Knecht, Leben für Leben, sondern widersetzt euch dem Bösen überhaupt nicht.

40. Wenn jemand durch Gericht deinen Stier nehmen will, gieb ihm einen zweiten; wer dir einen Rock abnötigen will, gieb ihm das Hemd; wer dir einen Zahn ausschlägt aus dem einen Kiefer, biete ihm den andern Kiefer.

41. Wird man dich zwingen eine Arbeit zu beenden, beende ihrer zwei.

Luk. VI, 30. Nimmt man dir Hab und Gut, gieb sie hin. Giebt man dir dein Geld nicht, fordere es nicht ab, und darum:

37. Richtet nicht, laßt nicht richten, straft nicht, und man wird euch nicht richten und strafen. Laßt allen hingehen und sie werden euch hingehen lassen, darum daß, wenn ihr die Menschen richten werdet, sie auch euch werden richten.

Matth. VII, 1. Es ist unmöglich für euch zu richten, darum daß ihr alle Menschen seid und blind und die Gerechtigkeit nicht sehet.

3. Wie wird man denn mit verklebten Augen das Stäubchen im Auge des Bruders erkennen? Zuvor muß man die eigenen Augen reinigen. Wessen Augen aber sind rein?

Luk VI,39. Kann etwa ein Blinder einen Blinden führen? Beide werden sie in die Grube fallen. So auch die, die richten und strafen, wie Blinde Blinde führen

40. Sie, die richten und verurteilen zu Gewaltthat, zu Wunden, zu Verstümmelung, zum Tode, wollen die Leute lehren. Was kann denn aber aus ihrer Lehre anderes kommen, als daß der Schüler lernen wird und wird ganz so sein wie der Meister. Was wird er thun, wenn er ausgelernt hat? Ganz dasselbe, was der Meister thut: Vergewaltigen, Morden.

Matth. VII, 6. Und denkt nicht Gerechtigkeit zu finden bei den Gerichten. Seine Liebe zur Gerechtigkeit menschlichen Richterstühlen anvertrauen ist ganz gleich dem, daß man kostbare Perlen vor die Schweine wirft. In den Schmutz werden sie sie treten und euch zerreißen. Und darum ist das vierte Gebot: Wieviel Unrecht man dir auch thue, widersetze dich dem Bösen nicht, richte nicht und laß nicht richten; reiche keine Klage ein und bestrafe nicht.

Das fünfte Gebot. Im früheren Gesetze ist gesagt: V, 43. Thut Gutes den Menschen eures Volkes, fügt Schaden zu den fremden.

44. Ich aber sage euch: Liebet nicht die Landleute allein, sondern auch die Menschen aus fremdem Volk. Mögen die Fremden euch hassen, mögen sie euch überfallen, und euch Unrecht zufügen; rühmt sie, thut ihnen Gutes.

Luk. VI, 32, 33. Wenn ihr es nur gut meint zu euren Landsleuten, werden alle es gleichfalls nur gut meinen zu ihren Landsleuten, und dies führt zu Kriegen. Ihr aber werdet zu allen Völkern dieselben sein und werdet Söhne Gottes sein. Alle Menschen sind seine Kinder, folglich sind alle eure Brüder.

Und darum hier das fünfte Gebot: Verhaltet euch zu fremden Völkern grade so, wie ich euch sagte, daß ihr euch gegeneinander verhieltet. Für den Vater aller Menschen giebt es keine Verschiedenheit der Völker, noch der Reiche: alle sind sie Brüder, alle Söhne eines Vaters. Unterscheidet nicht zwischen den Menschen nach Volk und Reich.

Also nun: 1) Zürnt nicht und seid in Frieden mit allen. 2) Habt euer Vergnügen nicht an unzüchtiger Lust. 3) Schwört niemand etwas. 4) Widersetzt euch dem Bösen nicht, richtet nicht und laßt nicht richten und 5) Macht keinen Unterschied nach Völkern und liebt die fremden wie das eigene.

Matth. VII, 12. Alle diese Gebote lauten in einem: Alles was ihr wünscht, daß die Leute euch thuen, thut es ihnen.

VI, 1. Erfüllet diese Gebote nicht um des Lobes der Leute willen. Wenn ihr es thut für die Leute, dann habt ihr Lohn von den Leuten. Thut ihr es aber nicht für die Leute, dann wird euch Lohn werden vom himmlischen Vater.

2. So also, wenn du den Menschen Gutes thust, dann posaune es nicht aus vor den Leuten: so thun die Betrüger, daß die Leute sie priesen. Und sie empfangen nach ihrem Wunsche.

3. Wenn du aber den Menschen Gutes thust, dann thue es so, daß niemand es sehe, daß die linke Hand nicht wisse, was die rechte thut.

4. Und dein Vater wird es sehen und dir geben was du brauchst.

5. Und wenn du beten willst, bete nicht, wie die Betrüger thun. Die Betrüger lieben es, in den Kirchen, unter den Augen der Leute zu

beten. Für die Leute thun sie es, und von den Leuten empfangen sie dafür nach ihrem Wunsche.

6. Wenn du aber beten willst, gehe dorthin wo niemand dich sieht und bete zu deinem Vater, dem Geiste; der Vater aber wird sehen, was in deiner Seele ist, und er wird dir geben was du im Geiste wünschest.

7. Wenn du betest, dann plappere nicht mit dem Munde wie die Heuchler.

8. Dein Vater weiß, wessen du bedarfst, ehe du den Mund aufthust.

9. Betet allein so: Vater unser, ohne Anfang und ohne Ende wie der Himmel; dein Wesen allein sei geheiligt; dein allein sei die Herrschaft, auf daß dein Wille sich erfülle ohne Anfang und ohne Ende auf Erden. Gieb mir die Speise des Lebens im Gegenwärtigen. Lösche und wische weg meine früheren Fehler, wie ich weglösche und wische alle Fehler meiner Brüder, auf daß ich nicht in Versuchung falle und erlöst werde vom Bösen, darum daß dein sind Herrschaft und Kraft und dein das Urtel [sic].

Mark. XI, 25, Wenn ihr betet, dann sei keiner, dem ihr etwas gedächtet.

26. Wenn ihr aber den Menschen ihre Ungerechtigkeit nicht verzeiht, dann wird euch der Vater eure Ungerechtigkeit nicht verzeihen.

Matth. VI, 16. Wenn ihr fastet, d. i. duldet, stellt es nicht zur Schau vor den Leuten; so thun die Betrüger, daß die Leute sie sähen und sie priesen. Und die Leute preisen sie und sie empfangen nach ihrem Wunsche.

17, 18. Du aber thue nicht so; du, wenn du Not leidest, gehe mit heiterem Gesichte, daß die Leute es nicht sähen; dein Vater aber wird es sehen und dir geben was dir Not thut.

19. Speichert nicht Vorräte auf Erden. Auf Erden nagt der Wurm, und frißt der Rost, und stehlen die Diebe; sondern speichert himmlischen Reichtum auf für euch.

20. Den himmlischen Reichtum nagt weder der Wurm, noch frißt ihn der Rost, noch stehlen ihn die Diebe.

21. Da wo euer Reichtum sein wird, da wird auch euer Herze sein.

22. Das Licht des Leibes ist das Auge, das Licht der Seele aber das Herz.

23. Wird dein Auge dunkel sein, dann wird es um deinen ganzen Leib finster sein. Wird aber das Licht deines Herzens dunkel sein, dann wird es um deine ganze Seele finster sein.

24. Man kann nicht zweien Herren zugleich dienen: den einen stellt man zufrieden und verdirbt es mit dem andern. Man kann nicht Gott dienen und dem Fleische. Entweder man wird dem irdischen Leben dienen oder Gott.

25. Darum sorgt euch nicht, was ihr essen und trinken werdet, und womit ihr euch kleiden werdet. Das Leben ist ja künstlicher als Speise und Kleid. Gott aber gab es euch.

26. Blickt auf die Gottes-Geschöpfe – auf die Vögel. Sie säen nicht, noch ernten sie, noch bringen sie ein, und Gott nähret sie. Ein Mensch ist vor Gott nicht geringer, als ein Vogel. Wenn Gott dem Menschen das Leben gab, dann weiß er ihn auch zu nähren.

27. Ihr wißt ja selbst, ihr könnt nichts thun für euch, wie sauer ihr es euch auch werden lasset. Ihr könnt euer Leben nicht eine Stunde länger machen.

28. Und was wollt ihr euch um Kleider sorgen? Die Feldblumen arbeiten nicht, sie spinnen nicht.

29. Geputzt aber stehen sie, daß auch Salomo in allem feinen Prunke sich nie so putzte.

30. Wenn Gott das Gras, das heute wächst, das man morgen aber mäht, so schmückt, wie, und euch wird er nicht kleiden?

31. Sorgt euch nicht und plackt euch nicht: sprecht nicht, daß man denken müsse an das, was man essen werde, womit man sich kleiden werde.

32. Das bedürfen alle Menschen, und Gott kennt eure Notdurft.

33. So sorgt denn nicht um das Künftige. Lebt den gegenwärtigen[4] Tag. Seid besorgt um das, daß ihr im Willen des Vaters seid. Verlanget nach dem, was allein wichtig ist; alles übrige wird euch von selbst werden. Befleißt euch nur im Willen des Vaters zu sein.

34. So sorgt auch nicht um das Künftige. Wann das Künftige kommen wird, wird auch die Sorge da sein.

Luk. VI, 9. Bittet und euch wird gegeben werden, suchet und ihr werdet finden. Klopfet an, und man wird euch öffnen.

---

[4] Hier hat T. die Muttersprache für sich: „nastaiáschtschi" heißt „gegenwärtig" und „echt" (vom Diamanten wie vom Freunde). *D. Übers.*

Matth. VII, 9 und 10. Giebt es denn einen solchen Vater, daß er dem Sohne einen Stein gäbe statt eines Brotes, oder eine Schlange statt eines Fisches?

11. So gut wie wir arge Menschen verstehen, unsern Kindern zu geben was ihnen not thut, so würde euer Vater im Himmel euch das nicht geben, was euch wahrhaft notthut, wenn ihr ihn bätet? Bittet, der himmlische Vater wird das Leben des Geistes geben denen die ihn bitten.

13. Schmal ist der Weg ins Leben, geht aber ein auf dem schmalen Wege. Nur ein Eingang ins Leben ist da. Er ist schmal und eng. Umher liegt weites und breites Feld, aber es führt ins Verderben.

14. Allein der schmale Weg führt ins Leben, und wenige finden ihn.

Luk. XII, 32. Aber keine Bange, du kleine Herde! Der Vater bestimmte euch das Reich.

Matth. VII, 15. Hütet euch nur vor den falschen Propheten und Lehrern; sie kommen in Schafsfellen zu euch, inwendig aber sind sie raubgierige Wölfe.

16. An den Früchten, an dem was aus ihnen kommt, werdet ihr sie erkennen. Von der Klette sammelt man keine Trauben und von der Espe keine Apfel.

17. Ein guter Baum läßt gute Früchte wachsen. Ein schlechter Baum aber läßt schlechte Früchte wachsen. So nun erkennt ihr sie an den Früchten ihrer Lehre.

Luk. VI, 45. Ein guter Mensch läßt aus seinem guten Herzen alles Gute aufgehen. Ein böser Mensch aber läßt aus seinem Herzen alles Böse ausgehen. Darum daß der Mund redet, davon das Herz überfließt. Und darum, wenn Lehrer euch lehren, anderen Menschen das zu thun, was euch selber übel bekäme, wenn sie Vergewaltigung, Hinrichtung, Krieg lehren, dann wisset, daß es Falschlehrer sind.

Matth. VII, 21. Darum daß nicht der, der spricht Herr! Herr! in das Himmelreich eingehen wird, sondern der, der den Willen des himmlischen Vaters erfüllt.

22. Herr! Herr! werden sie sagen, wir lehrten nach deiner Lehre und wir trieben Böses aus nach deiner Lehre.

23. Aber ich verleugne sie und spreche zu ihnen: Nein, ich habe euch nie anerkannt und erkenne euch nie an. Gehet von mir, die ihr frevelt.

24. Und jeder, der diese meine Gebote hörte: nicht zu zürnen, nicht unzüchtig zu leben, nicht zu schwören, dem Bösen sich nicht zu widersetzen, nicht zu unterscheiden zwischen seinem Volke und einem fremden, – der diese Gebote hört und erfüllt, baut gleich einem vernünftigen Menschen sein Haus auf Stein.

25. Und sein Haus hält Stand wider alle Stürme.

26. Der aber, der diese meine Gebote hört und sie nicht erfüllt, der baut gleich einem thörichten Menschen sein Haus auf Sand.

27. Sobald der Sturm kommt, wird er das Haus einstürzen, und alles wird zu Grunde geben.

Luk. IV, 32. Und das ganze Volk verwunderte sich über seine Lehre, darum, daß die Lehre Jesu eine ganz andere wäre, als die der rechtgläubigen Gesetzeslehrer. Die rechtgläubigen Gesetzeslehrer lehrten das Gesetz, dem man sich unterwerfen müsse; Jesus aber lehrte, daß alle Menschen frei seien.

Matth. IV, 14. Und an Jesu Christo erfüllte sich die Prophezeiung des Jesajas.

16. Daß die Menschen, die in der Finsternis lebten und im Dunkel des Todes, das Licht des Lebens sähen und daß der, der dieses Licht der Wahrheit bringe, den Menschen keine Gewalt noch Schaden anthue, daß er mild und demütig sei.

XII, 19. Daß er um des willen, daß er die Wahrheit in die Welt trägt, nicht streitet, nicht schreit und keine schallende Stimme an ihm zu hören ist.

20. Daß er den Strohhalm nicht vollends bricht und das Lämpchen nicht ausbläst.

21. Und daß alle Hoffnung der Menschen eine auf seine Lehre ist.

———

FÜNFTES KAPITEL

DAS WAHRE LEBEN.

Die Erfüllung des Willens des Vaters
wird das wahre Leben geben.
(Dein Wille geschehe!)

Inhalt des fünften Kapitels.

Die Weisheit des Lebens besteht darin, daß man sein Leben erkenne als einen Sohn des Geistes, des Vaters.

Die Menschen setzen sich Ziele des fleischlichen Lebens und unterwegs zu diesen Zielen quälen sie sich und andere. Haben sie die Lehre vom Leben des Geistes anerkannt und unterwerfen und demütigen sie sich im Fleische, so finden die Menschen volles Genüge im Leben des Geistes, demselben, das ihnen vorbestimmt ist.

Es geschah einst, das Jesus ein Weib fremden Glaubens um einen Trunk bat. Das Weib schlug es ihm ab, mit dem Hinweis darauf, daß sie fremden Glaubens sei. Dazu sagte Jesus: Verstündest du, daß ein lebender Mensch dich um einen Trunk bittet, einer in dem der Geist des Vaters ist, du würdest ihn den nicht abschlagen, sondern suchen, durch Gutes thun vereint zu werden durch den Geist mit dem Vater, und der Geist des Vaters würde dir Wasser geben, nicht solches, von dem du aufs neue zu trinken begehrtest, sondern solches, das dir das ewige Leben gäbe. Zu Gott beten kann man nirgend, ihm dienen kann man nur mit dem, darin sein Geist ist, mit Werken der Liebe nur kann man ihm dienen.

Und Jesus sagte zu den Jüngern: Die wahre Speise des Menschen ist die, daß er den Willen des Vaters, des Geistes erfülle. Diesen Willen erfüllen ist immer möglich.

Unser ganzes Leben ist ein Sammeln der Früchte des Lebens, das der Vater in uns säete. Die Früchte, das ist das Gute, das wir den Menschen thun.

Etwas erwarten ist unnötig, nötig ist, ohne Unterlaß zu leben mit Gutes thun. Hierauf geschah es, daß Jesus in Jerusalem war. In Jerusalem war ein Badehaus, vor dem ein Kranker lag, der ohne etwas sonst zu thun, seine Heilung von einem Wunder erwartete. Jesus trat zu dem Schlaffen und sagte zu ihm: Versprich dir keine Heilung von einem Wunder, sondern lebe selbst, so viel Kraft in dir ist, und täusche dich nicht über den Sinn des Lebens. Der Schlaffe hörte Jesum an, stand auf und ging. Die Rechtgläubigen, da sie dies sahen, begannen Jesum zu tadeln um deswillen, was er sagte und darum, daß er am Sabbath den Erschlafften aufrichtete. Jesus sagte zu ihnen: Ich that nichts Neues. Ich that nur das, was unser gemeinsamer Vater Geist thut. Er lebt und belebt Menschen, ich that dasselbe. Und das ist eines jeden Menschen Beruf. Ein jeder Mensch hat Freiheit und kann leben oder nicht leben. Leben, das bedeutet, den Willen des Vaters erfüllen, d. h. anderen Gutes thun; nicht leben, bedeutet, den eigenen Willen erfüllen und anderen nichts Gutes thun. In jedes Macht ist es, das eine oder das andere zu thun, das Leben zu empfangen oder es zu vernichten. Das wahre Leben des Menschen gleicht dem Folgenden: Ein Hausherr giebt seinen Knechten einen Teil kostbarer Habe und heißt jeden mit dem erwerben, was er ihm gab. Die einen erwerben, die anderen nicht und verbergen das ihnen Gegebene. Der Hausherr fordert Rechenschaft und denen, die erwarben, giebt er noch mehr, als sie hatten, und denen, die nicht erwarben, nimmt er das Letzte. Das kostbare Teil der Habe des Hausherrn, das ist der Geist des Lebens im Menschen, der Sohn des Vaters, des Geistes.

Der, der im Leben erwirbt für das Leben des Geistes, der empfängt nicht endendes Leben, wer aber nicht erwirbt, der beraubt sich des, das ihm gegeben war.

Das wahre Leben ist nur ein allen gemeinsames Leben, nicht aber ein Leben des Einzelnen. Alle sind schuldig, zu erwerben für das Leben der anderen.

Hierauf ging Jesus an einen unbewohnten Ort und viel Volks ging ihm nach. Gegen Abend kamen die Jünger und sagten: Womit speisen wir all das Volk? Unter dem Volke waren solche, die nichts hatten und solche, die Brote und Fische mitgenommen hatten. Da sagte Jesus zu den Jüngern: Gebt alles Brot, was ihr habt. Er nahm das Brot und gab es den Jüngern, die aber gaben es anderen und die anderen begannen ebenso zu thun. Und alle aßen vom Fremden und aßen nicht auf, was da war, und alle wurden befriedigt. Und Jesus sagte: So thut auch ihr. Nicht das ist nötig, daß jeder sich selber Speise verschaffe, nötig aber das, was der Geist im Menschen gebietet, den anderen zu geben, daß sie äßen. Die wirkliche Speise des

Menschen, das ist der Vater-Geist. Allein durch den Geist sind die Menschen lebend. Allem Leben, was da ist, muß man dienen, darum, daß das Leben nicht darin besteht, daß man seinen Willen thue, sondern den Willen des Vaters des Lebens.

Der Wille aber des Vaters des Lebens ist der, daß das ganze Leben des Geistes, das in jedem ist, in ihm bliebe und daß alle das Leben des Geistes bis zur Todesstunde sich bewahrten. Der Vater, die Quelle des ganzen Lebens, ist der Geist. Ein Leben giebt es nur in der Erfüllung des Willens des Vaters, und darum muß; man für die Erfüllung des Willens des Geistes sein Fleisch hingeben. Das Fleisch ist die Speise für das Leben des Geistes. Nur wer sein Fleisch hingiebt für den Geist, nur der lebt. Darauf wählte Jesus Jünger aus und sandte sie überall hin, seine Lehre vom Leben des Geistes zu predigen. Und da er sie sandte, sagte er: Ihr predigt das Leben des Geistes und darum sagt euch im voraus von aller Lust des Fleisches los, habt nichts eigenes. Seid bereit auf Verfolgung, Entbehrungen, Leiden. Die werden euch hassen, die das Leben des Fleisches lieben, und sie werden euch quälen und töten, ihr aber fürchtet euch nicht. So ihr den Willen des Vaters erfüllt, habt ihr das Leben des Geistes und niemand kann es von euch nehmen. Die Jünger gingen und als sie zurückkehrten, erklärten sie, die Lehre des Bösen sei überall von ihnen besiegt. Da sagten die Rechtgläubigen zu Jesu: wenn seine Lehre das Böse besiege, sei sie selbst böse, angesichts dessen, daß die Menschen, die seine Lehre erfüllten, Leiden dulden müßten. Auf dies sagte Jesus: Das Böse kann das Böse nicht überwinden. Wird das Böse überwunden, dann wird es nur durch das Gute überwunden. Das Gute, das ist der Wille des Vaters, des Geistes, der allen Menschen gemeinsam ist. Jeder Mensch weiß, was das Gute für ihn ist. Thut er das den anderen Menschen, thut er, was der Wille des Vaters, des Geistes ist, dann thut er das Gute. Und darum ist die Erfüllung des Willens des Vaters, des Geistes, das Gute, wäre sie auch verbunden mit Leiden und Tod derer, die den Willen des Vaters erfüllen.

––––––

Matth. XI, 25. Und wieder erfreute sich Jesus der Stärke des Geistes und sagte: Ich erkenne den Vater-Geist als Ursprung alles Himmlischen und Irdischen, darum daß, was verborgen war vor den Klugen und Weisen sich enthüllt hat für die Unmündigen, dadurch, daß sie sich als Söhne Gottes erkennen.

28. Alle, die sich um das fleischliche Wohl sorgen, spannten sich vor eine Last, die sie nicht von dannen bringen[,] und legten ein Joch auf sich, wie es nicht für sie gemacht ist. Verstehet meine Lehre und folget ihr und ihr werdet Friede und Freude im Leben kennen. Ich gebe euch ein anderes Joch und eine andere Last: das geistige Leben.

29. Spannet euch davor und ihr werdet von mir Gelassenheit und Seligkeit lernen. Seid friedlich und sanften Herzens und ihr werdet Seligkeit in eurem Leben finden.

30. Darum, daß meine Lehre ein Joch ist, für euch gemacht, und die Erfüllung meiner Lehre eine leichte Last.

Joh. IV, 5. Einst ging Jesus nach der samarischen Stadt Sichar, nahe bei dem Felde, das Jakob seinem Sohne Joseph gab.

6. Und es war dort ein Jakobs-Brunnen. Jesus war matt vom Wege und setzte sich am Brunnen.

8. Die Jünger Jesu gingen weg in die Stadt, Speise kaufen.

7. Und es kam ein Weib aus Samaria nach Wasser. Und Jesus sagte zu ihr: Gieb mir zu trinken.

9. Und die Samarierin sagte zu ihm: Wie bittest du Hebräer mich um einen Trunk? Die Hebräer lassen sich ja nicht ein mit uns aus Samaria.

10. Und Jesus sagte zu ihr: Verstündest du, was Gott den Menschen gab und wer dich um Wasser bittet, du würdest es mir nicht abschlagen und ich würde dir Wasser des Lebens dafür geben.

11. Und das Weib sagte: Du hast auch keinen Eimer und der Brunnen ist tief, wie wirst du mir denn Wasser des Lebens geben?

12. Bist du etwa mehr als unser Vater Jakob? Er gab uns diesen Brunnen und trank selbst daraus und seine Kinder und das Vieh.

13. Und Jesus antwortete: Wer von diesem Wasser trinken wird, den wird wiederum dürsten, wer aber von jenem Wasser trinken wird, das ich ihm gebe, der wird keinen Durst mehr kennen.

14. Denn das Wasser, das ich ihm geben werde, erzeugt in ihm eine Quelle Wassers, die ins ewige Leben fließt.

15. Und das Weib sagte: Gieb mir solches Wasser, daß ich nicht zu trinken brauche und nicht nach Wasser zu gehen.

16. Und Jesus sagte: Geh, rufe deinen Mann und komme hierher.

19. Und das Weib sagte zu ihm: Ich sehe, daß du ein Prophet bist. 20. Unsere Väter sind hier, auf diesem Berge beten sie Gott an; ihr aber sagt, in Jerusalem sei der Gottesplatz, wo man beten müsse. 21. Und Jesus sagte zu ihr: Glaube mir Weib, weder auf diesem Berge noch in Jerusalem betet man zum Vater. 23. Die Zeit ist gekommen, daß man auf rechte Art zum Vater betet im Leben des Geistes und durch das Werk. und solche Anbeter braucht der Vater. 24. Der Vater, das ist der Geist und zu ihm muß man im Geiste beten und durch das Werk. 25. Und das Weib sagte: Ich weiß, daß der Messias kommen wird, und wann er kommt, wird er uns alles sagen. 26. Und Jesus sagte: Ich sage dir alles. 28. Und das Weib ging und rief Leute. 31. Zu der Zeit kamen die Jünger Jesu zurück und fragten Jesum, ob er essen wolle. 32. Und er sagte: Ich habe Speise, die ihr nicht kennt. 33. Sie dachten, jemand habe ihm zu essen gebracht. 34. Er aber sagte: Meine Speise ist die, daß ich den Willen thue des, der mir das Leben gab und daß ich vollende, was er mir auftrug. 35, 36. Sprecht nicht: Noch ist's Zeit, wie der Pflüger spricht, der die Ernte erwartet. Der, der den Willen des Vaters erfüllt, der ist immer zufrieden und weiß nicht von Hunger und Durst. Die Erfüllung des Willens Gottes befriedigt den Menschen stets, sie trägt den Lohn in sich selbst. Man darf nicht sagen: Später werde ich den Willen des Vaters erfüllen. So lange Leben da ist, ist immer möglich und Pflicht, den Willen des Vaters zu erfüllen. 37. Unser Leben ist das Feld, das Gott säete, an uns aber ist es, seine Früchte zu sammeln. 38. Und sammeln wir die Früchte, so empfangen wir den Lohn – das nichtzeitliche Leben. Wahrheit ist es, daß wir uns das Leben nicht selbst geben, sondern jemand anders. Und wenn wir uns um das Sammeln der Früchte bemühen, dann empfangen wir, wie Schnitter, Lohn. Ich lehre euch dies Leben sammeln, das der Vater euch gab.

V, 1. Einst kam Jesus nach Jerusalem. 2. Und es war in Jerusalem ein Bad.

4. Und es hieß von diesem Bade, daß ein Engel dazu herabsteige und das Wasser in dem Bade davon zu wallen beginne, und daß der erste, der, wann das Wasser gewallt, sich in das Bad tauche, wie er auch behaftet sei, gesund werde.

2. Und rings um das Bad waren Baldachine angebracht.

3. Und unter diesen Baldachinen lagen die Kranken und warteten, daß das Wasser in dem Bade walle, sich hinein zu tauchen.

5. Und ein Mensch war dort, der 38 Jahre lang erschlafft war. Jesus fragte ihn, wer er sei. Der Mensch erzählte, daß er schon 38 Jahre sieche und immer darauf warte, daß er zuerst in das Bad käme, wann das Wasser gewallt, um geheilt zu werden; schon 38 Jahre könne er nicht zuerst hinein, immer käme jemand vor ihm in das Bad und tauche sich ein.

6. Und Jesus sah, daß er alt war und sagte zu ihm: Willst du wieder gesunden?

7. Der sagte: Ich will, nur habe ich keinen Menschen, der mich rechtzeitig ins Wasser trüge. Immer geht jemand vor mir hinein.

8. Und Jesus sagte zu ihm: Lebe auf, nimm dein Bett und gehe.

9. Und der Schlaffe nahm sein Bett und ging. Es war aber·Sabbath.

10. Und die Rechtgläubigen sagten: Das geht nicht an, daß du dein Bett mitnimmst, heute ist Sabbath.

11. Er sagte: Der, der mich aufrichtete, der hieß mich das Bett nehmen.

15. Der Erschlaffte ging und sagte den Rechtgläubigen, daß Jesus ihn heilte.

16. Und die Rechtgläubigen wurden zornig und stellten Jesu nach, daß er solche Dinge am Sabbath thue.

17. Und Jesus sagte: Das, was der Vater immer thut, das thue auch ich.

19. Wahrlich, sage ich euch: Der Sohn kann nichts thun von sich selber. Er thut nur das, was er verstand vom Vater. Was der Vater thut, das thut auch er.

20. Der Vater liebt den Sohn und so lehrt er ihm alles, was dem Sohne zu wissen not ist.

21. Der Vater giebt den Toten das Leben, so giebt auch der Sohn das Leben wem er will, darum daß, wie das Werk des Vaters das Leben ist, so muß auch das Werk des Sohnes das Leben sein.

22. Der Vater verurteilte die Menschen nicht zum Tode, sondern gab den Menschen Macht, nach ihrem Willen zu sterben oder zu leben.

23. Und sie werden lebend sein, wenn sie den Sohn werden ehren wie den Vater.

24. Wahrlich, sage ich euch: Der, der den Sinn meiner Lehre verstand und glaubte an den gemeinsamen Vater aller Menschen, der hat schon das Leben und vom Tode ist er befreit.

25. Sie, die den Sinn des menschlichen Lebens verstanden, sie entgingen schon dem Tode und werden immer leben.

26. Darum, daß wie der Vater lebt durch sich selber, also gab er auch dem Sohne das Leben in ihm selbst.

27. Und Freiheit gab er ihm, und dadurch ist er ein Menschensohn.

28. Von nun an werden alle Sterblichen in zwei Teile geteilt.

29. Die einen, die das Gute thun, werden das Leben finden, die aber das Böse thun, werden zu nichte werden.

30. Und nicht ich beschließe dies, sondern es ist das, was ich verstand vom Vater. Und mein Beschluß ist sicher, darum, daß ich also beschließe, nicht, daß ich thue, was mir gefällt, sondern darum, daß alle thuen, was der Vater will von allen.

31. So ich allen versicherte, meine Lehre sei wahr, so würde das meine Lehre nicht bestätigen.

36. Das aber, was meine Lehre bestätigt, das sind die Werke, die ich lehre. Sie zeigen, wie ich nicht lehre von mir selbst, sondern vom Vater aller Menschen.

37. Und mein Vater, er der mich lehrte, bestätigt die Wahrheit meiner Gebote in allen Seelen. Ihr aber wollt seine Stimme nicht verstehen und kennen.

38. Und ihr haltet euch nicht an den Sinn dieser Stimme. Das, was Geist in euch ist, vom Himmel herabgestiegen, dem glaubt ihr nicht.

39. Dringt ein in den Sinn eurer Schriften. Dasselbe werdet ihr in ihnen finden, wie in meiner Lehre, die Gebote davon, daß man nicht lebe für sich allein, sondern den Menschen das Gute thue.

40. Warum wollt ihr meinen Geboten nicht glauben, die allen Menschen das Leben geben? Im Namen des allen Menschen gemein-

samen Vaters lehre ich euch und ihr nehmt meine Lehre nicht an; so aber jemand euch lehrt in seinem Namen, dem traut ihr.

44. Man kann dem nicht glauben, was die Menschen reden einer zum anderen, man kann aber glauben dem, was in jedem Menschen ist, ein Sohn gleichwie der Vater.

Luk. XIX, 12. Und daß die Menschen nicht dächten, das Himmelreich sei etwas Sichtbares, vielmehr verstünden, daß das Reich Gottes in der Erfüllung des Willens des Vaters bestehe, und die Erfüllung dieses Willens vom Bestreben jedes Menschen abhänge, daß die Menschen verstünden, daß das Leben ihnen nicht gegeben sei für sie selbst, sondern zur Erfüllung des Willens des Vaters, und daß die Erfüllung des Willens des Vaters allein vom Tode erlöse und das Leben gebe – sagte Jesus ein Gleichnis. Er sagte: Es war ein reicher Mann und er mußte von Hause wegreisen.

13. Vor der Abreise berief er seine Knechte und verteilte unter sie zehn Talente, jedem eines, und sagte: erwerbe jeder mit dem, was ich ihn gab, so lange ich abwesend bin.

14. Aber es geschah, daß, als er wegreiste, einige Bewohner der Stadt sagten: wir wollen ihm nicht länger dienen.

15. Wie der Reiche nun zurückkehrte von seiner Abwesenheit, berief er die Knechte, denen er das Geld gab und hieß sie sagen, was jeder mit seinem Gelde gethan habe.

16. Es kommt der erste und spricht: Hier, Herr, mit deinem einen erwarb ich zehn. Und der Hausherr sagte zu ihm: Recht so, guter Diener, du warst im Kleinen treu, ich werde dich über Großes setzen; habe Teil mit mir an allem meinem Reichtume.

16. Es kam ein anderer Knecht und sagte: Hier, Herr, mit deinem einen erwarb ich fünf.

19. Und der Hausherr sagte zu ihm: Du thatest wohl, guter Knecht, habe Teil mit mir an allem meinem Reichtume.

20. Es kam noch einer und sprach: Hier ist dein Talent; ich schlug es in ein Tuch und grub es ein.

21. Weil ich dich fürchtete: du bist ein strenger Mann, du nimmst, wo du nicht hinthatest und heimst ein, wo du nicht säetest.

22. Und der Hausherr sagte zu ihm: Dummer Knecht! Mit deinen Worten werde ich dich richten. Du sprichst, aus Furcht vor mir verbargst du dein Talent in die Erde und erwarbst nicht mit ihm.

Wußtest du, daß ich streng bin und dort nehme, wo ich nicht gab, dann, wie thatest du nicht, was ich dich thun hieß! Matth. XXV, 26 und 27. Hättest du mit deinem Talente erworben, du hättest erfüllt, was ich dir befahl. Nun thatest du nicht, dazu das Talent dir gegeben war, und darum kannst du es nicht besitzen. Luk. XIX, 23–28. Und der Hausherr befahl, das Talent von dem zu nehmen, der nicht mit ihm erwarb, und gab es denen, die erwarben. 24 und 25. Und der Hausherr sagte: Gebt denen, die viel erwarben, darum, daß dem, der bewahrt, was da ist, hinzugefügt wird, dem aber, der nicht bewahrt, auch das Letzte genommen wird. Matth. XXV, 30. Die, die nicht unter meiner Herrschaft wollten sein, die jagt weg, daß man sie nicht mehr sähe.

Der Hausherr, das ist der Ursprung des Lebens, der Geist Vater. Die Knechte, das sind die Menschen. Die Talente, das ist das Leben des Geistes. Wie der Hausherr nicht selbst erwirbt mit seiner Habe, sondern die Knechte heißt erwerben, jeder für sich, so legte auch der Geist Vater den Geist des Lebens in die Menschen und hieß sie erwerben für das Leben der Menschen und überließ sie sich selbst.

Die, die sagen ließen, daß sie die Herrschaft des Hausherrn nicht anerkennten, das sind die, die den Geist des Lebens nicht anerkennen. Die Rückkehr des Hausherrn und die Forderung der Rechenschaft, das ist die Vernichtung des fleischlichen Lebens und die Entscheidung über das Los der Menschen, ob sie noch Leben hätten außer jenem, das ihnen gegeben war. Die einen, die Knechte, die den Willen des Hausherrn er füllen und erwerben mit dem, das ihnen gegeben ist, und erwerben Geld mit Geld, das sind die Menschen, die das Leben empfingen und verstanden, daß das Leben der Wille des Vaters sei und dem Leben der anderen dienen müsse. Der dumme und boshafte Knecht, der sein Talent verbarg, ohne damit zu erwerben, das sind die Menschen, die nur ihren Willen erfüllen, aber nicht den Willen des Vaters und nicht dem Leben der anderen dienen. Die Knechte, die den Willen erfüllen und die hausherrliche Habe bewahrten durch ihr Erworbenes, werden Teilhaber am ganzen Vermögen des Hausherrn; die Knechte aber, die den Willen nicht erfüllten und nicht zum Vorteile des Hausherrn erwarben, die gehen verlustig dessen, das ihnen gegeben war.

Die Menschen, die den Willen des Vaters erfüllt und dem Leben gedient haben, werden Teilhaber am Leben des Vaters und empfangen das Leben trotz der Vernichtung des fleischlichen Lebens. Die, die den Willen nicht erfüllt und dem Leben nicht gedient haben, gehen jenes Lebens verlustig, das sie hatten und werden zunichte. Die, die die Herrschaft des Hausherrn nicht anerkennen wollten, die sind für den Herrn nicht da, er weist sie fort. Die Menschen, die das Leben des Geistes (Sohnes) nicht anerkennen in sich, die sind nicht da für den Vater.

Joh. VI, 1. Hierauf ging Jesus an einen unbewohnten Ort.

2. Und es ging ihm viel Volks nach.

3. Und er ging auf den Berg und setzte sich dort mit den Jüngern.

5. Und er sah, daß viel Volks da war und sagte: woher sollen wir Brot nehmen, um all dies Volk zu speisen?

7. Philippus sagte: Auch für zweihundert Denare wird nicht genug sein, wenn man jedem auch nur ein Wenig giebt.

Matth. XIV, 17. / Joh. VI, 9. | Wir haben nur ein wenig Brot und Fisch. Und ein anderer Jünger sagte: Sie haben Brot, dort bei einem Knaben sah ich fünf Brote und zwei Fische.

10. Und Jesus sagte: Heißt sie alles auf das Gras legen.

11. Und Jesus nahm die Brote, die er hatte, und gab den Jüngern davon und hieß sie den anderen davon geben, und so begannen alle einander zu geben von dem, was da war, und alle wurden satt und es blieb noch viel.

26. Am anderen Tage kam wieder Volk zu Jesu und er sagte zu ihnen: Seht, ihr kommt zu mir nicht darum, daß ihr Wunder sahet, sondern daß ihr Brot aßet und satt werdet.

27. Und er sagte zu ihnen: Schafft nicht leibliche Speise, sondern ewige Speise, die der Geist des Menschensohnes nur, der von Gott gesiegelt ist, geben wird.

28. Die Juden sagten: Was müssen wir thun, Gottes-Werke zu vollbringen?

29. Und Jesus sagte: Darin besteht das Gotteswerk, daß ihr an das Leben glaubet, das Gott euch gab.

30. Sie sprechen: Gieb uns ein Zeichen, daß wir glauben an das, was du thust.

31. Unsere Väter aßen Manna in der Wüste. Gott gab ihnen Brot vom Himmel zu essen, so steht es geschrieben.

32. Jesus antwortete ihnen: Das wahre Himmelsbrot ist der Geist

des Menschensohnes, der, den der Vater giebt.

33. Darum, daß des Menschen Kost der·Geist ist, der vom Himmel herabgekommen ist; er giebt der Welt das Leben.

35. Meine Lehre giebt den Menschen die wahre Kost. Der, der mir nachfolgt, der wird nicht hungern, und der, der an meine Lehre glaubt, der wird nie Durst kennen.

36. Ich sagte euch aber bereits, daß ihr sahet und nicht glaubt.

37. Alles Leben, das der Vater dem Sohne gab, alles wird man finden in meiner Lehre, und jeder, der an sie glaubt, wird Teilhaber an ihm.

38. Gleich wie ich vom Himmel herabkam nicht das zu thun, was mir gefiele, sondern den Willen des Vaters zu thun, der mir das Leben gab.

39. Der Wille des Vaters nun, der mich gesandt hat, ist der, daß ich das ganze Leben, das er mir gab, bewahrte und nichts davon zu Grunde gehen ließe.

40. Und darum ist das der Wille des Vaters, der mich gesandt hat, daß jeder Mensch, der den Sohn sieht und an ihn glaubt, das ewige Leben habe. Und meine Lehre giebt das Leben am letzten Tage (des Fleisches).

41. Die Hebräer wurden betroffen, daß er sagte, daß seine Lehre vom Himmel herabkäme.

42. Sie sprachen: Das ist doch Jesus, Josephs Sohn, wir kennen seinen Vater und seine Mutter; wie spricht er, daß seine Lehre vom Himmel herabkam?

43. (Jesus sagte zu ihnen:) Macht nicht aus, wer ich bin und woher ich kam.

44. Meine Lehre ist wahr, nicht darum, daß ich euch wie Moses versichern werde, daß Gott auf dem Sinai mit mir sprach; wahr aber darum, daß sie in euch ist, wie in mir. Ein jeglicher, der meinen Geboten glaubt, glaubt nicht darum, daß ich rede, sondern, daß unser gemeinsamer Vater ihn zu sich zieht, und meine Lehre giebt ihm das Leben am letzten Tage.

45. Und in den Propheten steht geschrieben, daß alle werden gelehrt werden von Gott. Ein jeder, der den Vater verstehen wird und lernen wird seinen Willen zu verstehen, der wird sich eben damit meiner Lehre ergeben.

46. Das, daß jemand Gott gesehen, das war nie; wer aber vom

Vater ist, der sah und sieht den Vater.

47. Wer an mich (an meine Lehre) glaubt, der hat das ewige Leben.

48. Meine Lehre ist Lebenskost.

49. Eure Väter aßen Manna, Speise geradewegs vom Himmel, und starben.

50. Die wahre Kost des Lebens, die vom Himmel herabgekommen ist, ist eine, daß wer von ihr sich nährt, nicht sterben wird.

51. Meine Lehre ist die Kost des Lebens, die vom Himmel herabgekommen ist. Wer sich nähret von ihr, der lebt ewig. Und diese Kost, die ich lehre, das ist mein Fleisch, das ich hingebe für das Leben aller Menschen.

52. Die Hebräer verstanden ganz und gar nicht, was er sagte und begannen darüber zu streiten, wie man sein Leben für die Speisung der Menschen könne hingeben und wozu.

53. Und Jesus sagte zu ihnen: Werdet ihr euer Fleisch nicht hingeben für das Leben des Geistes, so wird auch in euch kein Leben sein.

54. Der, der sein Fleisch nicht hingiebt für das Leben des Geistes, der hat kein wirkliches Leben.

55. Das in mir, das das Fleisch hingiebt für den Geist, das allein lebt. Und darum ist unser Fleisch wahrhafte Speise für das wirkliche Leben.

56. Das nur, was in mir meinen Körper aufzehrt, was das fleischliche Leben hingiebt für das wahre Leben, das nur ist Ich, wahrhaft Ich und ist in mir und ich bin in ihm.

57. Und wie ich im Fleische lebe nach dem Willen des Vaters, so wird auch leben nach meinem Willen, was in mir lebt.

60. Und einige Jünger, da sie das hörten, sagten sie: das sind harte Worte und schwer zu verstehen.

61. Und Jesus sagte zu ihnen: So umstrickt seid ihr, daß euch schwierig dünkt, was ich rede über das, dadurch der Mensch war und ist und immer wird sein.

63. Der Mensch ist Geist im Fleische, und der Geist nur giebt das Leben, das Fleisch aber giebt das Leben nicht. In den Worten, die euch so verzwickt scheinen, sagte ich ja nichts weiter, als daß der Geist das Leben ist.

Luk. X, 1. Darauf wählte Jesus aus seinen Vertrauten siebzig

Männer aus und schickte sie in die Orte, da er verweilen wollte.

2. Er sagte zu ihnen: Der Menschen viele kennen das Heil des wirklichen Lebens nicht, sie alle dauern mich und sie alle wünsche ich zu lehren. Wie aber der Hausherr nicht genug ist, sein Feld zu ernten, so gelingt es auch mir nicht.

3. Gehet in mancherlei Städte und verkündet allenthalben die Erfüllung des Willens des Vaters. Sprecht, das der Wille des Vaters in fünf Geboten enthalten ist: 1. nicht zürnen, 2. nicht unzüchtig leben, 3. nicht schwören, 4. sich dem Bösen nicht widersetzen und 5. keinen Unterschied machen zwischen den Menschen.

Und darum erfüllet selbst diese Gebote in allem.

Matth. X, 16. Ich sende euch aber wie Schafe mitten unter die Wölfe. Seid klug wie die Schlangen und rein wie die Tauben.

Luk. X, 4. Vor allein habt kein Eigenes, nehmt nichts mit euch: weder Sack, noch Brot, noch Geld; nur das Kleid am Leibe und Schuhwerk.

Auch macht keinen Unterschied zwischen den Menschen, wählt die Wirte nicht aus, wo ihr einkehrt.

Mark. VI, 6. In welches Haus ihr zuerst werdet kommen, in dem bleibet auch. Wann ihr in ein Haus kommen werdet, begrüßt euch mit den Wirten.

11. Wenn sie euch aufnehmen werden, bleibt, werden sie euch nicht aufnehmen, geht in ein anderes.

Matth. X, 22, Für das, was ihr sprechen werdet, wird man Haß auf euch werfen und euch verfolgen.

23. Und so sie euch verjagen, geht in ein anderes Dorf, jagen sie euch aus diesem, geht noch in ein anderes.

Verfolgen werden sie euch, wie Wölfe die Schafe verfolgen; werdet aber nicht kleinmütig, duldet bis zur letzten Stunde. Und vor Gericht werden sie euch führen und richten und werden euch peitschen und zu den Oberen führen, daß ihr euch vor ihnen rechtfertigt.

19. Und wann sie euch vor Gericht werden führen, verzagt nicht und überlegt auch nicht, was ihr sagen werdet. Der Geist des Vaters wird euch sagen, was zu sagen not ist.

23. Und noch werdet ihr nicht herum sein in allen Städten, daß die Menschen eure Lehre schon verstehen werden und sich zu ihr wenden.

26. Also fürchtet euch nicht. Das, was verborgen war in den Seelen der Menschen, das wird herausgehen.

27. Das, was ihr sagen werdet zweien oder dreien, das wird sich verbreiten unter Tausenden.

28. Vor allem aber fürchtet die nicht, die euren Leib können töten. Euren Seelen können sie nichts anhaben. Also fürchtet sie nicht. Fürchtet aber, daß ihr Leib und Seele vernichtet, wenn ihr abwichet von der Erfüllung des Willens des Vaters; das fürchtet.

29. Für einen halben Groschen giebt man fünf Sperlinge, die aber werden nicht sterben ohne den Willen des Vaters.

30. Und kein Haar wird vom Haupte fallen ohne den Willen des Vaters.

31. Was habt ihr also zu fürchten, wenn ihr im Willen des Vaters seid?

34. Nicht alle glauben an meine Lehre. Die aber nicht glauben an sie, hassen sie, darum, daß sie beraubt dessen, was sie lieben, und es wird Streit geben.

Luk. XII, 49. Meine Lehre entzündet die Welt wie Feuer.

51. Und um ihretwillen soll es Streit in der Welt geben.

52. In jedem Hause wird es Streit geben.

58. Zwischen Vater und Sohn und Mutter und Tochter, und Hasser werden in der Familie sein derer, die meine Lehre verstehen und werden sie töten.

XIV, 26. Darum, daß für den, der meine Lehre verstehen wird, nichts bedeuten werden weder Vater noch Mutter, noch Weib, noch Kind, noch seine ganze Habe.

Matth. XII, 22. Und damals kamen gelehrte Rechtgläubige aus Jerusalem und gingen zu Jesu. Jesus war in einem Dorfe und eine Menge Volks versammelte sich im Hause und stand im Kreise.

24. Die Rechtgläubigen begannen zum Volke zu reden, daß man auf die Gebote Jesu nicht höre, daß Jesus besessen sei, daß, so man leben werde nach seinen Geboten, es noch mehr Böses im Volke werde geben als jetzt. Sie sprachen, er treibe das Böse aus durch das Böse.

26. Jesus rief ihnen und sagte: Ihr sprechet, daß ich das Böse austreibe durch das Böse. Keine Kraft aber kann sich selbst vernichten. So sie sich selbst vernichtete, dann wäre sie und wäre nicht.

27. Ihr treibt das Böse aus durch Drohungen, Hinrichten, Morden

und gleichwohl wird das Böse nicht vernichtet, darum eben, daß es nicht wider sich selbst sein kann: ich aber treibe das Böse nicht aus, wodurch ihr es austreibt, folglich nicht durch das Böse.

28. Dadurch treibe ich das Böse aus, daß ich die Menschen aufrufe, den Willen des Geistes, des Vaters, der allen das Leben giebt, zu erfüllen. Fünf Gebote drücken den Willen des Geistes aus, der Heil und Leben giebt.

29. Und darum vernichten sie das Böse. Und dies sei ein Beweis für euch, daß es wahre sind. Wären die Menschen nicht Söhne eines Geistes, es wäre unmöglich, das Böse zu besiegen, wie es unmöglich ist, in das Haus eines Starken zu dringen und ihn zu berauben. Im Hause des Starken zu rauben, muß man zuvor den Starken binden. Und gebunden sind die Menschen durch die Einheit des Geistes des Lebens.

31. Und darum sage ich euch: für keinen menschlichen Fehler und für keine falsche Auslegung wird Rechenschaft gefordert werden; die falsche Auslegung vom heiligen Geiste aber, der allen das Leben giebt, wird den Leuten nicht vergeben werden.

32. Wird euch jemand ein Wort sagen gegen den Menschen, so ist das noch nichts, wird jemand aber ein Wort sagen gegen das, was Heiliges ist im Menschen, den Geist, dann kann ihm das nicht hingehen. Scheltet mich so viel ihr wollt, die Gebote des Lebens aber, die ich euch offenbarte, die nennt nicht böse. Es kann einem Menschen nicht hingehen, daß er das Gute böse nenne.

30. Man muß einig sein mit dem Geiste des Lebens. Wer nicht einig mit ihm ist, der ist wider ihn. In allen Menschen, nicht in sich selbst allein, muß man dem Geiste des Lebens und des Guten dienen.

33. Entweder achtet ihr Leben und Heil ein Gut für die ganze Welt, dann liebt ihr Leben und Heil um aller willen, oder ihr achtet Leben und Heil für böse und dann liebt ihr Leben und Heil auch um euretwillen nicht. Entweder haltet ihr den Baum für gut und seine Frucht für gut, oder ihr haltet den Baum für schlecht und seine Frucht für schlecht. Darum, daß man den Baum schätzt nach der Frucht.

———

SECHSTES KAPITEL

DAS FALSCHE LEBEN.

Und dazu, daß er das wahre Leben empfange,
muß der Mensch auf Erden sich lossagen vom
falschen Leben des Fleisches und durch den Geist leben.
(Wie im Himmel, so auch auf Erden.)

Inhalt des sechsten Kapitels.

Für das Leben des Geistes kann es keinen Unterschied geben zwischen Familiengliedern und Fremden.

Mutter und Brüder, sprach Jesus, bedeuteten nichts für ihn; nahe wie Mutter und Brüder stünden ihm nur die, die den Willen des gemeinsamen Vaters erfüllen. Die Seligkeit und das Leben des Menschen hingen nicht ab von Familien-Verhältnissen, sondern vom Leben des Geistes.

Jesus spricht, daß nur die selig seien, die die Erkenntnis des Vaters festhalten. Für den Menschen, der durch den Geist lebt, gebe es kein Hauswesen, sondern der Mensch lebe durch den Geist und so könne er kein Hauswesen haben. Jesus spricht, daß er keinen begrenzten Wirkungskreis habe. Für die Erfüllung des Willens des Vaters bedürfe es keines begrenzten Wirkungskreises, überall und immer sei sie möglich.

Der fleischliche Tod könne nicht furchtbar sein für den Menschen, der sich dem Willen des Vaters ergeben habe, darum, daß das Leben des Geistes nicht abhängt vom Tode des Fleisches. Jesus spricht, daß, wer an das Leben des Geistes glaubt, nichts fürchten könne.

Keinerlei Sorgen könnten den Menschen abhalten, durch den Geist zu leben. Auf die Worte eines Menschen, daß er die Lehre Jesu später erfüllen werde, daß er zuvor aber den Vater bestatten müsse, antwortet Jesus: Um die Bestattung der Toten sollten Tote sich kümmern, die Lebenden aber lebten durch die Erfüllung des Willens des Vaters.

Die Sorgen in Familien- und häuslichen Angelegenheiten könnten das Leben des Geistes nicht hindern. Der, der Sorge trage, was bei der Erfüllung des Willens des Vaters für sein fleischliches Leben herauskäme, thue gleich einem Pflüger, der pflügt und zurückblickt.

Die Sorgen um die Freuden des fleischlichen Lebens, die den Leuten so wichtig erschienen, seien Träumerei. Die einzige wirkliche Angelegenheit des Lebens sei die Verkündigung des Willens des Vaters, das Achthaben auf seine Erfüllung. Auf den Vorwurf der Martha, daß man sie sich allein um das Abendessen kümmern lasse, antwortet Jesus: Du tadelst unbillig. Sorge dich, wenn du brauchst, was Sorge giebt, laß aber die, die fleischliches Vergnügen nicht brauchen, das eine Werk thun, dessen es für das Leben bedarf.

Jesus spricht: Der, der da wünscht das wahre Leben zu empfangen, das darin besteht, daß man den Willen des Vaters erfüllt, der muß vor allem sich losmachen von seinen persönlichen Wünschen. Nicht allein darf er sein Leben nicht so einrichten, wie er möchte, sondern bereit muß er sein, jede Stunde alle Entbehrung und alle Leiden zu tragen.

Der, der sein fleischliches Leben einzurichten wünscht wie er möchte, der vernichtet das wahre Leben der Erfüllung des Willens des Vaters.

Und keinen Vorteil erwirbt man um des fleischlichen Lebens willen, wenn dieser Erwerb das Leben des Geistes tötet.

Mehr als alles tötet das Leben des Geistes der Eigennutz, der Erwerb von Reichtum. Die Menschen vergessen, daß, wieviel sie Reichtümer und Güter erwürben, sie jede Stunde sterben können und ihrer Habe es zum Leben nicht bedarf. Über jedem von uns hängt der Tod ... Krankheit, Tötung durch menschliche Hand, unglückliche Zufälle können jede Sekunde das Leben unterbrechen. Die Möglichkeit des fleischlichen Todes ist unausweichlich mit jeder Sekunde des Lebens verknüpft.

Der Mensch, wenn er lebt, muß auf jede Stunde seines Lebens blicken, wie auf eine Frist, die ihm durch irgendeine Gnade gegeben ist. Und gedenken müssen wir dessen und nicht sprechen, wir wüßten es nicht. Wir wissen und sehen voraus alles, was vor sich geht auf Erden und im Himmel, des Todes aber, der, wie wir wissen, jede Minute unser wartet, sein vergessen wir. Vergessen wir seiner aber nicht, so können wir uns auch dem Leben des Fleisches nicht ergeben, können nicht mit ihm rechnen. Meiner Lehre zu folgen, muß man den Gewinn des dem fleischlichen Leben, dem eigenen Willen

Dienens aufrechnen gegen den Gewinn aus der Erfüllung des Willens des Vaters. Nur der, der dies klar überrechnete, kann mein Jünger sein. Der es aber überrechnet, wird nicht eingebildetes Wohl und eingebildetes Leben statt wahren Wohls und wahren Lebens zu empfangen wünschen. Das wahre Leben ist den Menschen gegeben und die Menschen wissen es und hören seine Stimme, berauben sich aber seiner, indem sie beständig sich den Sorgen des Augenblicks überlassen. Das wahre Leben ist gleich dem Mahle, das ein Reicher gab und Gäste dazu lud. Er ruft die Gäste so, wie die Stimme des Geistes, des Vaters, alle Menschen zu sich ruft. Die Gäste aber gingen, die einen dem Handel nach, die anderen der Wirtschaft, noch andere Familien-Angelegenheiten und kamen nicht zum Mahle. Bettler nur, die keine fleischlichen Sorgen haben, gingen zum Gelage und empfingen das Glück. So berauben sich die Menschen, die sich durch Sorgen des fleischlichen Lebens zerstreuen lassen, des wahren Lebens. Der, der sich nicht gänzlich lossagt von allen Sorgen und Vorteilen des fleischlichen Lebens, der kann den Willen des Vaters nicht erfüllen, darum, daß man nicht ein wenig sich selber, ein wenig dem Vater dienen kann. Man muß überrechnen: Ist es Gewinn, seinem Fleische zu dienen, ist es möglich, sein Leben einzurichten, wie man selbst möchte? Man muß thun, wie der Mensch thut, wann er ein Haus baut, oder sich anschickt, Krieg zu führen. Er überrechnet: kann er es etwa vollenden, kann er etwa siegen? Und sieht er, daß er nicht kann, dann verschwendet er weder Mühe noch Heere. Er würde sie anders umsonst vergeuden und den Leuten ein Gelächter sein. Wäre es möglich, das fleischliche Leben einzurichten, wie man möchte, dann müßte man dem Fleische dienen; da dem aber nicht so ist, ist es gleich geratener, alles Fleischliche zu lassen und dem Geiste zu dienen. Sonst wird es einem weder mit dem einen noch mit dem anderen geraten. Mit dem fleischlichen Leben wird man nicht zustande kommen und das Leben des Geistes verlieren. Und darum muß man, den Willen des Vaters zu erfüllen, sich ganz vom fleischlichen Leben scheiden.

Das fleischliche Leben ist ein uns von fremder Hand anvertrauter, eingebildeter Reichtum, den wir so gebrauchen müssen, daß wir unseren wahren Reichtum empfingen.

Wäre ein Gehilfe bei einem reichen Manne, der wüßte, daß, wie viel er seinem Herrn auch diene, von seinem Herrn werde abgelöhnt und sich selbst überlassen werden, dann verführe dieser Gehilfe klug, wenn er, so lange er den fremden Reichtum verwaltet, den Leuten Gutes erwiese. Werde der Herr ihn entlassen, so werden ihn die, denen er Gutes that, aufnehmen und ernähren. So auch müssen es die Menschen mit ihrem fleischlichen Leben halten. Das fleischliche Leben ist jener fremde Reichtum, den sie nur auf Zeit verwalten. Wenden sie diesen fremden Reichtume gut an, so empfangen sie ihren wahren Reichtum.

Werden wir unseren falschen Besitz nicht weggeben, so wird uns der wahre nicht gegeben werden. Man kann nicht dem falschen Leben des Fleisches dienen und dem Geiste, man muß dem einen dienen, oder dem anderen. Man kann nicht dem Reichtume dienen und Gott. Der, der gewaltig ist vor den Leuten, ist Unrat vor Gott. Vor Gott ist der Reichtum böse. Der Reiche ist schuldig schon dadurch, daß er viel und üppig ißt, während an seiner Thüre die Bettler hungern. Und alle wissen, daß von seinem Eigentume nicht mitteilen eine Nicht-Erfüllung des Willens des Vaters ist.

Einst trat ein rechtgläubiger Oberer zu Jesu, ein Reicher, und begann zu prahlen, daß er alle Gebote des Gesetzes erfülle. Jesus erinnerte ihn daran, daß es ein Gebot gebe, alle Menschen zu lieben, wie sich selbst, daß darin der Wille des Vaters enthalten sei. Der Obere sagte, er erfülle auch das. Da sagte Jesus zu ihm: Das ist nicht wahr. Wolltest du den Willen des Vaters erfüllen, du hättest kein Eigentum. Du kannst den Willen des Vaters nicht erfüllen, wenn du Eigentum hast, das du den anderen nicht giebst.

Und Jesus sagte zu den Jüngern: Den Leuten scheint es, man könne ohne Eigentum nicht leben; ich aber sage euch, das wahre Leben besteht darin, daß man das Seine den anderen gebe.

Ein Mensch Namens Zakchäus hörte die Lehre Jesu und glaubte an sie und lud Jesum zu sich ins Haus und sagte zu ihm: Die Hälfte meiner Habe werde ich den Bettlern geben und werde jedem vierfach erstatten, den ich übervorteilte. Und Jesus sagte: Hier ist ein Mensch, der den Willen des Vaters erfüllt, darum, daß es keine Satzung giebt, mit der der göttliche Wille erfüllt würde, sondern unser ganzes Leben seine Erfüllung ist.

Mit nichts läßt das Gute sich messen; man kann nicht sagen, wer mehr thäte, wer weniger. Die Witwe, die den letzten Groschen giebt, giebt mehr als der Reiche, der Tausende giebt. Auch daran läßt es sich nicht messen, wie nütze er sei oder unnütz.

Vorbild dessen, wie es nötig ist, Gutes zu thun, möge jenes Weib sein, das Jesum bemitleidete und ihm einer Närrin gleich kostbares Öl für dreihundert Thaler aufs Haupt schüttete. Judas sagte, daß sie töricht gethan, daß man viele dafür hätte nähren können. Judas aber war ein Dieb, er log und, da er vom fleischlichen Nutzen redete, dachte er nicht an die Bettler. Nötig ist weder Nutzen noch Menge, nötig aber, jede Minute die anderen zu lieben und ihnen das Eigene zu geben.

———

Matth. XII, 46. Und einst kamen zu Jesu seine Mutter und Brüder und konnten ihn nicht zu Gesicht bekommen darum, daß viel Volks um Jesum war.

Luk. VIII, 20. Und ein Mensch gewahrte sie, er tritt zu Jesu und spricht: Deine Familie, Mutter und Brüder, sind draußen und wollen deiner ansichtig werden.

21. Und Jesus sagte: Meine Mutter und meine Brüder sind die, die den Willen des Vaters begriffen und ihn erfüllen.

XI, 27. Und ein Weib sagte: Selig der Leib, der dich getragen und die Brüste, die du gesogen!

28. Darauf sagte Jesus: Selig die allein, die die Erkenntnis des Vaters begriffen und bewahren!

IX, 57. Und ein Mensch sagte zu Jesu: Ich werde dir folgen, wo du auch hingehest.

58. Und auf das sagte Jesus zu ihm: Folge mir dahin und dorthin: ich habe weder Haus noch Ort, wo ich wohne. Die wilden Tiere nur haben Höhlen und Gruben, der Mensch aber ist allerwärts zu Hause, wenn er durch den Geist lebt.

Mark. IV, 35. Und es geschah, daß Jesus in einem Kahne fuhr mit den Jüngern. Er sagte: Laßt uns nach jenem Ufer übersetzen.

37. Und es erhob sich ein Sturm aus dem See und begann sie zu überfluten, daß er sie beinahe ertränkte.

38. Und er lag im Hinterschiff und schlief: Sie weckten ihn und sprachen: Meister! Wie nun, oder gilt dir's gleich, daß wir untergehen?

40. Und da der Sturm nachließ, sagte er: Wie furchtsam ihr seid!

In euch ist kein Glaube an das Leben des Geistes.

Luk. IX, 59. Zu einem Manne sagte Jesus: Folge mir. Und der Mann sagte: Ich habe einen alten Vater, erlaube mir, daß ich ihn zuvor bestatte, dann werde ich dir folgen.

60. Und Jesus sagte zu ihm: Laß die Toten die Toten bestatten; du aber, wünschest du lebend zu sein, erfülle den Willen des Vaters und verkünde ihn.

61. Und wieder sagte ein Mensch: Ich will dein Jünger sein und werde den Willen des Vaters erfüllen, wie du mich heißest, erlaube mir aber, daß ich zuvor mein Hauswesen ordne.

62. Und Jesus sagte zu ihm; Blickt der Pflüger rückwärts, so kann er nicht pflügen. Wie du auch rückwärts blickest, so lange du rückwärts blickst, kannst du nicht pflügen.

Alles muß man vergessen, außer der Furche, die man zieht, dann nur ist es möglich zu pflügen. Wenn du erwägst, was herauskommt für das fleischliche Leben, dann verstandest du das wirkliche Leben nicht und kannst es nicht leben.

X, 38. Nach diesem geschah es, daß Jesus mit seinen Jüngern in ein Gehöft trat und ein Weib, Martha, lud ihn ins Haus zu ihr.

39. Und Martha hatte eine Schwester Maria, die saß Jesu zu Füßen und horchte seiner Lehre.

40. Martha aber machte sich Mühe, daß sie gut bewirtet würden. Und Martha tritt zu Jesu und spricht: Fragst du nichts danach, daß meine Schwester mich allein dienen läßt? Sage ihr, daß sie ein wenig mit arbeite.

41. Und Jesus gab ihr zur Antwort: Martha, Martha, um viele Dinge sorgst du dich und mühst dich, aber nur eines Dinges bedarf es.

42. Und dies eine, dessen es bedarf, wählte Maria sich, und niemand wird es von ihr nehmen. Der einen Speise des Geistes nur bedarf es für das Leben.

IX, 23. Und zu allen sagte Jesus: Wer mir zu folgen wünscht, der sage sich nur los von seinem Willen und sei gefaßt auf alle Entbehrung und alle Leiden des Fleisches, zu jeder Stunde; dann nur kann er mir folgen.

24. Darum, daß, der sich sorgen will um sein fleischliches Leben, sein wahres Leben umbringen wird. Der aber das fleischliche Leben umbringt, während er den Willen des Vaters erfüllt, der wird das wahre Leben retten.

25. Denn welcher Vorteil ist es dem Menschen, daß er die ganze Welt für sich nimmt, sein Leben aber umbringt, oder zu Schaden kommen läßt.

XII, 15. Und Jesus sagte: Hütet euch vor dem Reichtume, darum, daß eines Leben davon nicht kommt, daß er mehr hat, als andere.

16. Es war ein reicher Mann und viel Getreide wuchs bei ihm.

17, 18. Und er denkt bei sich: Wohl, ich werde die Speicher umbauen, werde größere errichten und da hinein alle meine Reichtümer sammeln.

19. Und zu meiner Seele werde ich sagen: Sieh Seele, nun ist dir alles zu Willen; ruhe aus, iß und trink und lebe nach deinem Behag.

20. Und Gott sagte zu ihm: Du Thor, heut Nacht wird man deine Seele zurücknehmen, und alles, was du aufspeichertest, wird für andere bleiben.

21. So geht es mit einem jeden, der Anstalt trifft für das fleischliche Leben, aber nicht in Gott lebt.

XIII, 2. Und Jesus sagte zu ihnen: Seht, ihr erzählt, daß Pilatus Galiläer tötete. Wie, waren diese Galiläer etwa irgend schlechter als andere Menschen, daß ihnen das geschah?

3. Keineswegs. Wir sind alle solche und werden alle wie sie zu Grunde gehen, so wir nicht Rettung vom Tode finden.

4. Oder jene achtzehn Menschen, die der Turm begrub, da er einfiel, waren sie sonderlich schlechter, als alle anderen Bewohner Jerusalems?

5. Keineswegs. Werden wir uns nicht vom Tode retten, nicht heute, morgen werden wir ebenso zu Grunde gehen.

6. Gingen wir noch nicht zu Grunde wie jene, dann so müssen wir bei uns denken: Bei einem Manne wachsen Apfelbäume im Garten. Der Herr kommt in den Garten, betrachtet einen Apfelbaum und sieht, es ist keine Frucht daran.

7. Und der Herr spricht zum Gärtner: Sieh, drei Jahre komme ich nun schon und dieser Baum ist noch immer leer. Er muß abgehauen werden. Er verhunzet den Platz und wozu!

8. Der Gärtner aber spricht: Warte noch, Herr, laß mich machen, ich werde ihn umgraben und mit Dung belegen, warten wir ab. Auf den Sommer kann er Frucht geben. Giebt er keine auf den Sommer, nun dann hauen wir ihn ab.

So sind auch wir, die im Fleische leben und nicht Frucht des

Lebens des Geistes tragen, fruchtleere Bäume. Durch irgend eine Gnade nur werden wir noch bis auf den Sommer gelassen. Tragen wir aber nicht Frucht, so werden wir zu Grunde gehen, wie jener, der die Speicher errichtete, wie die Galiläer, wie die achtzehn, die der Turm begrub und wie alle, die nicht Frucht tragen, zu Grunde gehen und im Tode sterben für immer.

XII, 54. Daß man das verstehe, dazu gehört keine Weisheit; jeder sieht es von selbst. Verstehen wir denn nicht zu beurteilen und im voraus zu raten, was in unserem Hauswesen, ja was auf der ganzen Welt geschieht! Kommt der Wind aus Westen, so sprechen wir: Es giebt Regen – und so geschieht es auch,

55. Haben wir aber Südwind, so sprechen wir: Es wird schön – und so geschieht es auch.

56. Wie, das Wetter verstehen wir zu erkennen, das aber können wir nicht im voraus erraten, daß wir alle sterben werden und zu Grunde gehen, und die einzige Rettung für uns das Leben des Geistes, die Erfüllung seines Willens ist!

XIV, 25. Und viel Volks folgte Jesu, und noch einmal sagte er zu allen:

26. Der, der mein Jünger sein will, halte ja nichts von Vater und Mutter und Weib und Kind und Brüdern und Schwestern und all seiner Habe und sei er nur jede Stunde auf alles gefaßt.

27. Und der nur, der thut wie ich, der nur, der meiner Lehre folgt, der nur wird vom Tode erlöst.

28. Darum, daß jeder, bevor er etwas beginnt, überrechnet, ob es sein Vorteil sei, was er thut, und wenn es sein Vorteil ist, thut er es, wenn es aber sein Vorteil nicht ist, läßt er es bleiben. Jeder, der ein Haus baut, wird, ehe er beginnt damit, sich zuvor hinsetzen und überrechnen: wie viel Geld er nötig habe, wie viel er habe und ob es reichen werde, das Haus zu Ende zu führen.

29. Daß ihm nicht geschähe, daß er zu bauen beginnt, aber nicht vollendet und die Leute lachen.

30. Also ist es auch mit dem, der ein fleischliches Leben leben will; er muß zuvor ausrechnen: Kann er wohl beenden, was er unternimmt?

31. Und jeder Herrscher, will er Krieg führen, denkt zuvor nach darüber: Kann er wohl mit zehntausend ziehen gegen zwanzigtausend.

32. Wenn er herausrechnet, daß er es nicht kann, wird er Gesandte schicken und Frieden machen und wird nicht weiter Krieg führen. So denkt auch jeder Mensch darüber nach, ehe er sich dem fleischlichen Leben ergiebt: Kann er wohl Krieg führen gegen den Tod, oder ist der stärker als er? und ist es dann nicht besser für ihn, zum voraus Friede zu schließen?

33. So muß sich ein jeder von euch zuvor losmachen von dem, was er für das Seine hält: Familie, Gold, Besitz. Und wird er überrechnen, welchen Vorteil er davon hat und begreifen, daß er ganz und gar keinen hat, dann erst kann er mein Jünger sein.

15. Und es sagte ein Mann, der das hörte: Am Leben des Geistes ist nichts auszusetzen; werden wir aber alles hingeben, so wird es auch kein solches Leben geben.

16. Auf dieses sagte Jesus: Es ist nicht wahr, jeder kennt das Leben des Geistes. Ihr alle wißt, daß die Erfüllung des Willens Gottes das Leben giebt. Ihr wißt es, thut aber nicht nach dem, was ihr wißt; nicht, daß ihr zweifeltet, aber darum, daß ihr von dem wahren Leben durch falsche Sorgen abgelenkt werdet und weggebannt. Seht, so thut ihr: Der Hausherr ließ ein Mahl herrichten und nach den Gästen schicken: die Gäste aber begannen sich zu entschuldigen.

18. Der eine sagte: Ich kaufte Land, ich muß hin und danach sehen.

19. Ein anderer sagte: Ich kaufte Ochsen, ich muß sie versuchen.

20. Der dritte sagte: Ich nahm ein Weib und werde Hochzeit halten.

21. Und die Knechte kamen und sagten dem Hausherrn, daß Keiner kommen werde. Da sandte der Hausherr die Knechte, daß sie Bettler riefen. Die Bettler entschuldigten sich nicht und kamen.

22. Und als sie kamen, blieb auch dann noch Platz.

23. Und der Hausherr ließ noch welche rufen. Geht, spricht er, redet allen zu, daß sie zu mir zu Tische kommen, daß ich ihrer mehr habe; daß sich die aber nicht blicken lassen, die abschlugen, weil sie keine Zeit hätten.

Alle wissen darum, daß die Erfüllung des Willens Gottes das Leben giebt, sie tragen aber keine Sorge dafür, darum, daß der Trug des Reichtums sie abhält. Der, der den falschen, zeitlichen Reichtum hingiebt für das wahre Leben im Willen des Vaters, wird thun, wie der kluge Buchführer that.

XVI, 1. Es war ein Mensch, der Buchführer war bei einem reichen Herrn und sah, daß der Herr ihm den Laufpaß geben und er ohne Brot und Unterkunft bleiben werde.

3. Und der Buchführer dachte bei sich: Halt, das werde ich thun: Ohne daß jemand es merkt, werde ich den Bauern austeilen von dem, was des Herrn ist, ihre Schulden werde ich herabsetzen. Giebt mir dann der Herr den Laufpaß, so werden die Bauern sich meiner Dienste erinnern und mich nicht im Stiche lassen.

5. Und so that auch der Buchführer; er rief die Bauern, seines Herrn Schuldner, und schrieb ihre Quittungen um.

6. Wer hundert schuldig war, dem schrieb er fünfzig hin, wer sechzig, dem zwanzig und so fort.

8. Und der Herr erfuhr davon. Er spricht: Je nun, er machte es gescheit. Sonst müßte er betteln gehen. Mir brachte er Schaden, aber mit der Abrechnung machte er es gescheit. Darum, daß wir im fleischlichen Leben uns alle auf richtige Rechnung verstehen, im Leben des Geistes aber nicht verstehen wollen.

9. Also müssen auch wir mit dem ungerechten und falschen Reichtume verfahren. Ihn hingeben dafür, daß wir das Leben des Geistes empfingen.

10. Und dauern uns solche Nichtigkeiten, wie der Reichtum, daß wir sie geben für das Leben des Geistes, so wird es uns auch nicht gegeben werden.

11. Werden wir den falschen Reichtum nicht hingeben, so wird uns auch unser eigenes Leben nicht gegeben werden.

13. Man kann nicht zwei Herren zugleich dienen: Gott und dem Reichtum, dem Willen des Vaters und dem eigenen. Dem einem dient man oder dem anderen.

14. Und die Rechtgläubigen hörten das. Sie liebten aber den Reichtum und spöttelten über Jesum.

15. Und er sagte zu ihnen: Also darum daß die Leute euch des Reichtumes wegen achten, glaubt ihr, daß ihr wirklich achtbar seid! Gott sieht nicht auf das Äußere, sondern sieht auf das Herz. Der, der hoch ist vor den Leuten, gering ist er vor Gott.

16. Jetzt ist das Himmelreich auf Erden da und groß sind die, die zu ihm eingehen. Es gehen aber keine Reichen zu ihm ein, sondern die, die nichts haben. Und stets war es so, nach eurem Gesetze, wie nach dem von Mose und auch nach den Propheten.

17. Höret, wie nach eurem Glauben Reiche auch Bettler sind.

19. Es war ein Mann, ein Reicher. Er zog sich an und aus, lotterte und war guter Dinge den ganzen Tag.

20. Und es war ein Landstreicher, Lazarus, der die Krätze hatte.

21. Und Lazarus kam auf den Hof des Reichen. Er dachte, es blieben wohl Abfälle von des Reichen Tische, aber auch die Abfälle bekam Lazarus nicht: die Hunde des Reichen verzehrten alles und leckten noch dem Lazarus die Schorfe.

22. Und beide starben – Lazarus und der Reiche.

23. Und nun in der Hölle sieht der Reiche von ferne Abraham und sieht, da sitzt der krätzige Lazarus bei ihm.

24. Und der Reiche ruft: Abraham, Väterchen, dort bei dir sitzt der krätzige Lazarus. Am Zaune lag er bei mir. Dich zu bemühen getraue ich mir nicht. Schicke den krätzigen Lazarus zu mir, nur den Finger im Wasser netzen soll er und mir den Schlund kühlen. Weil ich im Feuer brenne.

25. Abraham aber spricht: Wozu sollte ich dir den Lazarus ins Feuer schicken? In jener Welt hattest du, was du wünschtest, Lazarus aber kannte nur Elend, so muß er sich jetzt freuen.

26. Und thun wollte ich's schon, aber es geht nicht, weil ein großer Abgrund ist zwischen uns und euch und man nicht hinüber kann. Wir sind die Lebenden, ihr aber die Toten.

27. Da spricht der Reiche: Nun denn, Väterchen, Abraham, so schicke wenigstens den krätzigen Lazarus zu mir ins Haus.

28. Fünf Brüder habe ich, die thun mir leid. Er soll ihnen alles erzählen und zeigen, wie verderblich der Reichtum ist. Daß sie nicht gar auch noch in diese Qual gerieten.

29. Abraham aber spricht: Sie wissen auch so, daß er verderblich ist. Moses und alle Propheten haben ihnen gerade so davon geredet.

30. Der Reiche aber spricht: Am allerbesten wär's, wenn einer von den Toten aufstünde und zu ihnen käme; so besännen sie sich am ehesten,

31. Abraham aber sagte: Hören sie auf Mose und die Propheten nicht, so mag ein Toter aufstehen, und sie hören auch auf den nicht.

Daß man teilen müsse mit dem Bruder und Gutes thun, das wissen alle. Und das ganze Gesetz Moses' und alle Propheten reden nur davon. – Ihr wißt das, könnt aber nicht danach thun, weil ihr den Reichtum liebt.

Mark. X, 17. Und ein reicher Oberer der Rechtgläubigen trat zu Jesu und sagte zu ihm: Gütiger Meister, was muß ich thun, daß ich das ewige Leben empfinge?

18. Jesus sagte: Um wes willen nennst du mich gütig? Gütig ist allein der Vater. Willst du aber das Leben haben, so erfülle die Gebote.

19. Der Obere spricht: Es giebt viele Gebote. Welche? Und Jesus spricht: Töte nicht, treibe nicht Unzucht, stehle nicht, lüge nicht, ferner, ehre den Vater, erfülle seinen Willen und liebe den Nächsten wie dich selbst.

20. Der rechtgläubige Obere aber spricht: Alle diese Gebote erfülle ich von Kind auf und frage, was man ferner nach deiner Lehre zu thun hat.

21. Jesus blickte auf ihn, auf sein reiches Gewand, lächelt und spricht: Ein kleines Werk thatest du nicht zu Ende, du erfülltest nicht wie du sprichst: Willst du diese Gebote erfüllen: töte nicht, treibe nicht Unzucht, stehle nicht und lüge nicht und das Hauptgebot: liebe den Nächsten wie dich selbst– nun, so verkaufe ohne Säumen alle deine Habe und teile den Bettlern davon mit, so wirst du den Willen des Vaters erfüllen.

22. Der Obere, da er dies hörte, faltete die Stirne und ging hinaus, darum, daß ihn seine Habe jammerte.

23. Die Jünger erschraken über diese Worte, Jesus aber wiederholte sie, er spricht: Ja, Kinder, wer eigenen Besitz hat, der kann nicht im Willen des Vaters sein.

25. Ein Kameel wird eher durch ein Nadelöhr gehen als daß, wer sich auf Reichtum verläßt, den Willen des Vaters erfüllte.

26. Und sie erschraken noch mehr, sie sprechen: Aber auch sein Leben kann man danach nicht bewahren.

27. Er aber spricht: Dem Menschen dünkt es, als könne er sein Leben nicht bewahren ohne Eigentum. Gott aber bewahrt das Leben der Menschen auch ohne Eigentum.

Luk. XIX, 1. Einst ging Jesus durch die Stadt Jericho.

2. Und in dieser Stadt war der Oberste der Zollpächter, ein Reicher, er hieß Zakchäus.

3. Dieser Zakchäus hörte von Jesu Lehre und glaubte an sie. Und da er erfuhr, daß Jesus in Jericho war, wünschte er ihn zu sehen. Und so viel Volk war um ihn, daß es unmöglich war, zu ihm durch-

zudringen. Zakchäus aber war von kleinem Wuchse.

4. Da lief er vorweg und kletterte auf einen Baum, daß er und Jesus einander sähen, wann er an dem Baume vorbeiginge.

5. Und wirklich sah ihn Jesus, als er vorbeiging, und da er wußte, daß er an seine Lehre glaube, sagte er: Steige nieder vom Baume und geh nach Hause: ich werde zu dir kommen.

6. Zakchäus kletterte herab, lief nach Hause, bereitete Jesu den Empfang und nahm ihn mit Freuden auf.

7. Das Volk begann darüber abzusprechen und sagte: So, da ging er zum Zollpächter, zum Reichen ins Haus.

8. Während dem aber sagte Zakchäus zu Jesu: Das werde ich thun, Herr. Die Hälfte meiner Habe werde ich den Bettlern geben und vom Reste werde ich vierfach bezahlen alle die ich überteuert [sic].

9. Und Jesus sagte: So bist du gerettet! Tot warst du und wurdest lebend, gingst verloren und wardst gefunden, darum, daß du deinen Glauben zeigtest durch das Werk, gleich Abraham, da er seinen Sohn wollte opfern.

10. Darum, daß des Menschen ganzes Leben ist, daß er aufsuche und rette, was zu Grunde geht in seiner Seele. Nicht an seiner Größe kann man das Opfer messen.

Mark. XII, 41. Es geschah einst, daß Jesus mit den Jüngern am Armenstocke saß. In den Armenstock warfen die Leute ihr Gut um Gottes willen. Und reiche Leute traten zu dem Armenstocke und warfen viel hinein.

42. Und eine Bettlerin trat herzu, eine Witwe, und legte einen Groschen hin.

43. Und Jesus wies auf sie und sagte: Da sehet die Witwe, einen Groschen legte sie hin. Sie legte aber mehr hin als alle.

44. Darum, daß jene einwarfen, wes sie nicht bedurften zum Leben; diese aber legte alles hin, was sie hatte, legte ihr ganzes Leben hin.

Matth. XXVI, 6. Es geschah, daß Jesus im Hause des aussätzigen Simon war.

7. Und ein Weib trat ins Haus. Und das Weib hatte einen Krug kostbaren Öles, für an die 300 Thaler. Jesus sagte zu den Jüngern, daß sein Tod nahe sei. Das hörte das Weib und bemitleidete ihn und wollte ihm ihre Liebe zeigen und das Haupt mit dem Öle salben.

Und sie vergaß alles darüber und zerbrach den Krug und salbte ihm das Haupt und goß das ganze Öl aus.

8. Die Jünger begannen unter einander zu urteilen, daß sie übel daran gethan hätte. Und Judas, der, der später Jesum verriet, sagte: So viel Gutes ist nun umsonst dahin.

9. Für 300 Thaler konnte man das Öl verkaufen und die [Thaler] unter die Bettler verteilen. Und die Jünger begannen das Weib zu tadeln und sie ward bestürzt und wußte nicht, hatte sie gut gethan oder übel.

10. Da sagte Jesus: Unrecht thut ihr, daß ihr sie bestürzt macht. Sie that wahrlich Gutes und Unrecht thut ihr, daß ihr an die Bettler erinnert.

11. Wollt ihr den Bettlern Gutes thun, so thut es, sie sind immer da. Weshalb von ihnen reden! Dauern euch die Bettler, geht, laßt sie euch dauern, thut ihnen Gutes; ich aber dauerte sie und sie that wahrhaft Gutes, darum, daß sie alles hingab, was sie hatte. Wer von euch mag wissen, was nötig ist und was nicht nötig? Woher wißt ihr, daß es unnötig ist, Öl auf mich auszugießen? Sie goß Öl aus über mich, wer weiß, ob nicht dazu, daß sie meinen Leib bereitete zum Begräbnis, und dann war es nötig.

13. Sie erfüllte wahrhaft den Willen des Vaters, vergaß ihrer und erbarmte sich eines anderen, vergaß das fleischliche Rechnen und gab hin alles, was sie hatte.

Und Jesus sagte: Meine Lehre ist die Erfüllung des Willens des Vaters, den Willen des Vaters aber kann man nur erfüllen durch das Werk, nicht mit Worten.

XXI, 28. Wenn ein Sohn auf des Vaters Befehl immer sagt: Ich gehorche, ich gehorche, aber das, was der Vater befiehlt, nicht thut, so erfüllt er den Willen des Vaters nicht.

29. Wird ein anderer Sohn aber auch sagen: ich will nicht gehorchen und wird hingeben und thun nach dem Befehle des Vaters, so erfüllt er den Willen des Vaters. So ist es auch mit den Leuten: nicht der ist im Willen des Vaters, der spricht, ich bin im Willen des Vaters, sondern der, der thut, was der Vater will.

———

SIEBENTES KAPITEL

ICH UND DER VATER SIND EINS.

Die wahre Speise des Lebens ist die Erfüllung
des Willens des Vaters und die Vereinigung mit ihm.
(Unser nötiges Brot gieb uns –)

Inhalt des siebenten Kapitels.

Zur Antwort auf das Verlangen der Juden nach einem Beweise für
die Wahrheit seiner Lehre spricht Jesus: Die Wahrheit meiner Lehre
wird bewiesen dadurch, daß ich nicht von mir, sondern von dem
allen gemeinsamen Vater lehre. Ich lehre was gut ist um des Vaters
aller Menschen willen und darum für alle Menschen.

Thut was ich rede, erfüllt die fünf Gebote und ihr werdet sehen,
daß wahr ist, was ich rede. Die Erfüllung jener fünf Gebote treibt
alles Böse aus der Welt und darum ist es gewiß, daß sie die wahren
sind. Offenbar lehrt er, der lehrt, nicht was sein eigener Wille, sondern der Wille des, der ihn sandte, ist, offenbar lehrt der die Wahrheit. Das Gesetz Moses lehrt die Erfüllung des Willens der Menschen, und darum ist es voller Widersprüche, meine Lehre aber
lehrt, daß man den Willen des Vaters erfülle und darum fügt sie sich
zu voller Einheit.

Die Juden verstanden das nicht, sondern suchten äußere Beweise
dafür, daß er der Christus sei, von dem in den Prophezeiungen geschrieben war. Auf dies sagte er ihnen: Macht nicht aus, wer ich bin
und ob von mir geschrieben steht in euren Prophezeiungen, sondern
dringt ein in meine Lehre, in das, was ich von unserem gemeinsamen Vater sage. Mir als Menschen braucht man nicht zu glauben,
glauben muß man aber dem, was ich im Namen des Allen gemeinsamen Vaters sage. Nicht äußerlich ausmachen muß man, woher ich
bin, sondern meiner Lehre folgen. Der, der meiner Lehre folgen
wird, der wird das wahre Leben empfangen. Beweise für meine
Lehre kann es nicht geben. Licht ist sie und wie man das Licht nicht
erleuchten kann, so kann man die Wahrheit der Wahrheit nicht beweisen. Meine Lehre ist Licht und Leben, und darum nicht zu beweisen. Wer aber im Finstern ist, der muß zum Lichte gehen.

Die Juden aber fragten ihn wiederum, wer er dem Fleische nach sei? Er sagte zu ihnen: Ich bin das, was ich euch von Anfang an redete. Ich bin Mensch, ein Sohn des Vaters des Lebens. Nur der, der von sich dasselbe begreifen wird (die Wahrheit, die ich lehre) und den Willen des gemeinsamen Vaters erfüllen, nur der wird aufhören, Knecht zu sein und wird frei werden. Darum, daß allein der Irrtum, der das fleischliche Leben für das wirkliche nimmt, uns unfrei macht. Der, der die Wahrheit verstehen wird, jene, daß das Leben allein in der Erfüllung des Willens des Vaters ist, der nur wird frei sein und unsterblich. Gleich wie der Knecht nicht auf immer im Hause des Herrn bleibt, der Sohn aber immer, so bleibt auch der Mensch, der als Sklave des Fleisches lebt, nicht auf immer im Leben, der Mensch aber, der durch den Geist den Willen des Vaters erfüllt, der bleibt auf immer im Leben.

Mich zu verstehen, müßt ihr das verstehen, daß mein Vater nicht ist, was euer Vater ist, der, den ihr Gott nennt. Euer Vater ist ein fleischlicher Gott, mein Vater ist der Geist des Lebens. Euer Gott-Vater ist wahrer Gott der – Mörder, einer, der die Menschen henkt; mein Vater aber giebt das Leben.

Und darum sind wir nicht Kinder ein und desselben Vaters. Ich suche die Wahrheit, ihr aber wollt mich dafür töten, eurem Gotte zu Gefallen. Euer Gott ist der Teufel, der Ursprung des Bösen, und dient ihr ihm, so dient ihr dem Teufel. Meine Lehre hingegen ist die, daß wir Söhne sind des Vaters des Lebens, und wer meiner Lehre glaubt, der wird den Tod nicht sehen. Die Juden sagten: Wie kann ein Mensch nicht sterben, wenn auch die Gott gefälligsten Menschen, Abraham und wer noch, alle starben?

Wie kannst du sprechen, daß du und die deiner Lehre werden glauben, nicht sterben werden?

Auf dies antwortete Jesus: Ich rede nichts von mir selbst. Von dem Ursprunge des Lebens rede ich, den ihr Gott nennt und der in den Menschen ist. Diesen Ursprung kenne ich und kann nicht umhin, ihn zu kennen und kenne seinen Willen und erfülle ihn, und von diesem Ursprunge des Lebens rede ich, daß er war und ist und sein wird, daß es für ihn keinen Tod giebt. Beweise verlangen für die Wahrheit meiner Lehre ist gleich dem, daß man Beweise verlangt von einem Blinden dafür, daß er das Licht so oder so zu Gesicht bekam.

Der geheilte Blinde, der der gleiche Mensch geblieben, der er war, könnte nur sagen, daß er blind war, jetzt aber sehe. Genau so viel und nicht mehr kann der Mensch sagen, der zuvor den Sinn seines Lebens nicht verstand, nun aber ihn verstanden hat. Solch ein Mensch könnte etwa nur sagen, daß er zuvor das wahre Heil des Lebens nicht kannte, jetzt es aber kenne. Und wie der geheilte Blinde, wenn man ihm sagt, daß er nicht richtig geheilt sei, daß der Mensch, der ihn heilte, ein Sünder war, daß er sich anders heilen lassen müsse, dazu nichts sagen kann als das, daß er von der Richtigkeit der Heilung und der Sündhaftigkeit dessen, der ihn geheilt, und von einer anderen besseren Heilung nichts wisse, daß er allein wisse, daß er blind war, jetzt aber sieht –.

Genau so kann auch der, der den Sinn der Lehre vom wahren Heile, d. i. der Erfüllung des Willens des Vaters, gefaßt hat, nicht sagen, ob seine Lehre die richtige ist, ob der ein Sünder war, der sie ihm offenbart, und ob man um noch besseres Heil wissen könne. Er wird sagen: Vorher sah ich den Sinn des Lebens nicht, jetzt aber sehe ich ihn und weiter weiß ich nichts.

Und Jesus sagte: Meine Lehre ist die Erweckung zum Leben für das, das bis nun dem Tode verfallen war; wer an meine Lehre glauben wird, der wird zum ewigen Leben erweckt und lebt über den Tod hinaus.

Durch nichts wird meine Lehre bewiesen, die Menschen aber ergeben sich ihr darum, daß nur sie allen Menschen das Leben verspricht.

Wie die Schafe dem Hirten folgen, der den Schafen Nahrung und Leben giebt, so nehmen auch die Menschen meine Lehre an, darum, daß sie allen das Leben giebt. Und wie die Schafe dem Diebe nicht folgen, der in den Schafstall schleicht, und mit Gewalt von ihm wegdrängen, so können auch die Menschen den Lehrern nicht glauben, die Gewaltthat und Henken lehren. Meine Lehre ist die Thür für die Schafe und alle, die mir folgen, werden das ewige Leben finden. Wie von den Hirten die nur gut sind, die die Schafe selbst zu eigen haben und lieben und ihr Leben für die Schafe geben, schlecht aber die gemieteten, die die Schafe nicht lieben, so ist auch der nur ein wahrer Lehrer, der sich selbst nicht dauert, ein kläglicher der, der um sich nur sorgt. Das ist meine Lehre, daß man sich selbst nicht dauere, sein fleischliches Leben vielmehr hingebe für das Leben des Geistes und das lehre ich und erfülle ich. Die Juden verstanden ihn gleichwohl nicht, und suchten nach Beweisen dafür, daß er Christus wäre, daß sie wüßten, ob sie ihm glaubten oder nicht. Sie sprachen: So quäle uns nicht und sage uns gerade heraus, bist du der Christus oder nicht? Und darauf antwortete ihnen Jesus: Nicht Worten muß man glauben, aber Werken. Aus den Werken, die ich thue, werdet ihr verstehen, lehre ich wahr oder nicht. Thut was ich thue, prüft keine Worte. Erfüllet den Willen des Vaters und so werdet ihr alle eins werden mit mir und dem Vater, darum, daß ich, ein Menschensohn, dasselbe bin, was auch der Vater ist. Nicht Christus bin ich, aber mehr als Christus, eben das bin ich, was ihr Gott nennt und ich Vater nenne. Ich und der Vater sind eins. Und in eurer Schrift ist gesagt, daß Gott zu den Menschen sagte: Ihr seid Götter. Jeder Mensch ist dem Geiste nach ein Sohn des Vaters. Und lebt er in der Erfüllung des Willens des Vaters, dann wird er eins mit dein Vater. Erfülle ich seinen Willen, dann ist der Vater in mir und ich bin im Vater.

Hierauf fragte Jesus die Jünger, wie sie seine Lehre vom Menschensohne verstünden. Simon Petrus antwortete ihm: Das ist deine Lehre, daß du der Sohn des Gottes des Lebens bist, und daß Gott das Leben des Geistes im Menschen ist.

Und Jesus sagte zu ihm: Nicht ich allein, sondern alle Menschen sind es, und nicht ich offenbarte dies den Menschen, sondern der gemeinsame Vater der Menschen. Auf diese Erkenntnis gründet sich das wahre Leben der Menschen. Für dieses Leben giebt es keinen Tod.

———

Joh. VII, 1. Hierauf trachteten die Juden, Jesum zum Tode zu verurteilen, und Jesus ging hinweg nach Galiläa und lebte bei seinen Verwandten.

2. Es kam das jüdische Fest der Hütten-Erneuerung.

3. Und die Brüder Jesu bereiteten sich zum Feste zu gehen und wollten Jesum mit sich haben. 5. Sie glaubten seiner Lehre nicht und sprachen zu ihm: Der jüdische Gottesdienst ist nicht der richtige, sprichst du, und du kennst den wahren Gottesdienst, den durch das Werk. So du wirklich glaubst, daß niemand den wahren Gottesdienst kennt außer dir, nun so gehen wir zusammen zum Feste, dort

wird viel Volk sein, und dort vor allem Volke erkläre, daß die Lehre Moses falsch ist.

Werden dir alle glauben, dann wird es auch deinen Jüngern klar werden, daß du Recht habest.

4. Wozu etwas verbergen? Du sagst, unser Gottesdienst ist falsch und du kennst den wahren Gottesdienst. Nun so weise ihn denn allen.

6. Und Jesus sagte zu ihnen: Für euch giebt es Zeit und Ort zum Gottesdienste. Für mich nicht. Ich diene Gott stets und überall.

7. Dies selbe weise ich auch den Leuten, weise ihnen, daß ihr Gottesdienst falsch ist, und dafür hassen sie mich.

8. Geht ihr zum Feste, ich aber werde gehen, wann es mir einkommt.

9. Und die Brüder gingen, und er blieb und kam erst später mitten am Feste.

11. Und die Juden wurden verlegen darüber, daß er ihr Fest nicht achtete und nicht kam.

12. Und sie stritten viel über seine Lehre. Die einen sprachen, er sagt die Wahrheit, die anderen aber sprachen, er macht das Volk irre.

14. Als das Fest halb vorüber war, trat Jesus in den Tempel und begann das Volk zu lehren, daß ihr Gottesdienst falsch sei, daß man Gott nicht im Tempel und mit Opfern diene, sondern im Geiste und mit dem Werke, durch die Erfüllung der fünf Gebote.

15. Alle hörten ihn und verwunderten sich, daß er, der nicht studiert habe, die ganze Weisheit wisse.

16. Und Jesus hörte, wie alle sich über seine Weisheit verwunderten und sagte zu ihnen: Meine Lehre ist nicht die meine, sondern dessen, der mich sandte.

17. So jemand den Willen des Geistes, der uns ins Leben sandte, erfüllen will, wird er erkennen, daß ich diese Lehre nicht erdichtete, sondern, daß sie von Gott ist.

18. Darum daß, wer von sich aus erdichtet, das sucht, was ihm gefällt, wer aber sucht, was dem gefällt, der ihn sandte, der ist im Rechten und keine (Ungerechtigkeit) Unwahrheit in ihm.

19. Euer Gesetz Moses ist nicht das Gesetz des Vaters, und so erfüllen die, die ihm folgen, nicht das Gesetz des Vaters, sondern Böses und Falsches thun sie.

21. Ich lehre euch die Erfüllung allein des Willens des Vaters, und in meiner Lehre kann kein Widerspruch sein.

22, 23. Euer geschriebenes Gesetz aber von Mose ist ganz voller Widersprüche.

24. Urteilt nicht nach dem Äußeren, sondern urteilt nach dem Geiste.

25. Und viele sagten: So, da hieß es doch, er wäre ein Trug-Prophet, und nun tadelt er das Gesetz und Keiner sagt ihm was.

26. Am Ende ist er in der That ein echter, am Ende erkannten ihn die Oberen an.

27. Nur in einem Stücke kann man ihm nicht trauen, nämlich, daß gesagt ist, wann der Gottgesandte kommen wird, dann wird Keiner wissen, woher er ist, und wir wissen, woher er stammt und kennen seine ganze Verwandtschaft. Und nach wie vor verstand das Volk seine Lehre nicht und suchte nach Beweisen für ihn.

28. Da sagte Jesus zu ihnen: Ihr kennt mich und wißt, woher ich bin dem Fleische nach, aber ihr wißt nicht, woher ich dem Geiste nach bin. Woher ich dem Geiste nach bin, das wißt ihr nicht, das allein aber ist zu wissen nötig.

29. Wenn ich sagte, ich bin Christus, würdet ihr mir glauben, mir dem Menschen, aber nicht dem Vater glauben, der in mir und in euch ist. Man muß aber dem Einen, dem Vater glauben.

33. Hier bin ich unter euch, nicht ein Leben lang mehr weise ich euch den Weg zu der Quelle des Lebens, aus der ich hervorging.

34. Ihr aber fragt mich um Beweise und wollt mich verurteilen. Wisset ihr diesen Weg nicht, so werdet ihr ihn, wann ich nicht mehr sein werde, ganz und gar nicht finden. Nicht ausforschen müßt ihr mich, sondern mir nachfolgen.

38. Für wen das fleischliche Leben nicht die Speise des Geistes ward, der dürstet nicht nach Wahrheit, wie man nach Wasser dürstet, und kann mich nicht verstehen. Der aber, der nach der Wahrheit dürstet, der komme zu mir und trinke. Und der meiner Lehre glauben wird, der wird das wahre Leben empfangen.

39. Der wird das Leben des Geistes empfangen.

40. Und viele glaubten seiner Lehre und sprachen: Das was er spricht, ist Wahrheit und von Gott.

42. Andere aber verstanden ihn nicht und suchten nach Prophezeiungen, die ihn bewiesen.

43. Und viele stritten mit ihm. Keiner aber konnte ihm etwas streitig machen.

44. Die Gelehrten unter den Rechtgläubigen sandten ihre Amtsvertreter, daß sie mit ihm stritten.

45. Die Vertreter kehrten zu den rechtgläubigen Bischöfen zurück und sagten: Es ist nichts zu machen mit ihm. Und die Bischöfe sagten: Wie, ihr überführtet ihn nicht?

46. Und die antworteten: Nie sprach ein Mensch so wie er.

47. Die Rechtgläubigen sagten: Das will noch nichts heißen, daß man ihn nicht übertrumpfen kann und daß das Volk seiner Lehre glaubt.

48. Wir glauben nicht daran und keiner der Oberen glaubt daran.

49. Das verwünschte Volk, das war immer dumm und unwissend, es glaubt jedem.

50. Und Nikodemus, der, dem Jesus seine Lehre ausgelegt hatte, sagte zu den Bischöfen:

51. Man kann einen Menschen nicht verurteilen, ehe man ihn angehört hat und verstanden, worauf er hinaus will.

52. Sie sagten zu ihm: Was ist da zu urteilen und anzuhören! Wir wissen, der Prophet kann nicht aus Galiläa sein.

VIII, 12. Ein andermal sprach Jesus mit den Rechtgläubigen und sagte zu ihnen: Beweise für die Wahrheit meiner Lehre kann es nicht geben, so wenig, wie es eine Erleuchtung des Lichtes geben kann. Meine Lehre ist wahrhaftes Licht, bei dem die Menschen sehen, was gut ist und was schlecht. Darum ist meine Lehre nicht zu beweisen, sondern beweist alles Übrige. Wer mir folgt, der wird nicht im Dunkel sein und wird das Leben haben. Leben und Licht sind eins und dasselbe.

13. Die·Rechtgläubigen[5] aber sagten: Du allein sprichst das.

14. Und er antwortete ihnen: Und so ich es allein spräche, spräche ich gleichwohl die Wahrheit, darum daß ich weiß, woher ich kam und wohin ich gehe. Nach meiner Lehre hat das Leben seinen Sinn, nach eurer Lehre ist kein Sinn im Leben.

18. Zudem lehre ich nicht allein, was ich lehre, sondern dasselbe lehrt mein Vater, der Geist.

---

[5] [So wie er die jüdischen ‚Hohenpriester‘ zu „Bischöfen" macht, erscheinen die ‚Pharisäer‘ bei Tolstoi als die „Orthodoxen".]

19. Sie sagten: Wo ist dein Vater? Er sagte: Ihr versteht meine Lehre nicht, darum so kennt ihr meinen Vater nicht. 21. Und wisset nicht, woher und wohin ihr geht. Ich führe euch und, statt mir zu folgen, überlegt ihr, wer ich bin, und so könnt ihr nicht gelangen zu der Erlösung des Lebens, zu der ich euch führe. 24. Und zu Grunde werdet ihr gehen, so ihr im Irrtume verharrt und mir nicht folgt. 25. Und die Juden fragten: Wer bist du? Er sagte: Von Anfang an sagte ich es euch. 26. Ich bin ein Menschensohn, der den Geist als seinen Vater anerkennt, und das, was ich verstand vorn Vater, das rede ich auch zur Welt. 28. Und wann ihr den Menschensohn in euch werdet erhöhen, dann werdet ihr erkennen, wer ich bin, darum, daß ich nicht thue und rede von mir aus, dem Menschen, sondern spreche und lehre das, was der Vater mich lehrte. 19. Und der mich sandte, ist stets mit mir, und der Vater läßt mich nicht, darum, daß ich seinen Willen thue. 31. Der, der sich halten wird an meine Erkenntnis, der erfüllen wird den Willen des Vaters, der wird wahrhaft durch mich gelehrt werden. Die Wahrheit zu kennen, ist es nötig, daß man den Menschen Gutes thue. Der den Menschen Böses thut, der liebt die Finsternis und wird zu ihr gehen. Der den Menschen Gutes thut, der wird zum Lichte gehen. Und darum, daß man meine Lehre verstehe, muß man Werke des Guten schaffen. 32. Wer Gutes thun wird, wird die Wahrheit haben, und wird frei sein vom Bösen und Tode. 34. Darum daß jeder, der irrt, der Knecht seines Irrens wird. 35. Wie aber der Knecht nicht immer im Hause des Herren wohnt, der Sohn des Herrn aber immer, so wird auch der Mensch, wenn er irrte im Leben und Knecht seines Irrens ward, nicht immer leben, sondern sterben. Nur der, der in der Wahrheit ist, wird immer leben bleiben. Die Wahrheit aber ist, daß man nicht Knecht sei, sondern Sohn. Sodaß, so ihr irren werdet, ihr Knechte sein werdet und werdet sterben. 36. So ihr aber in der Wahrheit sein werdet, werdet ihr freie Söhne sein und lebend. 37. Ihr sprecht von euch, ihr seiet Abrahams Söhne und kennet

die Wahrheit. Nun aber wollt ihr mich töten, darum, daß ihr meine Lehre nicht versteht.

38. Und daraus folgt, daß ich rede, was ich von meinem Vater verstand, ihr aber thun wollt, was ihr verstandet von eurem Vater.

39. Sie sagten: Abraham ist unser Vater. Jesus sagte zu ihnen: Wäret ihr Abrahams Söhne, so thätet ihr seine Werke.

40. Ihr aber wollt mich töten dafür, daß ich zu euch sagte, was ich von Gott verstand. Abraham that nicht so. Folglich dienet ihr nicht Gott, sondern dienet eurem Vater, einem anderen.

41. Sie sagten zu ihm: Wir sind keine Bastarde, wir sind alle eines Vaters Kinder, alle Gottes.

42. Und Jesus sagte zu ihnen: Wäre euer Vater eins mit mir, dann würdet ihr mich lieben, darum, daß ich ausging vom Vater. Doch nicht aus mir selber ward ich geboren.

43. Ihr seid nicht eines Vaters Kinder mit mir, so versteht ihr auch meine Worte nicht und meine Erkenntnis findet nicht zu euch. So ich vom Vater bin und ihr vom selben Vater, könnt ihr nicht wünschen mich zu töten. So ihr mich aber zu töten wünscht, sind wir nicht eines Vaters.

44. Vom Vater des Guten bin ich, von Gott; ihr aber seid vom Teufel, dem Vater des Bösen. Ihr wollt thun nach dem Gelüste eures Vaters, des Teufels: ein Mörder und Lügner war er immer und in ihm ist keine Wahrheit. So er, der Teufel, spricht, spricht er sein Eigenes, nicht aber das Gemeinsame für alle, er ist der Vater der Lüge. Darum seid ihr des Teufels Diener und seine Söhne.

46. So saht ihr, wie leicht man euch eures Irrtums überführt. Ist aber in mir kein Irrtum, dann, warum glaubt ihr mir nicht?

48. Und die Juden begannen ihn zu schimpfen und sprachen, er wäre ein Besessener.

49. Er sagte: Ich bin kein Besessener, den Vater ehre ich, ihr aber wollt mich töten, folglich seid ihr meine Brüder nicht, sondern Kinder eines anderen Vaters.

50. Nicht ich behaupte, daß ich Recht habe, sondern die Wahrheit spricht für mich.

51. Darum wiederhole ich euch: Der, der meine Lehre erfassen wird und erfüllen, der wird den Tod nicht sehen.

52. Und die Juden sagten: Nun und reden wir vielleicht nicht wahr, daß du ein besessener Samarier bist? Du selbst überführst

dich. Die Propheten starben, Abraham starb, du aber sprichst, wer deine Lehre erfüllen wird, der wird den Tod nicht sehen. 53. Abraham starb, du aber wirst nicht sterben? Bist du mehr als Abraham?

54. Die Juden überlegten nur das, daß er, Jesus, aus Galiläa wäre und ob er ein bedeutender oder unbedeutender Prophet wäre und vergaßen ganz, daß er zu ihnen sprach, er rede nichts von sich selber, als Menschen, sondern rede vom Geiste, der in ihm sei. Und Jesus sagte: Ich mache mich zu nichts. Spräche ich von mir, von dem, was mir dünkt, dann hätte alles, was ich rede, nichts zu bedeuten, nun aber ist es der All-Ursprung, den ihr Gott nennet, von dem ich rede,

55. Weder kanntet ihr, noch kennt ihr den wirklichen Gott, ich aber kenne ihn. Ich kann nicht sagen, ich kenne ihn nicht; sagte ich, ich kenne ihn nicht, ich wäre ein Lügner, so wie ihr. Ich kenne ihn und kenne seinen Willen und erfülle ihn.

56. Abraham, euer Vater, sah sie und freute sich meiner Erkenntnis.

57. Die Juden sagten: Du bist keine fünfzig Jahre alt, wie konntest du unter Abraham leben?

58. Er sagte: Ehe Abraham war, war die Erkenntnis des Guten, die, von der ich zu euch rede.

59. Die Juden griffen nach Steinen, ihn zu töten, er aber entwich vor ihnen.

Joh. IX, 1. Und unterwegs sah Jesus einen Menschen, der unerleuchtet war von Geburt.

2. Und die Jünger fragten: wer schuld daran wäre, daß dieser Mensch unerleuchtet sei von Geburt. Er oder seine Eltern, darum, daß sie ihn nicht lehren ließen.

3. Und Jesus antwortete: Weder sind seine Eltern schuld, noch er selbst, sondern das ist das göttliche Werk, daß dort Licht werde, wo Finsternis war.

5. So meine Lehre da ist, ist sie der Welt ein Licht.

6, 7. Und Jesus enthüllte dem Unerleuchteten die Lehre, daß er ein Sohn Gottes, des Geistes sei, und da der Unerleuchtete diese Lehre erkannt hatte, erkannte er das Licht.

8, 9. Und die den Menschen früher kannten, kannten ihn nicht mehr. Er war gleich dem früheren, aber ward ein anderer Mensch.

11. Er aber sagte: Ich bin derselbe, Jesus aber offenbarte mir, daß ich ein Sohn Gottes bin und offenbarte mir das Licht und ich sah das, was ich zuvor nicht sah.

13. Sie brachten den Menschen zu den gelehrten Rechtgläubigen.

14. Es war aber am Sabbath.

15. Und die Rechtgläubigen fragten ihn, wieso er jetzt alles verstünde, da er zuvor unerleuchtet war. Er sagte: Ich weiß nicht wie, aber ich weiß, daß ich jetzt alles verstehe.

16. Sie sagten: Das faßt du nicht auf als von Gott, darum, daß es Jesus am Sabbath that, und auch kein weltlicher Mensch Menschen erleuchten kann. Und sie begannen darob zu streiten.

17. Und darauf befragten sie den Erleuchteten: Was hältst du von ihm? Er sagte: Ich halte, daß er ein Prophet ist.

18. Die Juden glaubten nicht, daß er zuvor unerleuchtet war, jetzt aber erleuchtet ward, bis daß sie seine Eltern riefen und sie befragten.

19. Ist das da euer Sohn, der, der unerleuchtet war von Geburt? Wieso ward er jetzt erleuchtet?

20. Die Eltern sagten: Wir wissen, daß es unser Sohn ist und daß er unerleuchtet ist seit seiner Geburt.

21. Wie er aber jetzt erleuchtet ward, das wissen wir nicht. Er ist groß genug, fragt ihn selbst.

24. Die Rechtgläubigen ließen den Menschen zum andern Mal kommen und sagten: Bete du zu unserem wirklichen Gotte; der Mensch, der dich erleuchtete, ist ein weltlicher Mensch und nicht von Gott, das wissen wir für gewiß.

25. Und der Erleuchtete sagte: Das, ob der Mensch von Gott ist oder nicht, das weiß ich nicht. Eins aber weiß ich, daß ich zuvor das Licht nicht sah, jetzt es aber sehe.

26. Und die Rechtgläubigen fragten wiederum: Was that er mit dir, da er dich erleuchtete?

27. Er sagte: Ich sagte es euch bereits, aber ihr glaubt mir nicht. Wollt ihr seine Jünger sein, so werde ich es euch noch einmal erzählen.

28. Und sie begannen ihn zu schimpfen und sagten: Du bist sein Jünger, wir aber sind Jünger Moses.

29. Mit Mose sprach Gott selbst, von diesem aber wissen wir nicht, woher er ist.

30. Und der Mensch antwortete und sagte: Das ist zum Verwundern, daß er mich erleuchtete, ihr aber nicht wisset, woher er ist.

31. Gott hört die Sünder nicht, sondern die Gott ehren und seinen Willen erfüllen.

83. Nimmermehr kann es sein, daß ein Mensch, der nicht von Gott ist, einen unerleuchteten Menschen erleuchtet.·Wäre er nicht von Gott, er könnte das nicht thun.

34. Und die Rechtgläubigen wurden unwirsch und sagten: Bis über die Ohren steckst du im Irrtume und willst uns lehren. Und sie jagten ihn fort.

XI, 25. Und Jesus sagte: Meine Lehre ist die Erweckung zum Leben. Wer glaubt an meine Lehre, der bleibt leben, ob er auch fleischlich stürbe, und jeder, der lebt und glaubt an mich, der wird nicht sterben.

X, 1. Und noch ein drittes Mal lehrte Jesus das Volk. Er sprach: Nicht darum ergeben die Menschen sich meiner Lehre, daß ich sie bewiese. Die Wahrheit kann nicht bewiesen werden, die Wahrheit beweist alles Übrige. Darum ergeben die Menschen sich meiner Lehre, daß sie die einzige ist, die den Menschen bekannt dünkt und das Leben verspricht.

2,3. Meine Lehre ist für die Menschen, was die bekannte Stimme des Hirten für die Schafe ist, wann er zu ihnen eingeht durch die Thüre und sie sammelt, sie auf die Weide zu führen.

5. Eurer Lehre aber glaubt Keiner, darum daß sie den Menschen fremd ist, und die Menschen eure Gelüste sehen in ihr. Eine solche ist sie für die Menschen, wie für die Schafe der Anblick eines Menschen, der nicht eintritt durch die Thür, der über die Hürde steigt. Die Schafe kennen ihn nicht und wittern, daß es ein Räuber ist.

7. Meine Lehre ist die eine wahre, gleich der einen Thür für die Schafe.

8. Alle eure Lehren des Gesetzes von Mose sind alle Lügen, alle wie Diebe und Räuber für die Schafe.

9. Wer sich meiner Lehre ergeben wird, wird das wahre Leben finden, gleichwie die Schafe herausgehen werden und Futter finden, wann sie den Hirten werden folgen.

10. Darum, daß der Dieb nur kommt, zu stehlen, zu plündern

und zu töten, der Hirte aber, daß er das Leben gebe. Und meine Lehre nur verspricht und giebt das wahre Leben.

11. Die Hirten pflegen solche zu sein, die ihr Leben haben von den Schafen und ihr Leben hingeben für die Schafe. Das sind echte Hirten.

12. Gemietete aber giebt es, solche, die sich um die Schafe nicht sorgen, solche, die, wann der Wolf kommt, sie verlassen und weglaufen von ihnen, der Wolf aber tötet die Schafe.

13. Diese sind keine echten. So aber giebt es auch Lehrer, die nicht echt sind, solche, denen am Leben der Menschen nichts liegt; und echte wiederum, die ihre Seele hingeben für das Leben der Menschen.

14. Ich bin ein solcher Lehrer.

15. Meine Lehre ist die, daß man sein Leben hingebe für das Leben der Menschen.

18. Niemand wird es von mir nehmen, ich selbst aber werde es freiwillig hingeben für die Menschen, auf daß sie das wahre Leben empfingen. Dieses Gebot empfing ich von meinem Vater.

15. Und wie der Vater mich kennt, so kenne auch ich den Vater und darum bringe ich auch mein Leben dar für die Menschen.

17. Dafür liebt mich der Vater, daß ich seine Gebote erfülle.

16. Und alle Menschen, nicht hier und jetzt nur, sondern alle werden meine Stimme verstehen und alle einem nachstreben und alle Menschen werden eins sein und ihre Lehre eine.

24. Und die Juden umringten ihn und sagten: Alles, was du redest, ist schwer zu verstehen und verträgt sich nicht mit unserer Schrift. Quäle uns nicht, sondern sage uns gerade heraus: Bist du der Messias, der nach unserer Schrift in die Welt kommen soll?

25. Und Jesus antwortete ihnen: Ich sagte euch bereits, wer ich bin, aber ihr glaubt mir nicht. So ihr meinen Worten nicht glaubt, so glaubt meinen Werken; durch sie werdet ihr verstehen, wer ich bin und wofür ich kam.

26. Ihr aber glaubt dem nicht, weil ihr mir nicht folgt.

27. Wer zu mir kommt und thut was ich rede, der versteht mich.

28. Und wer meine Lehre versteht und sie erfüllt, der empfängt das wirkliche Leben.

29. Mein Vater vereinte ihn mit mir und Keiner kann uns trennen.

30. Ich und der Vater sind eins.

31. Und die Juden wurden unwirsch darüber und langten nach Steinen, daß sie ihn töteten.

32. Er aber sagte zu ihnen: Ich zeigte euch viele gute Werke und offenbarte die Lehre von meinem Vater; für welches von diesen guten Werken nun wollt ihr mich töten?

33. Sie sagten: Wir wollen dich nicht töten für das Gute, sondern dafür, daß du, ein Mensch, dich zum Gotte machst.

34. Und Jesus antwortete ihnen: Ganz dasselbe aber ist in eurer Schrift gesagt, daß Gott selbst sagte zu schlechten Regenten: Ihr seid Götter.

Wenn er schon lasterhafte Menschen Götter nannte, dann, warum achtet ihr es für Frevel, Sohn Gottes zu nennen, was Gott aus Liebe in die Welt sandte.

Ein Sohn Gottes ist jeder Mensch dem Geiste nach. So ich göttlich lebe, so glaubt auf mein Leben hin, daß ich im Vater bin, und dann werdet ihr verstehen, daß der Vater in mir ist und ich in ihm.

XI,25. Und Jesus sagte: Meine Lehre ist die Erweckung zum Leben. Wer an meine Lehre glaubt, der bleibt leben, ob er auch fleischlich stürbe und jeder, der lebt und glaubt an mich, der wird nicht sterben.

X, 20. Und die Juden begannen zu streiten. Die einen sprachen, er wäre besessen, andere sprachen:

21. Ein Besessener kann keine Menschen erleuchten.

39. Und die Juden wußten nicht, was mit ihm anzufangen und konnten ihn nicht verurteilen.

40. Und wiederum ging er an den Jordan und blieb dort.

41. Und viele glaubten an seine Lehre und sprachen, sie sei wahr, gleich wie Johannis Lehre.

42. Und so glaubten viele an seine Lehre.

Matth. XVI, 13. Und einst fragte Jesus seine Jünger: Sagt, wie verstehen die Menschen meine Lehre vom Gottessohne und vom Menschensohne?

14. Sie sagten: Die einen verstehen sie so wie die Lehre Johannis, andere wie die Prophezeiung des Jesaias, noch andere sprechen, daß sie der Lehre Jeremias gleicht, sie verstehen, daß du ein Prophet bist.

15. Und er sagte: Ihr aber, wie versteht ihr meine Lehre?

16. Und es sagte zu ihm Simon Petrus: Nach mir ist deine Lehre

die, daß du der auserwählte Sohn des Gottes des Lebens bist. Du lehrest das, daß Gott das Leben im Menschen ist.

17. Und Jesus sagte zu ihm: Glücklich bist du, Simon, daß du das begriffest. Ein Mensch nicht konnte dir das offenbaren, sondern darum verstandest du es, daß der Gott in dir es dir offenbarte. Nicht ein fleischliches Erwägen und nicht ich durch meine Worte offenbarte dir dies, sondern Gott selbst, mein Vater offenbarte es dir.

18. Und darauf gründet sich jene Gemeinde der Auserwählten, für die es keinen Tod giebt.

———

Und darum lebt der Mensch wahrhaft, wann er sich nährt
von der Erfüllung des Willens des Vaters
im Gegenwärtigen, und abläßt von allen
Gedanken an das Vergangene und Zukünftige.
(– heute.)

Inhalt des achten Kapitels.

Die Zweifel der Jünger, welcher Lohn ihnen dafür werden möge,
daß sie dem fleischlichen Leben entsagten, beantwortet Jesus so: Für
einen Menschen, der den Sinn der Lehre begriffen hat, ist kein
Grund da, Lohn zu empfangen, erstens darum nicht, daß der
Mensch, der sich lossagt von Verwandten und Nächsten und Besitz
im Namen der Lehre, hundertfach Nächste und Habe erwirbt, zwei-
tens aber darum nicht, daß ein Mensch, der Lohn sucht, etwas voraus zu haben sucht vor anderen und das gerade der Lehre von der
Erfüllung des Willens des Vaters widerstreitet. Für das Himmelreich
giebt es kein Größer oder Kleiner, alle sind gleich in ihm. Die da
Lohn suchen für das Gute, gleichen Arbeitern, die höheren Lohn für
sich fordern, als den, den der Herr mit ihnen ausbedungen, weil sie
sich würdiger dünken als andere. Für ihn, der die Lehre begreift,
giebt es nicht Lohn noch Strafe, nicht Erniedrigung noch Erhöhung.
Der Lehre Jesu nach kann der eine weder höher noch wichtiger sein,
als der andere. Den Willen des Vaters kann jeder erfüllen, nicht einer
aber wird davon älter oder wichtiger oder besser als der andere. Nur
Herrscher erachten sich so und die, die ihnen dienen. Nach meiner
Lehre, spricht Jesus, kann es keinen Ältesten geben, weil der, der
besser zu sein wünscht, Diener sein muß, darum daß dies die Lehre
ist, daß das Leben dem Menschen gegeben ist, nicht, daß man ihm
diene, sondern daß er es ganz hingebe, anderen Menschen zu dienen. Wer aber dem nicht folgen und sich erheben wird, der wird
tiefer fallen, als von da er sich erhob.

Auf daß man nicht an Lohn und Erhöhung seiner selbst denke,
muß man eingedenk sein, worin der Sinn des Lebens besteht. Der

Sinn des Lebens liegt in der Erfüllung des Willens des Vaters, der Wille des Vaters aber in dem, daß das, was er gab, zurückkehre zu ihm. Wie ein Hirt die ganze Herde läßt und das verlorene Schaf suchen geht, und wie ein Weib alles durchwühlt, den verlorenen Groschen zu finden, so äußert sich uns auch die Thätigkeit des Vaters darin, daß er zu sich zieht, was sein war.

Verstehen muß man, worin dies wahre Leben besteht. Darin äußert das wahre Leben sich stets, daß das Verlorene zurückkehrt zu dem Seinen, daß das, was schlief, wach wird. Die Menschen, die das wahre Leben besitzen, das zurückkehrt zu seinem Ursprunge, können nicht, so sie es haben, menschlich abschätzen darüber wer besser, wer schlechter sei, sondern können sich als künftige Teilhaber am Leben des Vaters allein freuen über die Rückkehr des Verlorenen zum Vater. Wäre ein Sohn abgewichen vom Wege und hätte er bereut, vom Vater fortgegangen zu sein und wäre zurückgekehrt zum Vater, könnten dann wohl andere Söhne des Vaters seine Freude neiden und sich der Rückkehr des Bruders nicht freuen?

Dazu, daß man der Lehre glaube, daß man sein Leben wandele und die Lehre erfülle, dazu bedarf es keiner äußeren Beweise, keiner Versprechungen von Lohn, eines klaren Verständnisses aber dessen, was das wahre Leben sei.

Denken die Menschen, daß ihr Leben ihnen gegeben sei für fleischliches Wohlgefallen, dann leuchtet es ein, daß ihnen jedes Werk eines Opfers für einen anderen als lohnwürdiges Verhalten erscheinen wird, und ohne Lohn werden sie nichts hergeben. Würde jemand Pächtern, die vergessen, daß sie den Garten innehaben mit dem Beding, seine Früchte dem Herrn abzuliefern, diesen Zins abfordern, ohne etwas dagegen zu gewähren, sie würden ihn, erinnerte er sie wieder und wieder an ihren Zins, umbringen. Das ist auch der Gesichtspunkt der Leute, die sich Herren ihres Lebens wissen und nicht verstehen, daß das Leben ein Geschenk der Erkenntnis sei und zur Erfüllung ihres Willens verbinde. Zum Glauben und Handeln ist nötig, daß man verstehe, wie der Mensch von sich aus nichts thun kann, wie er, wenn er sein fleischliches Leben hingiebt für das Gute, nichts derart thut, dafür er bedankt und belohnt sein müßte. Es ist nötig, zu verstehen, daß der Mensch, wenn er das Gute thut, nur das thut, wozu er verbunden ist, was er nicht ungethan lassen kann. Nur, wann er so sein Leben versteht, kann der Mensch so glauben, daß er wahre Werke des Guten thut.

Ein solches Verständnis des Lebens ist das Himmelreich, das ich predige. Ein unsichtbares Himmelreich ist es, nicht eines, das irgendwo erscheint, so, daß es möglich wäre, es zu weisen. In der Erkenntnis der Menschen ist das Himmelreich begriffen. Alle Welt lebt nach alter Weise. Man ißt, trinkt, freit, handelt, stirbt und Thür an Thür damit wohnt in den Seelen der Menschen das Himmelreich. Das Himmelreich ist die Erkenntnis des Lebens, wie ein Baum im Frühlinge, der da wächst aus sich selber.

Das wahre Leben der Erfüllung des Willens des Vaters ist das Leben nicht, das vergangen ist oder sein wird, sondern das Leben im Jetzt, das, das an jeden in der gegenwärtigen Minute herantritt. Und darum so darf man, um wahrhaft zu leben, nie schwach werden. Nicht das vergangene, nicht das künftige Leben, sondern das Leben, in dem sie leben, sind die Menschen angewiesen zu hüten, und in ihm den Willen des Vaters aller Menschen zu erfüllen. Vernachlässigen sie dieses Leben, indem sie den Willen des Vaters nicht erfüllen, dann liefern sie es nicht zurück nach ihrer Pflicht, wie eine Schildwache, hingestellt, daß sie die ganze Nacht wache, ihre Pflicht nicht erfüllt, wenn sie auch auf eine Minute nur einschläft, darum daß in dieser Minute ein Dieb kommen kann. Darum soll der Mensch seine ganze Kraft für diese Stunde bewahren, als die einzige, in der der Wille des Vaters zu erfüllen ist. Der Wille aber des Vaters ist das Leben und Heil aller Menschen und darum kommt die Erfüllung dieses Willens allen Menschen zugut. Nur die leben, die das Gute thun. Das Gute, das gut ist für die Menschen jetzt, zu dieser Stunde, das ist das Leben, das eins wird mit dem gemeinsamen Vater.

———

Matth. X, 38. Jesus sagte: Wer nicht bereit ist auf alle fleischlichen Leiden und Entbehrungen, der hat mich nicht begriffen.

39. Der, der am besten erwirbt für das fleischliche Leben, der richtet das wahre Leben zu Grunde. Wer aber sein fleischliches Leben zu Grunde richtet, dadurch daß er meine Lehre erfüllt, der wird das wahre Leben empfangen.

XIX, 27. Und auf diese Worte sagte Petrus zu ihm: Nun hörten wir auf dich, warfen alle Sorgen weg, alle Habe und folgten dir. Welcher Lohn wird uns dafür werden?

Mark. X, 29. Jesus sagte: Ein jeder, der sich lossagte von seinem Hauswesen, von Schwester und Bruder, Vater und Mutter, Weib und Kind und Land um meiner Lehre willen (30), der erhält hundertmal mehr Schwestern und Brüder und Land und alles was nötig ist zu diesem Leben, zudem aber empfängt er noch das Leben außerhalb der Zeit.

31. Es giebt keinen Lohn im Himmelreiche. Das Himmelreich ist das Ziel und der Lohn. Alle sind gleich im Himmelreiche: es sind weder Erste noch Letzte da.

Matth. XX, 1. Darum, daß das Himmelreich dem Folgenden gleicht: In der Frühe ging der Hausherr Arbeiter mieten für den Garten.

2. Er mietete Arbeiter um drei Groschen für den Tag und kam in den Garten und wies ihnen Arbeit an.

3. Und wieder ging er um Mittag und mietete noch welche und sandte sie arbeiten im Garten, und gegen Abend mietete er noch welche und sandte sie arbeiten. Und mit allen kam er überein auf drei Groschen.

8. Es kam die Zeit zum Ablöhnen und der Herr befahl, allen das Gleiche zu zahlen, zuerst denen, die zuletzt kamen, darauf aber denen, die vorher.

9. Da nun sahen, die die Ersten waren, daß man den Letzten drei Groschen giebt.

10. Und dachten, daß man ihnen mehr werde geben; man gab aber den Ersten ebenso, je drei Groschen.

11. Sie nehmen und sprechen:

12. Wie, jene arbeiteten nur eine Strecke, wir aber alle vier, wie löhnt man uns nun gleich? Das ist nicht gerecht.

13. Der Herr aber tritt herzu und spricht: Was brummt ihr? That ich euch etwa Unrecht? So hoch ich mietete, so hoch löhne ich. Wir machten doch ab auf drei Groschen?

14. Nehmt das euere und geht. Will ich aber dem Letzten geben wie euch, bin ich etwa nicht Herr im Eigenen?

15. Oder wurdet ihr so neidisch, darum, daß ihr sahet ich bin gut?

16. Im Himmelreiche sind weder Erste noch Letzte. Alle sind eins.

20. und Mark. X, 35. Es traten einst zwei seiner Jünger zu Jesu, Jakobus und Johannes, und sprechen: Meister, versprich uns, daß du uns das thust, darum wir dich bitten werden.

21. Er spricht: Was wollt ihr? Sie sprechen: Daß wir wären gleich dir.

22. Jesus sagte zu ihnen: Ihr wißt selbst nicht, um was ihr bittet. Leben könnt ihr gleich mir; rein werden vom fleischlichen Leben könnt ihr gleich mir; euch aber zu machen zu dem, was ich bin, das steht nicht in meiner Macht.

23. Ins Reich des Vaters eingehen kann jeder Mensch durch sein Bemühen, so er sich in seine Macht begiebt und seinen Willen erfüllt.

24. Da andere der Jünger das gehört hatten, zürnten sie auf die beiden Brüder, daß sie sein wollten wie der Meister und Älteste unter den Jüngern.

25. Jesus rief sie zu sich und sagte: Batet ihr mich, Brüder Johannes und Jakobus, euch zu machen zu dem, was ich bin, auf daß ihr Älteste würdet unter den Jüngern, so fehltet ihr; zürnt aber ihr andere Jünger auf sie, daß diese Zwei eure Ältesten sein wollten, dann so fehlet ihr. In der Welt nur haben Fürsten und Obere Geltung, daß sie Völker regierten.

26. Unter euch aber kann es weder Älteste noch Jüngste geben. Unter euch muß man, größer zu sein als andere, aller Diener sein.

27. Wer der Erste will sein unter uns, der achte sich den Letzten.

Mark. X, 45. Darum, daß das der Wille des Vaters ist in Ansehung des Menschensohnes, daß er nicht lebe, auf daß man ihm diene, sondern, daß er selbst allen diene und sein fleischliches Leben hingebe als Lösegeld für das Leben des Geistes.

Matth. XVIII, 11. Und zu dem Volke sagte Jesus: Der Vater sucht, daß er rette, was zu Grunde geht. Er ist froh darüber, gerade wie ein Hirt froh ist, wann er ein verlorenes Schaf findet. Verlieret sich eines, so läßt er die neunundneunzig, und macht sich auf, das verlorene zu retten.

Luk. XV, 8. Und so ein Weib einen Groschen verliert, kehrt sie die ganze Hütte aus und sucht, bis daß sie ihn findet.

10. Der Vater liebt den Sohn und ruft ihn zu sich.

XIV, 8. Und noch eine Parabel sagte er zu ihnen, darüber, daß man sich nicht überheben dürfe, um im Willen Gottes zu leben. Er sagte: Wenn man dich zu Tische ruft, so setze dich nicht an den vordersten Platz; jemand würdiger als du kann kommen und der Hausherr wird sagen:

9. Rücke weg von dort und laß den hin, der besser ist als du, dann wirst du dich übel schämen.

10. Setze dich lieber an den allerletzten Platz, dann wird der Hausherr dich finden und dich auf den Ehrenplatz rufen, dann wird es dir Ehre sein.

11. So ist auch im Reiche Gottes kein Platz für den Stolz. Wer sich selbst erhöhet, der macht sich eben dadurch stürzen; wer aber sich erniedrigt (sich unwürdig erachtet), der erhebt sich eben dadurch im Reiche Gottes.

XII, 11. Ein Mann hatte zwei Söhne.

12. Und der Jüngere spricht zum Vater: Väterchen, teile mich ab. Und der Vater teilte ihn ab.

13. Es nahm der Jüngste sein Teil und ging in die Fremde und verzehrte seine Habe und begann Not zu leiden.

15. Und in der Fremde geriet er unter die Schweinehirten.

l6. Und so sehr hungerte ihn, daß er Eicheln aß mit den Schweinen.

17. Und einst dachte er nach über sein Leben und spricht: Warum ließ ich mich abteilen und ging weg vom Vater! Der Vater hatte reichlich von allem. Und ich esse da ein Futter mit den Schweinen.

18. Wart', ich werde zum Vater gehen, werde ihm zu Füßen fallen und sagen: Ich bin schuldig vor dir, Väterchen, bin nicht wert, dein Sohn zu sein. Nimm mich wenigstens zum Knecht.

20. Er überlegte sich's und ging zum Vater. Und wie er nur näher trat, erkannte der Vater ihn sogleich von weitem und lief ihm entgegen, umarmte ihn und begann ihn zu küssen.

21. Und der Sohn spricht: Väterchen, ich bin schuldig vor dir, bin nicht wert, dein Sohn zu sein.

22. Der Vater aber hörte ihn erst gar nicht und spricht zu den Arbeitern: Schnell, bringt den besten Anzug und die schönsten Stiefel, kleidet und beschuht ihn.

23. Und lauft, nehmt ein fettes Kalb und schlachtet es, es soll lustig bei uns hergehen:

24. Daß dieser mein Sohn tot war, jetzt aber lebendig ward, verloren ging und jetzt gefunden ward. 23. Es kam der ältere Bruder von Felde beim und da er näher tritt, hört er, wie sie im Hause singen und aufspielen. 26. Er ruft einen Knaben und spricht: Was ist bei euch los? Es geht lustig zu. 27. Der Knabe aber spricht: Hörtest du denn nicht, daß dein Bruder wiederkam? Und dein Vater freute sich und ließ ein fettes Kalb schlachten vor Freude, daß der Sohn wiederkam. 28. Das nahm der ältere Bruder übel und ging nicht ins Haus. Der Vater aber geht heraus zu ihm und ruft ihn. 29. Und er sagte zum Vater: Nun, Väterchen, so viel Jahre arbeite ich nun für dich und überhöre keinen Befehl von dir, aber ein fettes Kalb hast du um meinethalben noch nicht geschlachtet. 30, Der Jüngste aber ging fort aus dem Hause und brachte sein ganzes Gut durch mit Trunkenbolden, und jetzt hast du ihm ein Kalb geschlachtet. 31. Und der Vater spricht: Sieh, du bist immer bei mir und alles Meine ist dein. 32. Und nichts übel zu nehmen brauchst du, sondern dich freuen sollst du, daß dein Bruder unter den Toten war und lebendig ward, und verloren ging und gefunden ward.

Mark. XII, 1. Der Hausherr pflanzte einen Garten, faßte ihn ein, richtete ihn her und that alles, daß der Garten so viele Früchte gäbe, als möglich. 2. Und sandte Arbeiter in diesen Garten, daß sie arbeiteten, die Früchte ernteten und nach Übereinkunft ihm zahlten für den Garten.

Der Hausherr ist der Vater, der Garten die Welt, die Arbeiter die Menschen. Nur dafür sandte der Vater seinen Sohn, den Menschensohn in die Welt, daß die Menschen dem Vater die Erkenntnis des Lebens zurückgäben, die er in sie legte.

Die Frist kam heran, der Hausherr sandte einen Arbeiter nach dem Zins. Ohne Aufhören spricht der Vater zu den Leuten, sie sollen seinen Willen erfüllen. 3. Die Arbeiter jagten den Abgesandten des Hausherrn mit leeren Händen weg und fuhren fort zu leben und bildeten sich ein, daß der Garten ihr eigen sei, daß sie von eigenen Gnaden in ihm säßen:

die Menschen vertrieben von sich die Erinnerung an den Willen des Vaters und fuhren fort, jeder für sich zu leben und bildeten sich ein, sie lebten um der Freude des fleischlichen Lebens willen.

4, 5 und 6. Da sandte der Hausherr wieder und wieder von seinen Lieblingen, und sandte seinen Sohn, die Arbeiter an ihre Pflicht zu mahnen.

7. Die Arbeiter aber kamen ganz und gar von Sinnen und bildeten sich ein, wenn sie den Sohn des Herrn, der sie mahnte, daß der Garten nicht ihr eigen sei, töteten, werde man sie ganz in Ruhe lassen.

8. Und sie töteten ihn.

Die Menschen lieben es nicht, gemahnt zu werden an den Geist, der in ihnen lebt und sie hinweist darauf, daß er ewig, sie aber nicht ewig seien; so viel sie vermochten, töteten sie das Bewußtsein von diesem Geiste und wickelten den Groschen ein und vergruben ihn, der ihnen gegeben war.

Matth. XXI, 40. Was aber bleibt dem Hausherrn zu thun?

41. Nichts weiter, als jene Arbeiter zu vertreiben und andere zu schicken. Was bleibt dem Vater zu thun? Säen bis Früchte da sind. Und so thut er auch.

42. Die Menschen verstanden und verstehen nicht, daß das Bewußtsein vom Geiste, das in ihnen ist, das sie eingesperrt halten, weil es sie stört, daß diese Erkenntnis ihr Leben ist. Sie werfen den Stein hinaus, auf dem alles ruht.

43. Und die nicht das Leben des Geistes werden zum Grunde nehmen, die gehen nicht ein in das Himmelreich und empfangen das Leben nicht. Glauben zu haben und das Leben zu empfangen, muß man seine Lage verstehen, nicht aber Lohn erwarten.

Luk. XVII, 5. Da sagten die Jünger zu Jesu: Vermehre den Glauben in uns; sage uns etwas, daß wir stärker an das Leben des Geistes glaubten und das fleischliche Leben uns nicht dauerte. Sieh, so viel ist nötig hinzugeben und alles soll man hingeben für das Leben des Geistes. Von Lohn aber redest du nicht.

6. Und hierauf sagte ihnen Jesus: Hättet ihr solchen Glauben, wie ihr Glauben habt daran, daß aus dem Birkenkörnchen ein großer Baum wächst, glaubtet ihr so, daß ein unvergleichlicher Keim von Geist in euch ist, aus dem das wahre Leben wächst, ihr bätet mich

nicht, den Glauben in euch zu vermehren. Nicht das ist Glaube, daß man an irgend ein Wunderbares glaubt, sondern das, daß man seinen Zustand versteht und das, darin die Erlösung ist. Versteht man seinen Zustand, dann wird man keinen Lohn erwarten, sondern wird glauben an das, was einem anvertraut ist.

7. Wann der Herr mit den Arbeitern heimkehrt vom Felde, dann setzt er den Arbeiter nicht an den Tisch.

8. Sondern heißt ihn das Vieh unterbringen und ihm das Abendessen bereiten, dann erst sagt er zu dem Arbeiter: Setze auch du dich, trinke und iß.

9. Der Hausherr wird dem Arbeiter nicht danken dafür, daß er thut, was er soll. Und der Arbeiter, so er versteht, daß er Arbeiter ist, fühlt sich nicht gekränkt, sondern arbeitet im Glauben daran, daß er empfangen wird, was ihm gebührt.

10. So erfüllt auch ihr den Willen des Vaters und denkt, ihr seiet untaugliche Arbeiter und thatet nur was sich gebührte, und erwartet keinen Lohn, sondern begnügt euch zu empfangen, was euch gebührt.

Nicht darum hat man sich zu sorgen, daß man glaube, es werde Lohn geben und Leben, das kann nicht anders kommen, nötig aber ist, sich zu sorgen, daß man dies Leben nicht verschwende, nicht vergesse, daß es uns gegeben ist, daß wir seine Früchte brächten und den Willen des Vaters erfüllten.

XII, 35 und 36. Und darum seid immer bereit, wie Diener, die den Herrn erwarten, ihm sogleich, wann er kommen wird, zu öffnen.

37, 38. Die Diener wissen nicht, wann er zurückkehren wird, früh oder spät, und müssen immer bereit sein. Und gehen sie dem Herrn entgegen, dann haben sie seinen Willen erfüllt und es ist gut für sie. Gerade so im Leben. Immer, jede Minute der Gegenwart muß man ein Leben des Geistes leben, ohne an Vergangenes oder Künftiges zu denken und zu sich zu sprechen: Dann oder dort werde ich das thun.

39. Wenn der Herr wüßte, wann der Dieb kommen wird, würde er nicht schlafen, so schlaft auch ihr nicht, darum daß es für das Leben des Menschensohnes keine Zeit giebt, daß er im Gegenwärtigen nur lebt und nicht Anfang noch Ende seines Lebens weiß.

Matth. XXIV, 45 und 46. Unser Leben ist dasselbe, was das Leben des Knechtes ist, den der Herr als Ältesten in seinem Hause zurückließ. Und wohl dem Knechte, wenn er immer den Willen des Herrn thut.

48. So er aber sagen wird: der Herr wird nicht schnell kommen, und des Herrn Werk vergessen wird,

50. Dann wird der Herr unerwartet zurückkehren

51. Und ihn wegjagen.

Mark. XIII, 33. Und so verzagt nicht und lebt immer im Gegenwärtigen durch den Geist. Für das Leben des Geistes giebt es keine Zeit.

Luk. XXI, 34. Achtet auf euch, daß ihr euch nicht belastet noch betäubt durch Trunk, Überessen und Sorgen, daß ihr die Zeit zur Erlösung nicht vorbeilasset. Wie ein Netz ist die Zeit der Erlösung geworfen über alle; sie ist immer. Und darum lebt vor allem ein Leben des Menschensohnes.

Matth. XXV, 1. Das Himmelreich nun ist gleich diesem: Mit Lämpchen gingen zehn Jungfrauen dem Bräutigam entgegen.

2. Fünf waren klug, fünf aber thöricht.

3. Die Thörichten nahmen die Lämpchen, aber nahmen kein Öl.

4. Die Klugen nahmen die Lämpchen und Öl im Vorrat.

5. Und da sie den Bräutigam erwarteten, schlummerten sie ein.

6. Da nahte der Bräutigam.

7. Die Thörichten sahen, daß sie wenig Öl hatten.

10. Sie gingen und suchten welches zu kaufen. Da sie aber gingen, kam der Bräutigam. Und die klugen Jungfrauen, die Öl hatten, traten ein mit ihm und die Thüren wurden geschlossen.

Allein das lag den Mädchen ob, daß sie dem Bräutigam mit Lämpchen begegneten. Aber sie vergaßen, daß es nicht ankam darauf, daß Lämpchen überhaupt brennten, sondern daß sie zur Zeit brennten. Dafür aber, daß sie brennten, wann der Freier käme, mußten sie brennen ohne Unterlaß. Allein dazu ist das Leben da, den Menschensohn zu erhöhen. Der Menschensohn aber ist immer da. Er ist nicht da in der Zeit, und so muß man, ihm zu dienen, allein im Gegenwärtigen leben.

Luk. XIII, 24. Und darum bemühet euch im Gegenwärtigen, daß ihr eingehet in das Leben des Geistes, so ihr euch nicht bemühen werdet, werdet ihr nicht zu ihm eingeben.

25. Sprechen werdet ihr: Wir sprachen etwas, aber es werden keine guten Werke und wird kein ganzes Leben sein.

Matth. XVI, 27. Darum daß der Menschensohn sich erweist als alleiniger Geist für jeden, durch das, was er für ihn that.

XXV, 32. Alle Menschen werden danach geteilt, wie sie dem Menschensohne dienen. Und nach ihren Werken werden sie geschieden, wie man Schafe und Böcke in der Herde scheidet. Die einen werden lebend sein, die anderen zu Grunde gehen.

34. Die, die dem Menschensohne dienten, die empfangen auch was ihnen gehörte vom Ursprung der Welt, das Leben; jenes, das sie sich bewahrten. Dadurch aber bewahrten sie sich das Leben, daß sie dem Menschensohne dienten: den Hungernden speisten, den Entblößten kleideten, den Fremden aufnahmen, den Gefangenen besuchten.

Sie lebten durch den Menschensohn, sie fühlten, daß er allein in allen Menschen ist und liebten darum den Nächsten.

Jene aber, die nicht durch den Menschensohn lebten, die dienten ihm nicht, verstanden nicht, daß er allein in allen sei, und wurden darum nicht eins mit ihm und verloren nicht ihr Leben in ihm und gingen zu Grunde.

NEUNTES KAPITEL

DIE VERFÜHRUNGEN.

Der Trug des zeitlichen Lebens verbirgt vor den Menschen
das wahre Leben im Gegenwärtigen und in der
Vereinigung mit dem Vater.
(Und vergieb uns unsere Schuld,
wie wir vergeben unseren Schuldigern.)

Inhalt des neunten Kapitels.

Der Mensch wird geboren mit der Kenntnis des wahren Lebens,
dem der Erfüllung des Willens des Vaters. Die Kinder leben danach,
an den Kindern ist sichtbar, was den Willen des Vaters ausmacht.
Die Lehre Jesu zu verstehen, muß man das Leben der Kinder verstehen und sein wie sie. Die Kinder leben immer im Willen des Vaters
und verletzen die fünf Gebote nicht. Auch würden sie sie nie verletzen, wenn Ältere sie nicht verführten. Dadurch daß die Menschen
die Kinder verführen, die Gebote zu verletzen, verderben sie sie. Indem sie sie verführen, thun sie dasselbe, was ein Mensch thäte, der
dem anderen einen Mühlstein am Halse befestigte und ihn in den
Fuß stürzte. Gäbe es keine Verführungen, die Welt wäre glücklich.
Dank der Verführungen nur ist die Welt nicht glücklich.

Verführungen, das ist das Böse, das die Menschen thun für das
vermeintliche Heil des zeitlichen Lebens. Die Verführungen töten
die Menschen und deshalb müssen alle Opfer bringen dafür, daß sie
nicht in Versuchung fallen. Die Verlockung wider das erste Gebot
kommt aus dem, daß die Menschen sich ohne Schuld achten bei den
Menschen, andere aber ihre Schuldner. Nicht in diese Versuchung
zu fallen, müssen die Menschen eingedenk sein, daß alle Menschen
stets in unendlicher Schuld bei Gott stehen und daß sie diese Schuld
nur abtragen können dadurch, daß sie ihren Brüdern verzeihen.
Und darum müssen die Menschen den Menschen das Unrecht vergeben, ohne sich daran zu stoßen, daß der Beleidiger wieder und
wieder beleidige.

Wie viel Mal einem Menschen auch Unrecht geschähe, er muß
verzeihen und verzeihen und des Bösen nicht gedenken, darum daß

beim Verzeihen nur das Himmelreich möglich ist. Wenn wir nicht vergeben, thun wir dasselbe, was der Schuldner that. Ein Schuldner in großer Schuld bei dem Herrn ging zu ihm und begann um Gnade zu bitten. Der Herr erließ ihm alles. Der Schuldner ging hin und begann seinen Schuldner zu drängen, den, der ihm wenig schuldete. So müssen wir, daß wir das Leben hätten, den Willen des Vaters erfüllen; vom Vater aber erbitten wir Verzeihung, daß wir seinen Willen nicht ganz erfüllten und hoffen, diese Verzeihung zu empfangen. Was thun wir also, so wir selbst nicht verzeihen? Das thun wir, was wir für uns fürchten. Der Wille des Vaters, das ist das Heil, das Böse aber das, was uns trennt vom Vater; wie sollten wir uns dann nicht bemühen, das Böse so schnell als möglich zu ersticken darum, daß das Böse uns tötet und des Lebens beraubt. Das Böse fesselt uns an den fleischlichen Untergang. So weit wir uns losbinden vom Bösen, so viel Leben empfangen wir. So uns das Böse nicht trennt, und wir durch Liebe vereint sind, haben wir alles, was wir uns wünschen können.

Die Verlockung wider das zweite Gebot kommt aus dem, daß wir glauben, das Weib sei geschaffen für die fleischliche Lust und daß, so man eine Frau lasse und die andere nehme, man mehr Lust habe. Nicht in diese Versuchung zu fallen, muß man eingedenk sein, daß nicht das der Wille des Vaters ist, daß der Mann Lust habe durch den weiblichen Reiz, sondern, daß jeder, der eine Frau gewählt, sich mit ihr vereine in einen Leib. Des Vaters Wille ist der, daß jeder Mann eine Frau habe und einen Mann jede Frau. So ein Mann sich wird halten zu einer Frau, werden alle Frauen haben und alle Männer. Darum aber beraubt, wer die Frau wechselt, die Frau ihres Mannes und fordert einen anderen Mann heraus, die seine zu verlassen und die verlassene zu nehmen. Wohl mag man keine Frau haben, nicht aber mehr als eine, darum daß, so man eine zweite Frau hat, man den Willen des Vaters verletzt: die Vereinigung eines Mannes mit einer Frau.

Die Verlockung wider das dritte Gebot kommt aus dem, daß die Menschen für das Heil des zeitlichen Lebens Oberherrlichkeiten errichteten und Schwüre von den Leuten fordern zur Erfüllung der Angelegenheiten der Oberherrlichkeit. Nicht in diese Versuchung zu fallen, müssen die Menschen eingedenk sein, daß sie Keinem gegenüber Pflichten haben, außer gegen Gott für ihr Leben.

Auf die Forderungen der Oberherrlichkeit müssen die Menschen blicken wie auf Gewaltthätigkeiten und, nach dem Gebote, daß man dem Bösen sich nicht widersetze, das hingeben und erfüllen, was die Oberherrlichkeiten von ihnen fordern: Habe und Arbeit; sie können aber nicht durch Versprechungen und Schwüre ihr Handeln fesseln. Schwüre, die man von den Menschen erpreßt, sind Böses. Der Mensch, der das Leben im Willen des Vaters erkannt hat, kann keine Handlungen geloben, darum daß es für einen solchen Menschen nichts Heiligeres giebt als sein Leben.

Die Verlockung wider das vierte Gebot kommt aus dem, daß die Menschen glauben, dadurch daß sie der Bosheit und der Rache sich ergeben, die Menschen zu bessern. So ein Mensch dem anderen Unrecht thut, glauben die Leute, man müsse ihn strafen, und glauben, die Gerechtigkeit bestehe darin, daß man Menschen verurteilt. Nicht in diese Verführung zu fallen, muß man eingedenk sein, daß die Menschen nicht bestellt sind, einander zu richten, sondern einander zu retten. Und daß sie die Ungerechtigkeit der anderen nicht richten können, da sie selbst voller Ungerechtigkeit sind. Das Eine, das sie zu thun vermögen, ist, andere durch ihr Beispiel Reinheit, Vergebung und Liebe zu lehren.

Die Verlockung wider das fünfte Gebot kommt aus dem, daß die Menschen glauben, es sei ein Unterschied da zwischen den Menschen ihres Volkes und denen eines fremden, und so unumgänglich, sich zu wehren gegen fremde Völker und ihnen zu schaden. Nicht in diese Versuchung zu fallen, muß man wissen, daß alle Gebote sich begegnen in einem: Den Willen des Vaters erfüllen, der das Leben und Heil gegeben hat allen Menschen und darum allen Menschen ohne Unterschied das Gute thun. Unterscheiden auch andere noch und bekriegen die Völker sich, weil sie sich einander für fremd erachten, so muß gleichwohl jeder, den Willen des Vaters zu erfüllen, jedem Menschen das Gute thun, gehörte er auch einem anderen Volke an und führte er auch Krieg.

Überhaupt in keinen menschlichen Trug zu fallen, hat der Mensch nicht an das Fleischliche zu denken, sondern an das Geistige. Begriffe der Mensch, daß das Leben darin nur besteht, daß man jetzt im Willen des Vaters ist, dann könnten weder Entbehrungen, noch Leiden, noch Tod schrecklich für ihn sein. Der nur empfängt das wahre Leben, der jede Stunde bereit ist, sein fleischliches Leben hinzugeben zur Erfüllung des Willens des Vaters. Und auf daß alle verstünden, daß das wahre Leben das sei, für das es keinen Tod giebt, sagte Jesus: Nicht so ist das ewige Leben zu verstehen, daß es ein Leben wird sein, gleich dem jetzigen, irgendwo und irgendwann. Für das wahre Leben im Willen des Vaters giebt es weder Ort noch Zeit. In Zeit und Personen kann man sich kein wahres Leben vorstellen. Die, die erweckt wurden zum wahren Leben, leben im Willen des Vaters, für den Willen des Vaters aber giebt es weder Zeit noch Ort. Sie sind lebend für den Vater. Starben sie für uns, dann sind sie lebend für Gott. Und darum schließt ein Gebot alle in sich: Den Ursprung des Lebens zu lieben mit aller Kraft und darum jeden Menschen als einen, der jenen Ursprung in sich trägt.

Und Jesus sagte: Auch der Christus, den ihr erwartet, ist dieser Ursprung des Lebens. Die Erkenntnis jenes Ursprunges des Lebens, für den es weder Personen, noch Zeit, noch Ort giebt, ist auch jener Menschensohn, den ich lehre.

Alles was diesen Ursprung des Lebens vor den Menschen verbirgt, ist Verführung. Es giebt Verführung durch Schriftgelehrte, durch Altgläubige: Unterwerft euch ihr nicht; es giebt Verführungen durch Oberherrlichkeit, unterwerft euch auch ihnen nicht, und es giebt die grimmigste von allen Verführungen, die durch die Lehrer des Glaubens, die sich Rechtgläubige nennen. Nehmet euch in Acht vor dieser Verführung, mehr als vor allen anderen. Darum, daß diese erlogenen Lehrer, nachdem sie eine falsche Gottesverehrung erdacht, euch wegbetrügen von dem wahren Gotte. Statt den Dienst des Vaters des Lebens durch das Werk, stellen sie Worte auf und lehren Worte und selbst thun sie nichts, und nichts kann man darum von ihnen lernen, außer Worte. Nicht Worte aber braucht der Vater, sondern Werke.

Sie haben nichts zu lehren, darum daß sie selbst nichts wissen, ihr eigener Vorteil aber erheischt es, daß sie sich als Lehrer aufstellen. Ihr aber wisset, daß niemand der anderen Lehrer sein kann. Einen Lehrer giebt es für alle. Der Herrscher des Lebens ist die Erkenntnis. Diese erlogenen Lehrer aber berauben sich selber, während sie andere zu lehren denken, des wahren Lebens, und hindern andere, das ihre zu erkennen. Sie lehren ihren Gott mit äußeren Gebräuchen bewirten und denken, daß sie durch Schwüre zum Glauben bringen können. Allein mit dem Äußeren sind sie beschäftigt.

Um das nur ist es ihnen zu thun, was dem Glauben ähnlich sieht, an das aber, was in der Menschen Herzen ist, denken sie nicht. Und darin sind sie geschmückten Särgen gleich, schön von außen, innen aber Unflat. Sie ehren die Heiligen und Märtyrer mit dem Munde, sind aber selbst welche, die Heilige töteten und marterten und noch töten und martern. Von ihnen kommen alle Verführungen in der Welt, darum, daß sie das Böse zur Schau stellen unter dem Bilde des Guten. Ihre Verführung ist die Wurzel aller Verführung, darum, daß sie höhnten das, was Heiliges ist in der Welt. Noch lange nicht werden sie sich bekehren und werden fortfahren zu betrügen und werden das Böse mehren in der Welt; die Zeit aber wird kommen, da alle Tempel werden zerstört werden und alle äußere Gottesverehrung, und die Menschen begreifen werden und sich einen durch die Liebe im Dienste des einen Vaters des Lebens in der Erfüllung seines Willens.

Matth. XIX, 13. Sie brachten einst Kinder zu Jesu. Seine Jünger begannen die Kinder zu scheuchen.

14. Jesus sah, wie die Jünger die Kinder scheuchten, ward traurig und sagte: Mit Unrecht scheucht ihr die Kinder. Sie sind der Menschen allerbeste, darum daß die Kinder ganz im Willen des Vaters leben. Sie sind gewißlich im Himmelreiche.

Luk. XVIII, 17. Nicht scheuchen solltet ihr sie, sondern lernen von ihnen, darum daß man, im Willen des Vaters zu leben, leben muß wie die Kinder. Immer erfüllen die Kinder die fünf Gebote, die ich euch gab. Die Kinder thun sich nicht Schimpf an und tragen den Leuten nichts nach, die Kinder buhlen nicht und schwören nicht, die Kinder widersetzen sich dem Bösen nicht und führen mit niemand Prozesse, die Kinder wissen von keinem Unterschiede zwischen ihrem Volke und einem fremden, und darum sind sie besser, als die Großen und im Himmelreiche.

Matth. XVIII, 3. Werdet ihr euch nicht losmachen von allen Verführungen des Fleisches und nicht werden wie die Kinder, so werdet ihr nicht im Himmelreiche sein.

5. Der nur, der versteht, wie die Kinder besser sind als wir, daß

sie den Willen des Vaters nicht verletzen, nur der versteht meine Lehre.

Luk. IX, 48. Wer aber meine Lehre versteht, nur der versteht den Willen des Vaters.

Matth. XVIII, 10. Wir können die Kinder nicht verachten, darum, daß sie besser sind als wir und ihre Herzen rein sind vor dem Vater und immer mit ihm.

14. Und nicht ein Kind geht zu Grunde nach dem Willen des Vaters. Durch die Leute nur, die sie weglocken von der Wahrheit, gehen alle zu Grunde.

6. Und darum muß man sie hüten und nicht weglocken vom Vater und dem wahren Leben. Und schlecht handelt der Mensch, der sie weglockt von der Reinheit. Ein Kind weglocken vom Guten, es verführen durch Zorn, Buhlerei, Schwören, Proceß und Krieg ist gleich schlecht, wie einem Kinde einen Mühlstein am Halse befestigen und es ins Wasser stürzen. Schwerlich wird es ans Land schwimmen, viel gewisser·aber ertrinken. Gleich schwer ist es ein Kind aus Verführungen, darein ein Erwachsener es geführt, herauszuführen.

7. Die Welt der Menschen ist unglücklich allein durch Verführungen. Verführungen giebt es überall in der Welt, immer waren sie und werden sie sein und an Verführungen geht der Mensch zu Grunde.

8. Und darum gieb alles hin, opfere alles, daß du nur nicht in Versuchung fällst. Der Fuchs, der ins Eisen gerät, reißt die Pfote los und kommt davon, und die Pfote heilt aus und er bleibt am Leben. So thue auch du: Gieb alles hin, daß du nicht hängen bleibest in der Versuchung.

Luk. XVII, 3. Hütet euch vor Verlockung wider das erste Gebot: den Menschen es nicht zu gedenken, so sie uns Unrecht gethan und wir uns rächen möchten an ihnen.

Matth. XVIII, 15. So ein Mensch dir Unrecht thut, gedenke, daß ihr Söhne seid eines Vaters und er dein Bruder ist. Beleidigte er dich, gehe hin und rede ihm ins Gewissen unter vier Augen. Hört er dich an, so stehst du dich gut dabei und wirst einen neuen Bruder haben.

16. Hört er dich nicht an, dann rufe dir Zweie oder Dreie, daß sie ihn überreden.

Luk. XVII, 3 und 4. Und bereut er, so verzeihe ihm. Und beleidigt er dich sieben Mal und wird sieben Mal sagen: Verzeihe! so verzeihe ihm.

Matth. XVIII, 17. Hört er aber nicht, dann sage es der Gemeinde der Menschen, die meiner Lehre glauben. Hört er auch die Gemeinde nicht, dann verzeihe ihm und habe nichts mit ihm zu schaffen.

26. Darum, daß dass Reich Gottes zu vergleichen ist dem Folgenden: Es war ein Herrscher, der begann mit seinen Zinspflichtigen zu rechnen.

24. Und man brachte ihm einen Zinsbaren, der ihm eine Million Thaler schuldete.

25. Und er hatte nichts, um zu erstatten. Und der Herrscher hätte dafür jenes Habe, Weib und Kinder und ihn selbst verkaufen sollen.

26. Der Zinsbare aber begann um Gnade zu bitten bei dem Herrscher.

27. Und der Herrscher begnadigte ihn und erließ ihm die ganze Schuld.

28. Und sieh, dieser Zinsbare ging nach Hause und sah einen Bauern. Dieser Bauer schuldete ihm einen halben Thaler. Der, der dem Herrscher zinsbar war, ergriff ihn, preßte ihn und spricht: Gieb was du schuldest!

29. Und der Bauer fiel ihm zu Füßen und spricht: Habe Geduld mit mir, ich gebe dir alles wieder.

30. Der Zinsbare aber begnadigte ihn nicht, sondern that den Bauer hinter Schloß und Riegel, bis daß er alles bezahlt hätte.

31. Es sahen dies andere Bauern und gingen zum Herrscher und sagten, was der Zinsbare that.

32. Da rief der Herrscher den Zinsbaren und spricht zu ihm: Böser Hund, den ganzen Zins erließ ich dir, darum daß du mich anflehtest.

33. Begnadigen mußtest du deinen Schuldner, dafür, daß ich dich begnadigte.

34. Und der Herrscher ward zornig und gab den Zinsbaren auf die Folter, bis daß er seinen ganzen Zins erlegte.

35. So wird auch der Vater thun mit euch, so ihr nicht von ganzem Herzen vergebt allen denen, die bei euch in Schuld sind.

Matth. V, 25. Du weißt ja, daß, so sich ein Streit entfacht mit einem Menschen, dann ist es besser, Friede zu schließen mit ihm und nicht vor Gericht zu gehen. Du weißt und thust so, darum daß du weißt, so du zu Gericht wirst gehen, wirst du mehr verlieren. So nun ist es auch mit jeder Bosheit. Weißt du denn, daß die Bosheit ein schlechtes Ding ist, und dich fernhält vom Vater, dann mache dich um so schneller los von der Bosheit und schließe Friede.

XVIII, 18. Ihr wisset ja selbst, daß, wie ihr euch binden werdet auf Erden, so werdet ihr gebunden sein vor dem Vater. Wie ihr euch aber werdet losbinden auf Erden, so werdet ihr auch vor dem Vater losgebunden sein.

19. Ihr verstehet, daß, wenn Zweie oder Dreie eins sind auf Erden durch meine Lehre, sie dann alles was sie wünschen, alles das auch haben werden von ihrem Vater.

20. Darum daß, wo Zweie oder Dreie beisammen sind im Namen des Geistes im Menschen, da wird auch der Geist des Menschen in ihnen leben.

Matth. XIX, 3 / Mark. X, 2. I Hütet euch vor Verlockung wider das zweite Gebot, daß die Männer die Frauen nicht wechseln.

Matth. [XIX], 3. Einst traten rechtgläubige Lehrer zu Jesu und sagten, ihn auf die Probe zu stellen: Kann ein Mann seine Frau verlassen?

4. Er sagte zu ihnen: Von Urbeginn an ist der Mensch geschaffen nach Mann und Weib, das ist des Vaters Wille.

5. Und darum verläßt der Mann Vater und Mutter und heftet sich an eine Frau. Und Mann und Frau gehen ineinander in einen Leib. So daß die Frau für den Mann ist wie sein Fleisch.

6. Darum darf der Mann das natürliche göttliche Gesetz nicht verletzen und trennen das, was vereint ist.

8. Nach eurem mosaischen Gesetze ist gesagt, daß man eine Frau könnte verlassen und eine andere nehmen, aber man kann es nicht. Nach dem Willen des Vaters ist dem nicht so.

9. Und ich sage euch, wer eine Frau verläßt, der treibt sie zur Unzucht und den, der sich mit ihr verbinden wird, Und dadurch, daß er die Frau verläßt, verbreitet er Unzucht auf der Welt.

10. Und die Jünger sagten zu Jesu: Es ist zu schwer, auf immer mit einer Frau zu bleiben. Ist dies nötig, dann so ist es besser, gleich gar nicht zu ehelichen.

11. Er sagte zu ihnen: Man braucht auch nicht zu ehelichen, nur muß man eingedenk sein, was das bedeute.

12. Will jemand ohne Frau leben, der soll rein sein ganz und gar und keine Weiber berühren, wer aber die Weiber liebt, der komme zusammen mit einer Frau und verlasse sie nicht und habe das Auge nicht auf anderen.

Hütet euch vor Verlockung wider das dritte Gebot, der, daß die Menschen euch nötigen, Verbindlichkeiten zu erfüllen und zu schwören.

XVII, 24. Es traten einst Steuererheber zu Petrus und fragten ihn: Zahlt euer Meister die Abgaben oder zahlt er sie nicht?

25. Petrus sagte: Nein, er zahlt sie nicht und ging Jesu erzählen, daß sie ihn anhielten und ihm sagten, alle wären verpflichtet, die Abgaben zu zahlen.

Da sagte Jesus zu ihm: Von seinen Söhnen nimmt der Herrscher doch keine Abgaben und außer dem Herrscher sind sie niemand verpflichtet. So ist es auch mit uns. Sind wir Söhne Gottes, dann sind wir niemand verpflichtet, außer Gott, und von allen Verpflichtungen befreit.

17. So sie aber Abgaben fordern von dir, dann gieb, nicht darum aber, daß du verpflichtet wärest, sondern darum, daß du dich dem Bösen nicht widersetzest. Der Widerstand gegen das Böse würde schlimmeres Böse erzeugen.

XXII, 16. Zum anderen Mal kamen die Rechtgläubigen überein mit den kaiserlichen Beamten und gingen zu Jesu, ihn mit Worten zu fangen. Sie sagten zu ihm: Sieh, du lehrest alles nach Billigkeit.

17. Sage uns, sind wir verpflichtet, Abgaben zu zahlen oder nicht?

18. Jesus verstand, sie wollten ihn verurteilen als einen, der keine Verpflichtungen anerkenne gegen den Kaiser.

19. Er sagte zu ihnen: Laßt sehen, womit ihr dem Kaiser die Abgaben zahlt. Sie reichten ihm eine Münze.

20. Er blickte auf die Münze und spricht: Wessen Bild hier ist das und wessen Aufschrift?

21. Sie sprechen: Des Kaisers. Und er spricht: Gebt denn dem Kaiser, was des Kaisers ist; was aber Gottes ist, eure Seele, gebt niemand, denn Gott. Geld, Habe und Arbeit, gebt alles dem, der es von euch fordern wird, eure Seele aber gebt Keinem außer Gott.

XXIII, 15. Eure rechtgläubigen Lehrer gehen allerwärts umher und nötigen die Leute zu schwören und zu geloben, sie werden das

Gesetz erfüllen. Auf Abwege nur führen sie damit die Leute und machen sie schlechter, als sie vorher waren.

16, 22. Man darf nicht geloben mit seinem Leibe für seine Seele. In eurer Seele ist Gott und darum können die Menschen vor den Menschen nicht für Gott geloben.

Hütet euch aber! Die Verlockung wider das vierte Gebot ist die, daß Menschen Menschen richten und hinrichten und andere zur Teilnahme an diesen Gerichten und Hinrichtungen berufen.

Luk. IX, 52. Die Jesus-Jünger traten einst in ein Dorf und baten um Nachtlager.

53. Man ließ sie nicht ein.

54. Da kamen die Jünger zu Jesu sich beklagen und sprachen: Daß der Blitz sie dafür erschlüge!

55. Und Jesus spricht: Ihr versteht einmal nicht, wes Geistes ihr seid.

56. Ich lehre nicht, wie man Menschen töte, sondern, wie man sie rette.

XII, 13. Einst kam ein Mensch zu Jesu und spricht: Heiße meinen Bruder mir das Erbe geben.

14. Jesus sagte zu ihm: Niemand bestellte mich zum Richter über euch, und niemand richte ich.

15. Auch ihr könnt niemand richten.

Joh. VIII, 3. Einst führten die Rechtgläubigen ein Weib zu Jesu und sprechen:

4. Hier dies Weib ward ergriffen auf der Unzucht.

5. Nach dem Gesetze ist sie zu steinigen dafür. Was sagst du dazu?

6. Jesus antwortete nicht und wartete, daß sie sich anders besännen.

7. Sie setzten ihm aber zu und fragten, ob er das Weib verurteile. Da sagte er: Wer ohne Fehl ist von euch, wohlan, er schleudere ihr den ersten Stein.

8. Und weiter sagte er nichts.

9. Da blickten die Rechtgläubigen einander an und bekamen Gewissensbisse und machten Kehrt und alle gingen weg. Und Jesus blieb allein mit dein Weibe.

10. Er blickt sich um und sieht niemand. Wie, spricht er zu dem Weibe, niemand klagte dich an?

11. Sie spricht: Niemand. Er spricht: Auch ich kann dich nicht anklagen. Geh und sündige künftig nicht.

Hütet euch aber! Die Verlockung wider das fünfte Gebot ist die, daß die Menschen sich verpflichtet glauben, ihren Landsleuten Gutes zu thun, fremde Völker aber für Feinde zu achten.

Luk. X, 25. Ein Gesetzeslehrer wollte Jesum verführen und sagte: Was muß ich thun, daß ich das wahre Leben empfinge?

27. Jesus sagte: Du weißt es. Deinen Vater, Gott, lieben und deinen Bruder vom Vater, von Gott, was für ein Landsmann er auch sei.

29. Und der Gesetzeslehrer sagte: Das wäre vortrefflich, wenn es nicht Volk und Volk gäbe; so aber, wie kann ich die Feinde meines Volkes lieben?

30. Und Jesus sagte: Es war ein Jude, dem erging es übel: Sie schlugen ihn zu Boden, plünderten ihn und ließen ihn am Wege.

31. Es kam ein Jude vorbei, ein Priester, blickte auf den zu Boden Geschlagenen und ging vorüber.

32. Es kam ein Jude vorbei, ein Levit, blickte auf den zu Boden Geschlagenen und ging vorüber.

33. Es kam ein Mensch vorbei aus fremdem, aus Feindes-Volke, ein Samarier: Dieser Samarier sah den Juden und erwog nicht, daß die Juden die Samarier verachteten und hatte Mitleid mit dem zu Boden geschlagenen Juden.

34. Er wusch und verband seine Wunden und führte ihn auf seinem Esel mit sich in die Herberge. Er bezahlte für ihn die Herberge und versprach wieder einzusprechen, um noch für ihn zu bezahlen. So nun thut einem fremden Volke, ob es euch verachtete und ins Elend brächte, und dann werdet ihr das wahre Leben empfangen.

Matth. XVI, 21. Jesus sagte: Die Welt liebt die ihrigen, aber haßt die von Gott und darum werden die Weltleute: Priester, Gelehrte und Obere, die martern, die den Willen des Vaters erfüllen werden. Auch ich werde nach Jerusalem gehen und sie werden mich martern und töten, mein Geist aber kann nicht getötet werden und wird leben bleiben.

Mark. VIII, 32. Da Petrus darum hörte, daß Jesus gemartert und getötet werden würde in Jerusalem, ward er traurig, nahm Jesum bei der Hand und sagte zu ihm: Wenn dem so ist, dann gehe lieber nicht nach Jerusalem.

33. Jesus sagte zu Petrus: Sprich nicht so. Das, was du redest, ist

Verführung. So du Qualen und Tod für mich fürchtest, bedeutet das, daß du nicht an das Göttliche denkst, den Geist, sondern an das Menschliche.

34. Und nachdem er das Volk und die Jünger zu sich gerufen, sagte Jesus: Der, der nach meiner Lehre zu leben wünscht, wohl, der entsage nur seinem fleischlichen Leben, der sei nur bereit auf alle fleischlichen Leiden, darum, daß wer fürchtet für sein fleischliches Leben, das wahre zu Grunde richten wird. Wer aber das fleischliche Leben verachtet, der wird das wahre retten.

Matth. XXII, 23. Und sie verstanden das nicht. Und da nun traten Altgläubige herzu, und er erklärte allen, was das wahre Leben bedeute und die Erweckung vom Tode. Die Altgläubigen sagten, daß es kein Leben irgend welcher Art mehr geben werde nach dem fleischlichen Tode.

24. Sie sagten: Wie können denn alle auferstehen von den Toten? Wenn alle auferstünden, die Auferstandenen könnten gar nicht beisammen leben.

25. Lassen wir sieben Brüder sein. Der erste freit und stirbt. Die Frau heiratet den zweiten Bruder und er stirbt, sie heiratet den dritten, auch der stirbt und so fort bis zum siebenten.

28. Nun und wie werden diese sieben Brüder mit einer Frau leben, so sie alle auferstehen?

Luk. XX, 34. Jesus sagte zu ihnen: Entweder verwirrt ihr vorsätzlich, oder ihr begreift nicht, zu welchem Leben man aufersteht. Die Menschen in diesem Leben ehelichen und werden geehelicht.

Die aber das ewige Leben gewinnen und die Erweckung vom Tode, die ehelichen nicht und werden nicht geehelicht.

36. Darum, daß sie auch nicht mehr sterben können. Sie vereinigen sich mit dem Vater.

Matth. XXII, 31. In eurer Schrift ist gesagt, daß Gott sagte: Ich bin der Gott Abrahams und Jakobs. Und das sagte Gott, da Abraham und Jakob schon gestorben waren für die Menschen. Die also, die gestorben sind für die Welt, sind lebend für Gott. So Gott ist und Gott nicht stirbt, sind die, die mit Gott sind, immer lebend. Die Auferweckung vom Tode ist das Leben im Willen des Vaters. Für den Vater giebt es keine Zeit, und darum entgeht der Mensch, der den Willen des Vaters erfüllt, dadurch, daß er sich vereint mit ihm, der Zeit und dem Tode.

34. Da die Rechtgläubigen dies hörten, wußten sie nicht mehr, was erdenken, ihn zum Schweigen zu bringen und begannen Jesum allesamt mit Fragen zu bestürmen.

35. Und einer der Rechtgläubigen sagte:

36. Meister! Welches Gebot im ganzen Gesetze ist nach dir das Hauptgebot? Die Rechtgläubigen dachten, Jesus werde in die Enge kommen bei der Auskunft über das Gesetz.

37. Jesus aber sagte: Das erste ist das, daß man von ganzer Seele den Herrn liebe, das, in des Macht man ist, und das andere folgt aus ihm:

39. Daß man seinen Nächsten liebe, angesichts des, daß derselbe Herr in ihm ist.

40. Und in diesem ist alles enthalten, was geschrieben ist in euren Büchern.

42. Und weiter sagte Jesus: Was ist eigentlich Christus nach eurer Meinung? Ist er irgend eines Sohn? Sie sagten: Nach uns ist Christus der Davidssohn.

43. Da sagte er zu ihnen: Wie nennt dann David Christum seinen Herrn! Kein Sohn Davids ist Christus noch Sohn irgend wes (dem Fleische nach); Christus, das ist derselbe Herr, und Herrscher über uns, den wir in uns wissen als unser Leben. Christus – das ist die Erkenntnis, die in uns ist.

Luk. XII, 1. Und Jesus sagte: Sehet zu, hütet euch vor dem Sauerteige der rechtgläubigen Lehrer. Hütet euch vor dem Sauerteige der Altgläubigen und dem Sauerteige der Regierenden.

5. Mehr als alles aber hütet euch vor dem Sauerteige der erlogenen Rechtgläubigen, darum, daß in ihnen alles Betrug ist.

XX, 45. Und da das Volk verstand, worüber er redete, sagte er:

46. Mehr als alles hütet euch vor der Lehre der Schriftgelehrten: der erlogenen Rechtgläubigen.

47. Hütet euch vor ihnen darum, daß sie den Platz des Propheten einnahmen, der dem Volke den Gotteswillen offenbart hat. Eigenmächtig nahmen sie sich heraus, dem Volke den Willen Gottes zu predigen. Sie predigen Worte, thun aber nichts.

Matth. XXIII, 3. Und dahin kam es, daß sie nur sagen: Thut das und das, aber nichts thun, darum daß sie nichts Gutes thun, sondern allein reden.

4. Und sie reden von dem, was man nicht thun dürfe. Und selbst thun sie nichts.

5. Sondern trachten nur das Lehramt für sich zu behalten und bemühen sich dazu auffällig zu sein: Sie kleiden sich heraus, sie sprechen groß von sich.

8. Und darum wisset, daß Keiner sich selbst Meister und Hirt nennen darf.

13. Die erlogenen Rechtgläubigen nennen sich Meister und so gerade hindern sie euch, einzugehen ins Himmelreich, und gehen selbst nicht hinein.

15. Diese Rechtgläubigen glauben, daß man zu Gott durch äußere Gebräuche, durch Schwüre dringen könne.

16. Und wie Blinde sehen sie nicht, daß das Äußere nichts bedeutet, daß alles in der Seele des Menschen ist.

23. Das Leichteste, Äußerlichste thun sie, was aber nötig ist und schwer: Liebe, Güte, Gerechtigkeit – das lassen sie.

28. Von außen möchten sie nur im Gesetze sein und andere von außen zum Gesetze bringen.

27. Und davon sind sie wie geschmückte Särge, von außen scheint es rein, innen aber ist es Unflat.

30. Äußerlich ehren sie auch die heiligen Märtyrer.

31. In Wahrheit aber sind sie selbst solche, die die Heiligen martern und töten. Nach wie vor sind sie Feinde alles Guten. Von ihnen kommt alles Böse in der Welt darum, daß sie das Gute verbergen und statt des Guten das Böse zur Schau stellen. Mehr als alles muß man die erlogenen Hirten fürchten.

Mark. III, 28. Darum daß ihr selbst wisset, daß man jeden Fehl könne gut machen.

29. Wenn aber die Menschen darin fehlen, was das Gute ist, dann ist es ein Fehlen, das nicht gut zu machen ist. Und das gerade thun die erlogenen Hirten.

Matth. XXIII, 37. Und Jesus sagte: Alle Menschen hier in Jerusalem wollte ich vereinen in der einen Erkenntnis des wahren Heiles; aber die Leute hier verstehen die Lehrer des Guten nur hinzurichten.

38. Und darum werden sie die Gottlosen bleiben, die sie waren und werden den wahren Gott nicht kennen, ehe sie nicht die Erkenntnis Gottes aufnehmen mit Liebe.

XXIV, 1. Und Jesus ging hinweg vom Tempel. Da sagten seine

Jünger zu ihm: Und der Tempel Gottes hier mit allem Schmucke, den die Leute hineintrugen für Gott?

2. Und Jesus sagte: Fürwahr, ich sage euch: Dieser ganze Tempel mit all seinem Schmucke wird zerstört werden und nichts von ihm übrig bleiben.

3. Einen einzigen Tempel Gottes giebt es, das sind die Herzen der Menschen, wann sie einander lieben. Und sie fragten ihn, wann wird ein solcher Tempel da sein?

4. Und Jesus sagte zu ihnen: Nicht so bald wird das sein. Noch lange werden die Leute mit meiner Lehre betrügen, und wird dafür Krieg und Aufruhr sein.

12. Und eine große Gesetzlosigkeit wird sein und wenig Liebe.

14. Wann aber die wahre Lehre sich verbreiten wird, dann wird in allen Menschen ein Ende sein des Bösen und der Verführungen.

———

ZEHNTES KAPITEL.
DER KAMPF MIT DEN VERFÜHRUNGEN.

Und darum muß man,
sich vom Bösen zu befreien,
zu jeder Stunde seines Lebens
eins sein mit dem Vater.
(Und führe uns nicht in Versuchung!)

Inhalt des zehnten Kapitels.

Die Juden sahen, daß die Lehre Jesu den Staat, den Glauben und die Nationalität zerstöre und zu gleicher Zeit sahen sie, daß sie seine Lehre nicht widerlegen könnten, und darum beschlossen sie, ihn zu töten. Jesu Unschuld und Gerechtigkeit hielten sie zurück, aber der Erzpriester Kaiaphas erdachte einen Beweis, daß man Jesum töten müsse, gleichviel, ob er schuldig sei oder nicht. Kaiaphas sagte: Nicht darüber haben wir zu entscheiden, ob dieser Mensch ungerecht sei oder nicht; wir müssen darüber entscheiden, ob wir wollen, daß wir ein ungeteiltes jüdisches Volk bleiben, oder ob wir wollen, daß wir zu Grunde gehen und uns zerstreuen.

Zu Grunde gehen und sich zerstreuen wird das Volk, so wir diesen Menschen gewähren lassen und ihn nicht töten. Dieser Beweisgrund entschied und die Rechtgläubigen verurteilten Jesum zum Tode und thaten dem Volke kund, dass sie ihn ergriffen, sobald er sich in Jerusalem sehen lasse.

Jesus, obschon er davon wußte, kam er dennoch zum Passah-Feste nach Jerusalem. Die Jünger beredeten ihn, daß er nicht ginge, Jesus aber sagte: Das, was die Rechtgläubigen mit mir thun wollen und alles was andere Menschen mit mir thun können, kann die Wahrheit nicht unwahr machen für mich:

So ich weiß, wo ich bin und wohin ich gehe. Nur der, der die Wahrheit nicht kennt, kann irgend etwas fürchten und zweifeln an irgend etwas. Nur der, der nicht sieht, nur der strauchelt. Und er ging nach Jerusalem. Unterwegs verweilte er in Bethanien. In Bethanien goß Maria einen Krug kostbaren Öles über ihn. Da er wußte, daß ihm der fleischliche Tod bald bevorstehe, sagte Jesus zu den

Jüngern auf die Vorwürfe, die sie Maria machten, darum daß sie so viel kostbares Öl auf ihn gösse, das, was sie ausgösse, sei das Salböl und die Bereitung seines Leibes zum Tode.

Als Jesus auszog aus Bethanien und hineinging nach Jerusalem, kamen ihm Haufen Volks entgegen und folgten ihm und das überzeugte die Rechtgläubigen noch mehr, daß es unumgänglich sei, ihn zu töten. Sie warteten nur auf eine Gelegenheit, ihn zu ergreifen. Auch wußte er, daß das geringste unvorsichtige Wort, das er gegen das Gesetz reden werde, seine Hinrichtung werde zur Folge haben; trotzdem ging er hinein in den Tempel und erklärte aufs neue, die seitherige Gottesverehrung der Juden durch Opfer und Beeinflussung sei falsch, und predigte seine Lehre. Seine Lehre aber war, als auf die Propheten gegründet, eine solche, daß die Rechtgläubigen ihm nach wie vor keine offene Gesetzesverletzung nachweisen konnten, eine, für die es möglich gewesen wäre, ihn mit dem Tode zu strafen, um so mehr, da der größere Teil des gemeinen Volkes auf seiten Jesu war. Aber da waren Heiden auf dem Feste, und da sie von der Christus-Lehre hörten, wollten sie sich mit Jesu über seine Lehre unterreden. Da die Jünger davon hörten, erschraken sie. Sie fürchteten, Jesus möchte, wenn er eine Unterredung hätte mit den Heiden, sich verraten und das Volk erbittern. Anfangs dachten sie Jesus den Heiden zu entziehen, dann aber beschlossen sie, es Jesu zu sagen, die Heiden wünschten mit ihm zu reden.

Da Jesus dies hörte, ward er betroffen. Er begriff, daß seine Predigt vor den Heiden seine Verschmähung des ganzen jüdischen Gesetzes klar zeigen, die gemeine Menge von ihm abziehen und den Rechtgläubigen werde Anlaß geben, ihn mit den verhaßten Götzenanbetern anzuklagen. Jesus ward betroffen, da er dies begriff, zu gleicher Zeit aber ward er inne, daß es sein Beruf sei, die Menschen aufzuklären darüber, daß sie eins seien als Söhne eines Gottes, ohne Unterschied des Glaubens. Er wußte, daß dieser Schritt sein fleischliches Leben töten, dieser Untergang aber den Menschen die wahre Erkenntnis des Lebens geben werde, und darum sagte er: Wie ein Weizenkorn untergehen muß, dafür daß Frucht wachse, so muß auch der Mensch sein fleischliches Leben hingeben dafür, daß geistige Frucht wachse. Wer sein fleischliches Leben schont, der büßt das wahre ein, wer aber das fleischliche nicht schont, der empfängt das wahre. Ich bin betroffen über das, was mir bevorsteht, nun aber lebte ich bis heute nur dafür, um bis zu dieser Stunde zu leben, wie sollte ich in dieser Stunde nicht thun, was ich thun soll? Und so thue sich denn in dieser Stunde der Wille des Vaters kund in mir.

Und zum Volke gewandt, zu den Heiden und Juden, sagte Jesus gerade heraus, was er zu Nikodemus insgeheim gesprochen hatte. Er sagte: Das menschliche Leben mit seinen allerlei Bekenntnissen und allerlei Oberherrlichkeiten muß ein gänzlich anderes werden. Alle menschlichen Oberherrlichkeiten müssen vernichtet werden. Allein nötig ist, die Bedeutung des Menschen zu verstehen als eines Sohnes des Vaters des Lebens; diese Erkenntnis aber vernichtet alle menschlichen Teilungen und Oberherrlichkeiten und eint alle Menschen in eins. Die Juden sagten: Du zerstörst unseren ganzen Glauben. Nach unserem Gesetze giebt es einen Christus, du aber sprichst, daß es nur einen Menschensohn gebe und daß man ihn erhöhen müsse. Was heißt das? Er sagte: Den Menschensohn erhöhen heißt leben durch jenes Licht der Erkenntnis, das in den Menschen ist, um, so lange das Licht da ist, in diesem Lichte zu leben. Ich lehre keinen neuen Glauben, sondern das nur, was jeder in sich weiß. Jeder weiß Leben in sich und jeder weiß, daß das Leben ihm und allen Menschen gegeben ist durch den Vater des Lebens.

Meine Lehre ist allein die, daß man liebe das Leben, das allen Menschen gegeben ist vom Vater.

Viele von den Nichtbeamteten glaubten an Jesum; die Leute von Einfluß aber und die Beamteten glaubten ihm nicht, darum, daß sie dem ewigen Sinne seiner Rede nicht nachdenken wollten, sondern nur der zeitlichen Bedeutung seiner Lehre nachdachten. Sie sahen, daß er das Volk von ihnen abspenstig mache und wollten ihn töten, fürchteten aber ihn offen zu greifen und darum wollten sie ihn nicht in Jerusalem und bei Tage greifen, sondern irgendwo insgeheim. Und es kam zu ihnen einer von den zwölf Jüngern, Judas der Iskariote, und sie kauften ihn, daß er Diener nach ihnen schicke, wann Jesus nicht unter dem Volke wäre. Judas versprach es ihnen und ging wiederum zu Jesu und wartete die Zeit ab, wann man ihn am besten auslieferte.

Am ersten Festtage feierte Jesus das Passah mit den Jüngern, und Judas, der dachte, Jesus wisse nicht um seinen Verrat, war mit unter ihnen. Jesus aber wußte, daß Judas ihn verriet, und da alle bei Tische saßen, nahm Jesus das Brot, brach es in zwölf Teile und gab jedem

Jünger ein Stück, auch dem Judas gleich den anderen, und ohne jemand zu nennen, sagte er: Nehmet, esset meinen Leib! Und darauf nahm er die Schale mit Wein, gab sie herum, daß alle, auch Judas, aus ihr tränken, und sagte: Einer von euch wird mein Blut vergießen. Trinkt mein Blut. Dann stand Jesus auf und begann allen Jüngern die Füße zu waschen und da er geendet, sagte er: Ich weiß, daß einer von euch mich dem Tode wird überliefern und mein Blut vergießen, aber ich gab ihm zu trinken und zu essen und wusch seine Füße. Darum that ich es, daß ich euch lehrte, wie ihr euch zu verhalten hättet gegen die, die euch Böses thun. Werdet ihr so handeln, dann werdet ihr selig sein. Die Jünger aber fragten alle, wer von ihnen der Angeber sei. Jesus aber nannte ihn nicht, daß sie ihn nicht straften. Als es dunkel ward, zeigte Jesus auf Judas und hieß ihn hinausgehen. Judas stand auf vom Tische und lief weg und niemand hielt ihn an. Da sagte Jesus: Seht, das bedeutet den Menschensohn erhöhen. Den Menschensohn erhöhen bedeutet so gütig sein wie der Vater, nicht nur zu denen, die uns lieben, sondern auch zu allen, die uns Böses thun. Und darum grübelt nicht über meine Lehre, untersucht sie nicht, wie die Rechtgläubigen thaten, sondern thut das, was ich jetzt vor euch that. Ein Gebot gebe ich euch: Liebet die Menschen. Darin ist meine ganze Lehre enthalten, daß man stets und bis ans Ende die Menschen liebe. Hierauf befiel Jesum Furcht und er ging mit den Jüngern in den Garten bei Nacht, sich zu verbergen.

Und unterwegs sagte er: Alle seid ihr nicht fest und alle zaghaft; wann sie mich werden greifen, werdet ihr alle auseinander laufen. Auf dies sagte Petrus zu ihm: Nein, ich werde dich nicht verlassen und werde dich verteidigen, wäre es bis zum Tode. Und alle Jünger sagten dasselbe. Und Jesus sagte: Wenn das ist, so bereitet euch vor zur Verteidigung, nehmt Vorräte, weil es nötig sein wird, sich zu verbergen, und Waffen, euch zu verteidigen. Die Jünger sagten, sie hätten zwei Messer. Und als Jesus dies Wort von den Messern hörte, befiel ihn Unmut. Und er ging an einen einsamen Ort und begann zu beten und auch die Jünger dazu zu ermuntern, die Jünger aber verstanden ihn nicht. Jesus sagte: Vater, mein Geist! Mache dem Kampfe der Versuchung in mir ein Ende! Bestärke mich in der Erfüllung deines Willens, – keinen eigenen Willen will ich, mein fleischliches Leben zu verteidigen, aber deinen Willen will ich, dem Bösen mich nicht zu widersetzen. Noch immer verstanden die

Jünger ihn nicht. Und er sagte zu ihnen: Denkt nicht an das Fleischliche, trachtet vielmehr euch zu erheben durch den Geist; im Geiste ist die Kraft, das Fleisch ist ohnmächtig. Mein Vater! Wenn die Leiden unausweichlich sind, wohlan, so seien sie; in den Leiden aber wünsche ich eins, daß nicht mein, sondern dein Wille geschehe. Die Jünger verstanden ihn nicht. Und wiederum rang er mit der Versuchung und sagte endlich, nachdem er sie besiegt, indem er zu den Jüngern hertrat: Jetzt ist es beschlossen, ihr könnt ruhig sein. Ich werde nicht kämpfen, sondern mich übergeben in die Hände der Menschen dieser Welt.

———

Luk. XI, 53. Hierauf begannen die rechtgläubigen Bischöfe mit aller Kraft Jesum auszuspähen, daß sie ihn irgendwie umbrächten. Joh. XI, 47. Sie versammelten sich, zu beraten und begannen ihn zu richten. Sie sprachen: Irgendwie muß ein Ende werden mit diesem Menschen. Seine Lehre trägt er zur Schau vor uns,

48. Sodaß, wenn wir ihn gewähren lassen, alle an ihn glauben werden und unsere Lehre verwerfen. Werden aber die Juden seiner Lehre glauben, daß alle Menschen Söhne eines Vaters und Brüder sind, daß unser hebräisches Volk nichts voraus hat vor anderen Völkern, dann werden die Römer uns ganz und gar mitraffen, und ein hebräisches Reich wird es länger nicht geben.

Luk. XIX, 47. Und lange berieten die rechtgläubigen Bischöfe und die Gelehrten und konnten nichts ersinnen, was sie mit ihm thäten.

48. Sie konnten sich nicht entschließen, ihn zu töten.

Joh. XI, 49. Und da erdachte einer von ihnen, Kaiaphas (er war Erzpriester in diesem Jahre), dies. Er sagte zu ihnen:

50. An das gedenken muß man: Man thut gut daran, einen Menschen zu töten, wenn durch ihn ein ganzes Volk zu Grunde geht. Lassen wir diesen Menschen gewähren, das Volk wird zu Grunde gehen, das sage ich euch im voraus, und darum so thun wir gut daran, Jesum zu töten.

52. Und geht das Volk auch nicht zu Grunde, so wird es sich gleichwohl zerstreuen und vom einigen Glauben lassen, so wir Jesum nicht töten, und darum so thun wir gut daran, Jesum zu töten.

53. Und als Kaiaphas dies gesagt, da entschieden alle, daß es kein Besinnen gälte und Jesus ohne Verzug zu töten sei.

54. Auch hätten sie Jesum sogleich gefangen und ihn getötet, er verbarg sich aber vor ihnen in der Einöde.

55. Zu der Zeit aber kam das Passah-Fest heran und viel Volk traf immer in Jerusalem zusammen zum Feste.

56. Und die rechtgläubigen Bischöfe zählten darauf, Jesus werde mit dem Volke zum Feste kommen.

57 und Joh. XII, 1 und 2. Und es geschah so, daß sechs Tage vor dem Passah Jesus zu den Jüngern sagte: Gehen wir nach Jerusalem! Und er ging mit ihnen.

8. Und die Jünger sagten zu ihm: Gehe nicht nach Jerusalem. Die Bischöfe beschlossen jetzt, dich zu steinigen. Wann du kommen wirst, werden sie dich töten.

9. Und Jesus sagte zu ihnen: Ich kann nichts fürchten darum daß ich lebe im Lichte der Erkenntnis. Wie ein jeder Mensch, nicht zu straucheln, bei Tage gehen kann, statt nachts, so kann ein jeder Mensch, an nichts zu zweifeln und nichts zu fürchten, durch diese Erkenntnis leben.

10. Nur wer durch das Fleisch lebt zweifelt oder fürchtet, wer aber durch die Erkenntnis lebt, für den giebt es nichts Zweifelhaftes oder Schreckliches.

XII, 2. Und Jesus kam zum Dorfe Bethanien bei Jerusalem, zu Martha und Maria. Und da er beim Abendessen saß, wartete Martha ihm auf.

3. Maria aber nahm ein Pfund kostbaren ungemischten Öles, goß es über Jesu Füße und trocknete sie mit ihrem Haare. Und in der ganzen Stube verbreitete sich der Duft des Öls.

4. Judas, der Iskariote sagte: Unrecht verschwendest du, Maria, das teure Öl. Besser war es, dies Öl zu verkaufen für dreißig Thaler und die den Bettlern zu geben.

8. Jesus aber sagte: Bettler wird es auch ferner bei euch geben, ich aber werde bald nicht mehr bei euch sein.

7. Sie that wohl daran, sie bereitete meinen Leib zur Bestattung.

12. Am Morgen ging Jesus hinein nach Jerusalem. Es war viel Volk da zum Feste.

13. Und da sie Jesum erkannten, umringten sie ihn, begannen

Zweige von den Bäumen zu brechen und ihre Kleider auf den Weg zu werfen und alle schrieen: Da ist er, unser wahrer Herrscher, der, der uns den wahren Gott lehrte.

14. Jesus saß auf einem Eselsfüllen und ritt auf ihm und das Volk lief vor ihm her und schrie. Matth. XXI, 10. Und so ritt Jesus hinein nach Jerusalem. Und da er so einzog in die Stadt, ward das ganze Volk rege und fragte: Wer ist das?

11. Und die, die ihn kannten, antworteten: Jesus ist es, der Prophet aus dem galiläischen Nazareth.

15. Und Jesus trat in den Tempel und wieder trieb er alle Verkäufer und Käufer hinaus. Joh. XII, 19. Und dies alles sahen die rechtgläubigen Bischöfe und sprachen zu einander: Seht, was dieser Mensch thut! Das ganze Volk ist hinter ihm her. Mark. XI, 18. Aber sie wagten es nicht, ihn offen aus dem Volke heraus zu greifen, darum, daß sie sahen, daß das Volk an ihm hing, und sie überlegten, wie sie ihn durch List fingen.

Joh. XII, 20. Während dem war Jesus im Tempel und lehrte das Volk. Unter dem Volke waren außer den Juden griechische Heiden. Die Griechen hörten von der Lehre Jesu und verstanden seine Lehre so, daß er die Wahrheit nicht den Hebräern allein, sondern allen Menschen lehre.

21. Und darum wollten auch sie seine Schüler sein und sagten dem Philippus davon.

22. Philippus aber sagte es dem Andreas. Die Jünger fürchteten sich, Jesum zusammen zu bringen mit den Heiden. Sie fürchteten, daß das Volk erbittert würde auf Jesum, dafür, daß er keinen Unterschied gelten lasse zwischen Hebräern und anderen Völkern, und entschlossen sich lange nicht, Jesu davon zu sagen, dann aber sagten sie es ihm beide zusammen. Jesus, da er hörte, daß die Griechen seine Schüler sein wollten, ward er betroffen. Er wußte, daß das Volk ihm grolle, daß er keinen Unterschied mache zwischen Heiden und Juden, dafür daß er sich selbst als einen solchen anerkannte, wie die Heiden.

23. Er sagte: Es kam die Stunde, zu erklären, was ich verstehe unter dem Menschensohne. Und mag ich auch untergehen dafür,

daß ich, ohne Unterschied Juden und Heiden die Bedeutung des Menschensohnes enthülle, dennoch werde ich die Wahrheit sprechen.

24. Das Weizenkorn trägt nur dann Frucht, wenn es selbst zu Grunde geht.

25. Der, der sein fleischliches Leben liebt, der verliert das wahre Leben, wer aber des fleischlichen Lebens nicht achtet, der bewahrt sich zum ewigen Leben.

26. Wer meiner Lehre dienen will, wohlan, thue er, was ich selbst thue; er wird gelohnt werden durch meinen Vater.

27. Meine Seele kämpft jetzt: soll ich mich den Berechnungen des zeitlichen Lebens hingeben, oder soll ich den Willen des Vaters erfüllen, jetzt, zu dieser Stunde. Und nun, da die Stunde da ist, in der ich lebe, könnte ich wohl sagen: Vater, befreie mich von dem, was ich thun soll. Ich kann es nicht sagen, darum, daß ich jetzt lebe.

28. Und darum so spreche ich: Vater! Bezeuge dich jetzt in mir.

31. Und Jesus sagte: Von nun an ist die Welt der Menschen zum Untergange verurteilt. Von nun an wird das, was dieser Welt gebietet, vernichtet werden.

32. Und dann wird der Menschensohn erhöht werden über das irdische Leben, dann wird er alle in eins vereinen.

34. Und die Juden sagten zu ihm: Nach dem Gesetze verstehen wir, daß ein ewiger Christus ist; wie sagst du nun, daß der Menschensohn müsse erhöhet werden? Was bedeutet das, den Menschensohn erhöhen?

35. Daraus antwortete ihnen Jesus: Den Menschensohn erhöhen bedeutet, durch jenes Licht der Erkenntnis leben, das in uns ist.

36. Den Menschensohn erhöhen über das Irdische bedeutet, an das Licht glauben, so lange es Licht ist, ein Sohn der Erkenntnis zu sein.

44. Der, der meiner Lehre glaubt, glaubt nicht mir, sondern dem Geiste, der der Welt das Leben gab.

45. Und der, der meine Lehre versteht, versteht den Geist, der der Welt das Leben gab.

47. Wenn aber wer meine Worte hört und nicht erfüllt, dann klage nicht ich ihn an, da ich anzuklagen nicht kam, sondern zu erlösen.

48. Den, der meine Worte nicht annimmt, klagt meine Lehre

nicht ihn an, die Erkenntnis aber, die in ihm ist, sie ist es, die ihn anklagt.

49. Darum, daß ich nicht das Meine sprach, sondern sprach, was mein Vater mir eingab – der Geist, der in mir lebt.

50. Das, was ich spreche, ist das, was der Geist der Erkenntnis mir sagte. Und das, was ich lehre, das wahre Leben.

36. Und da er das gesagt, ging Jesus hinweg und verbarg sich wiederum vor den Bischöfen.

42. Und unter denen, die diese Worte Jesu hörten, glaubten von den mächtigen und reichen Leuten viele an Jesu Lehre, sie fürchteten sich aber, es vor den Bischöfen zu bekennen, darum, daß von den Bischöfen nicht einer bekannte, daß er glaube.

43. Darum, daß sie gewohnt waren, zu urteilen nach Menschen-[art], nicht aber nach Gottesart.

Matth. XXVI, 3. Hierauf, da Jesus sich verbarg, kamen die Bischöfe und Ältesten wiederum zusammen im Hofe des Kaiaphas.

4. Und sie begannen zu überlegen, wie sie Jesum heimlich vom Volke wegfingen und mordeten.

5. Ihn offen zu greifen, fürchteten sie.

14. Und zu ihnen in den Rat kam einer der zwölf ersten Jünger Jesu, Judas, der Iskariote.

15. Und sagte: Wollt ihr Jesum insgeheim fangen, daß das Volk es nicht sähe, so werde ich eine Zeit finden, da wenig Volk um ihn ist und werde euch zeigen, wo er ist, und dann werdet ihr ihn greifen. Was gebt ihr mir aber dafür? Sie versprachen ihm dreißig Thaler dafür.

16. Er willigte ein und begann von da ab eine Zeit auszusuchen, da er die Bischöfe zu Jesu könnte führen, daß sie ihn griffen.

17. Unterdessen verbarg sich Jesus vor dem Volke und nur die Jünger waren bei ihm. Als der erste Festtag, der der ungesäuerten Brote kam, sprachen die Jünger zu Jesu: Wo werden wir Passah feiern?

48. Und Jesus spricht: Geht ins Dorf zu irgend einem und sagt, wir hätten nicht Zeit, das Passah zu bereiten, und bittet ihn uns zuzulassen, das Passah zu feiern.

19. Die Jünger thaten so. Sie baten einen Mann im Dorfe und er ließ sie ein.

20. Und so kamen sie und setzten sich zu Tische: Jesus und die zwölf Jünger und Judas unter ihnen.

Joh. XIII, 1. Jesus wußte, daß Judas der Iskariote bereits versprach, ihn auszuliefern, er überführte ihn aber nicht und rächte sich nicht an Judas, sondern, wie er sein Leben lang die Jünger Liebe lehrte, so machte er jetzt auch Judas nur in Liebe Vorwürfe.

Matth. XXVI, 21. / Mark. XIV,18 | Als sie alle Zwölf bei Tische saßen, blickte er auf sie und sagte: Unter euch sitzt der, der mich auslieferte.

Matth. XXVI, 23. Ja, der, der trinkt und ißt mit mir, der bringt mich auch um.

26. Und mehr sagte er nicht, so daß sie nicht wußten, von wem er sprach und begannen zu Nacht zu essen. Als sie zu essen begannen, nahm Jesus das Brot, brach es in zwölf Teile, gab jedem der zwölf Jünger ein Stück und sagte: Nehmet, esset, – das ist mein Leib.

27. Und dann goß er Wein in die Schale, gab sie den Jüngern und sagte: Trinket alle aus dieser Schale. Und als sie sie geleert hatten, sagte er:

28. Das ist mein Blut. Ich vergieße es, daß die Menschen mein Vermächtnis kennten, einander ihre Sünden zu vergeben.

Luk. XXII, 18. Darum, daß ich bald sterben werde und nicht länger werde bei euch sein in dieser Welt, sondern mich erst vereinigen werde mit euch im Himmelreiche.

Joh. XIII, 4. Und hierauf stand Jesus auf vom Tische, gürtete sich mit einem Handtuche, nahm einen Krug Wasser –

5. Und begann allen Jüngern die Füße zu waschen.

6. Und trat zu Petrus und Petrus spricht: Wie wirst du mir die Füße waschen!

7. Und Jesus sagte zu ihm: Es scheint dir seltsam, daß ich dir die Füße wasche, sogleich aber wirst du wissen, warum ich es thue.

10. Darum thue ich es, daß ihr wohl rein seid, aber nicht alle, sondern unter euch ist mein Verräter, dem ich aus meinen Händen Brot und Wein gab und dem ich die Füße waschen.

12. Und da Jesus ihnen allen die Füße gewaschen hatte, setzte er sich nieder und spricht: Verstandet ihr, warum ich das that?

14. Ich that es darum, daß ihr euch immer das Gleiche thätet. Ich, euer Meister, thue das, daß ihr wüßtet, wie ihr euch verhieltet gegen die, die euch Böses thun.

17. So ihr das verstandet und werdet danach thun, werdet ihr selig sein.

18. Da ich sagte, einer von euch werde mich verraten, sprach ich nicht von euch allen, darum daß einer von euch nur, der, dem ich die Füße wusch und der das Brot mit mir aß, einer von euch mich umbringen wird.

21. Und da Jesus das gesagt hatte, ward er unwillig im Geiste und noch einmal sagte er: Ja, ja, einer von euch wird mich ausliefern.

22. Und wiederum begannen die Jünger einander anzublicken und wußten nicht, von wem er redete.

23. Einer der Jünger saß nahe bei Jesu.

24. Simon Petrus stieß ihn an, daß er ihn früge, wer der Verräter sei.

25. Der aber fragte.

26. Jesus sagte: Ich werde einen Bissen eintauchen und ihn reichen, und wem ich ihn reichen werde, der ist der Verräter. Und er reichte den Bissen Judas, dem Iskarioten.

27. Und sagte zu ihm: Was du thun willst, thue es bald.

30. Und Judas verstand, daß er hinausgehen solle, und wie er nur den Bissen gewonnen, ging er sogleich hinaus. Und ihm nacheilen war nicht möglich, darum, daß es Nacht war.

31. Und da Judas hinausging, sagte Jesus: Jetzt ist es euch klar, was es auf sich hat mit dem Menschensohne, jetzt ist euch klar, daß Gott in ihm ist, daß er gerade so gütig sein kann, wie Gott selbst.

33. Kinder! Nicht lange mehr darf ich bei euch sein. Klügelt nicht über meine Lehre, wie ich zu den Rechtgläubigen sprach, sondern thut das, was ich that.

34. Ein neues Gebot gebe ich euch: Wie ich euch alle liebte, immer und bis ans Ende, so liebet auch ihr einander immer und bis ans Ende.

35. Solchermaßen nur werdet ihr euch auszeichnen. Dadurch nur zeichnet euch aus vor anderen Leuten: liebet einander.

Matth. XXVI, 30. Und hierauf gingen sie auf den Oliven-Berg.

31. Und unterweges sagte Jesus zu ihnen: Nun kommt die Zeit, daß geschieht, was gesagt ist in der Schrift: Sie werden den Hirten töten und die Schafe werden sich zerstreuen. Und in dieser Nacht wird es geschehen. Sie werden mich ergreifen und ihr alle werdet mich verlassen und auseinander laufen.

33. Und zur Antwort gab ihm Petrus: Werden auch alle erschrecken und auseinander laufen, so werde doch ich mich nicht von dir lossagen. Mit dir bin ich auch zu Kerker und Tode bereit.

34. Und Jesus spricht zu ihm: Ich aber sage dir, heut Nacht bis zum Hahnenschrei, wann sie mich greifen werden, wirst du nicht einmal, sondern dreimal dich lossagen von mir.

35. Petrus aber sagte, er werde sich nicht lossagen von ihm, und dasselbe sagten die Jünger.

Luk. XXII, 35. Und da sagte Jesus zu den Jüngern: Zuvor bedurfte es für euch weder, noch für mich eines Dinges. Ohne Sack gingt ihr, ohne Schuhwerk zum Wechseln und so hieß ich euch auch.

36. Jetzt aber, da sie mich einen Verbrecher erachteten, kommen wir so nicht aus, sondern müssen uns versehen mit allem und mit Messern, daß sie uns nicht ohne Entgelt töteten.

38. Und die Jünger sagten: Hier haben wir zwei Messer. Jesus sagte: Gut!

Joh. XVIII, 1. / Matth. XXVI, 36. | Und da Jesus das gesagt, ging er mit den Jüngern in den Gethsemane-Garten. Und da er in den Garten kam, sagte Jesus: Bleibt hier, ich will beten.

37. Und trat zu Petrus und den Brüdern Zebedäus Und begann zu verschmachten und sich zu ängstigen.

38. Und er sagte zu ihnen: Wie beklommen mir wird! Ich ängstige mich vor dem Tode. Bleibt hier und verzagt nicht gleich mir.

39. Und er ging ein wenig bei Seite, lag mit dem Gesicht auf der Erde und begann zu beten und sagte: Mein Vater, Geist! Wohlan, es sei nicht wie ich will, daß ich nicht stürbe, es sei wie du willst, ob ich auch stürbe; dir aber, dem Geiste, ist alles möglich; mache, daß ich keine Versuchung vom Fleische litte! Der Geist ist stark, das Fleisch ist schwach.

42. Und wiederum ging Jesus hinweg von ihnen und wieder begann er zu beten und sagte: Vater! So es nicht sein kann, daß ich nicht leide und ich sterben muß, so mag es denn sein, daß ich sterbe, mag dein Wille geschehen.

43. Und da er das gesagt, trat er wieder zu den Jüngern und sieht, wie sie noch verzagter wurden und dem Weinen nahe.

44. Und wiederum ging er hinweg von ihnen und zum dritten Male sagte er: Vater! Es geschehe dein Wille.

46. Alsdann kehrte er zurück zu den Jüngern und sagte zu ihnen: Jetzt faßt euch und seid still, darum daß es jetzt beschlossen ist, daß ich mich den Händen der weltlichen Menschen überliefere.

———

Das persönliche Leben ist ein Trug des Fleisches, ist das Böse.
Das wahre Leben ist das, das allen Menschen gemeinsam ist.
(Sondern erlöse uns vom Bösen.)

Inhalt des elften Kapitels.

Jesus, da er sich bereit fühlte zum Tode, ging hin, daß er sich auslie-
fere. Petrus hielt ihn zurück und fragte, wohin er gehe. Jesus antwortete: Ich gehe dahin, wo du nicht hingeben kannst. Ich bin bereit
zum Tode, du aber bist noch nicht bereit dazu. Petrus sagte: Ja, auch
ich bin jetzt bereit, mein Leben für dich hinzugeben. Jesus antwortete: Ein Mensch kann nichts geloben. Und zu allen Jüngern sagte er:
Ich weiß, daß der Tod mir bevorsteht, aber ich glaube an das Leben
des Vaters und darum so fürchte ich ihn nicht. Werdet auch ihr nicht
erschüttert durch meinen Tod, sondern glaubt an den wahren Gott
und Vater des Lebens, und so wird mein Tod euch nicht schrecklich
scheinen. So ich eins bin mit dem Vater des Lebens, kann ich des
Lebens nicht beraubt werden. Wahr ist es, daß ich nicht zu euch
rede, welches und wo und wann mein Leben nach dem Tode wird
sein, aber ich weise euch den Weg zum wahren Leben. Nicht davon
spricht meine Lehre, was für ein Leben sein wird, aber sie offenbart
den einen wahren Weg zum Leben. Das lehre ich, daß man sich ver-
einige mit dem Vater. Der Vater aber ist der Ursprung des Lebens.

Das ist meine Lehre, daß man lebe im Willen des Vaters und erfülle seinen Willen für das Leben und Heil aller Menschen. Euer
Lehrer nach mir wird euer Wissen um die Wahrheit sein. So ihr
meine Lehre erfüllt, werdet ihr stets fühlen, daß ihr in der Wahrheit
seid, daß der Vater in euch ist, und ihr im Vater seid. Und so ihr den
Vater des Lebens in euch wißt, werdet ihr die Ruhe verspüren, die
niemand euch rauben wird.

Und darum, so ihr die Wahrheit wisset und lebt in ihr, wird weder mein Tod noch euer eigener euch ängstigen.

Die Menschen stellen sich vor, sie seien Einzel-Wesen, ein jedes
mit seinem Lebenswillen für sich, das aber ist Trug, Das alleinige

wahre Leben ist das, das den Willen des Vaters als Ursprung des Lebens anerkennt. Diese Einheit des Lebens offenbart meine Lehre und stellt das Leben dar, nicht wie einzelne Schößlinge, sondern wie einen einzigen Baum, an dem alle Schößlinge wachsen. Der nur, der im Willen des Vaters lebt, wie ein Schößling am Baume, nur der lebt, wer aber leben will nach seinem Willen, wie ein losgerissener Schößling, der stirbt. Zum Heile gab mir der Vater das Leben und zum Heile lehrte ich euch leben. So ihr meine Gebote werdet erfüllen, werdet ihr selig sein. Das Gebot, das meine ganze Lehre ausdrückt, ist das, alle Menschen sollen einander lieben. Und darin besteht die Liebe, daß man sein fleischliches Leben opfere für den anderen. Eine andere Auslegung der Liebe giebt es nicht. Und indem ihr mein Gebot der Liebe erfüllt, werdet ihr es nicht erfüllen wie Knechte, die den Willen des Herrn erfüllen, ohne ihn zu verstehen, sondern werdet leben wie freie Menschen, so wie auch ich, darum, daß ich euch den Sinn des Lebens erklärte, der aus der Kenntnis des Vaters des Lebens fließt.

Nicht darum nahmt ihr meine Lehre an, daß ihr sie zufällig erwähltet, sondern darum, daß sie die einzige, wahre, daß sie eine solche ist, unter der die Menschen frei sind.

Die Lehre der Welt ist die, daß man den Menschen Böses thue; meine Lehre aber die, daß man einander liebe; und darum wirft die Welt ihren Haß auf euch, gleich wie sie auf mich ihren Haß warf. Die Welt versteht meine Lehre nicht und darum wird sie euch verfolgen und euch Böses thun und meinen, sie diene Gott damit.

So wundert euch nicht darüber und versteht, daß dem so sein muß. Die Welt, die den wahren Gott nicht versteht, muß euch verfolgen, ihr aber müßt für die Wahrheit zeugen. Es schmerzt euch, daß sie mich töten werden, dafür aber werden sie mich töten, daß ich die Wahrheit bezeuge. Und darum bedarf es meines Todes für die Bezeugung der Wahrheit. Mein Tod, bei dem ich nicht weiche von der Wahrheit, wird euch bezeugen, und ihr werdet verstehen, was Lüge, was Wahrheit sei und was hervorgehe aus dem Wissen um Lüge und Wahrheit. Verstehen werdet ihr, daß die Lüge die ist, daß die Menschen an ein fleischliches Leben glauben und nicht an ein geistiges Leben; daß die Wahrheit das Einswerden ist mit dem Vater, und daß der Sieg des Geistes über das Fleisch hervorgeht aus ihm. Auch wann ich nicht im Leben des Fleisches sein werde, wird mein Geist mit euch sein. Aber auch ihr, gleich allen Menschen, werdet nicht immer die Kraft des Geistes in euch fühlen. Zuweilen werdet ihr schwach werden und die Kraft des Geistes verlieren, werdet in Versuchung fallen und wiederum werdet ihr aufs neue zum wahren Leben erwachen. Dem Joche des Fleisches werdet ihr unterworfen sein, aber nur auf Augenblicke; ihr werdet leiden und wiedererstehen durch den Geist, wie ein Weib leidet in den Wehen, darauf aber Freude fühlt, daß sie einen Menschen zur Welt gebar; das werdet auch ihr verspüren, wann ihr, nach der Unterwerfung durch das Fleisch, erhoben werdet durch den Geist. Eine solche Seligkeit werdet ihr dann fühlen, daß ihr nichts zu wünschen haben werdet. Wisset denn das zum voraus und trotz Verfolgung und innerem Kampfe und Schwinden des Geistes [–] wisset, daß der Geist in euch lebt und daß die Erkenntnis des Willens des Vaters, die von mir geoffenbart ist, der einzige und wahre Gott ist.

Und zum Geist-Vater gewandt, sagte Jesus: Ich that das, was du mich hießest, ich offenbarte den Menschen, daß du der All-Ursprung bist. Und sie verstanden mich. Ich unterwies sie darin, daß sie alle von einem unendlichen Ursprunge des Lebens stammen und daß sie darum alle eins sind, daß wie der Vater in mir und ich im Vater, so auch sie eins sind mit mir und dem Vater. Auch das offenbarte ich ihnen, daß, gleich wie du sie aus Liebe in die Welt sandtest, auch sie durch Liebe müßten leben in der Welt.

———

Joh. XIII, 36. Und Petrus sagte zu Jesus: Wohin gehst du? Jesus antwortete: Du hättest nicht Kraft, dahin zu gehen, wo ich jetzt hingehe. Später erst wirst du dahin gehen.

37. Und Petrus sagte: Weshalb denkst du, hätte ich jetzt nicht Kraft, dahin zu gehen, wo du hingehst? Mein Leben werde ich für dich geben.

38. Und Jesus sagte: Du sprichst, dein Leben wirst du für mich geben; ehe aber der Hahn noch kräht, wirst du mich dreimal verleugnen.

XIV, 1. Und zu den Jüngern sagte Jesus: Fasset euch und zagt nicht, sondern glaubt an den wahren Gott des Lebens und an meine Lehre.

2. Das Leben des Vaters ist nicht das nur, das auf Erden ist, sondern es ist auch ein anderes Leben.

3. Gäbe es nur ein solches Leben wie hier, dann würde ich euch sagen, wann ich sterben werde, werde ich eingehen in Abrahams Schoß und euch die Stätte bereiten. Und werde kommen und euch holen und wir werden selig sein miteinander im Schoße Abrahams.

4. Aber ich weise euch nur den Weg zum Leben.

5. Thomas sagte: Wir wissen aber nicht, wohin du gehen wirst und darum können wir den Weg nicht wissen. Müssen wir wissen, was dort nach dem Tode sein wird?

6. Jesus sagte: Ich kann euch nicht zeigen, was dort sein wird: meine Lehre ist der Weg, die Wahrheit und das Leben. Und außer durch meine Lehre wird man nicht eins mit dem Vater des Lebens.

7. So ihr meine Lehre werdet erfüllen, werdet ihr den Vater kennen.

8. Philippus sagte: Wer aber ist dieser Vater?

9. Und Jesus sagte: Der Vater, das ist das, was Leben giebt. Ich erfülle den Willen des Vaters und darum kannst du auf mein Leben hin verstehen, was der Wille des Vaters ist.

10. Ich lebe durch den Vater und der Vater lebt in mir und alles, was ich rede und thue, alles das thue ich nach dem Willen des Vaters.

11. Meine Lehre ist die, daß ich im Vater bin und der Vater in mir ist. Wenn ihr meine Lehre nicht versteht, dann so seht ihr mich und meine Werke und könnt darum verstehen, was der Vater ist.

12. Und ihr wisset, daß wer meiner Lehre wird folgen, der kann thun wie ich, und mehr noch, darum, daß ich sterben werde, er aber noch leben wird.

13. Der, der nach meiner Lehre wird leben, der wird alles haben, was er wünscht, darum daß der Sohn wird sein wie der Vater.

14. Was immer ihr auch wünscht nach meiner Lehre, alles das wird euch werden.

15. Dazu aber muß man meine Lehre lieben.

16. Meine Lehre wird euch einen Schützer und Tröster geben statt meiner.

17. Dieser Tröster wird das Bewußtsein der Wahrheit sein, die die weltlichen Menschen nicht verstehen, ihr aber werdet es in euch wissen.

18. Ihr werdet nie allein sein, wenn der Geist meiner Lehre mit euch ist.

19. Sterben werde ich und die weltlichen Menschen werden mich nicht sehen, ihr aber werdet mich sehen, darum daß meine Lehre lebt und ihr leben werdet durch sie.

20. Und dann, wenn meine Lehre in euch sein wird, werdet ihr verstehen, daß ich im Vater bin, und der Vater in mir ist.

21. Der, der meine Lehre erfüllen wird, der wird den Vater in sich fühlen und mein Geist wird leben in ihm.

22. Und es sagte zu ihm Judas, nicht der Iskariote, sondern ein anderer: Warum aber können nicht alle durch den Geist der Wahrheit leben?

23. Und zur Antwort gab ihm Jesus: Nur den, der meine Lehre erfüllt, liebt der Vater und in dem nur kann mein Geist wohnen.

24. Wer meine Lehre nicht erfüllt, den kann mein Vater nicht lieben, darum daß diese Lehre nicht die meine ist, sondern des Vaters.

25. Das ist alles, was ich euch jetzt sagen kann.

26. Mein Geist aber, der Geist der Wahrheit, der in euch wohnen wird nach mir, der wird euch alles offenbaren, und an vieles werdet ihr gedenken und vieles verstehen, was ich euch sagte.

27. So, daß ihr immer Ruhe haben könnt durch den Geist und nicht jene weltliche Ruhe, die die weltlichen Menschen suchen, sondern eine solche Ruhe des Geistes, daß ihr nichts mehr fürchten werdet.

28. Und so dürft ihr, wenn ihr meine Lehre erfüllt, nicht trauern über meinen Tod. Als Geist der Wahrheit werde ich zu euch kommen und mit dem Bewußtsein vom Vater einziehen in euer Herz. So ihr meine Lehre erfüllt, müsset ihr euch freuen, darum daß statt meiner der Vater wird bei euch sein in eurem Herzen; das aber ist besser für euch.

Joh. XV, 1. Meine Lehre ist der Baum des Lebens. Der Vater ist der, der den Baum zurichtet.

2. Er säubert und reinigt die Zweige, an denen Früchte sind, daß mehr an ihnen wachse.

4. Haltet euch an meine Lehre des Lebens, und das Leben wird in euch sein. Und gleichwie ein Schößling nicht lebt durch sich selbst, sondern durch den Baum, so lebt auch ihr durch meine Lehre.

5. Meine Lehre ist der Baum; ihr seid die Schößlinge. Wer durch meine Lehre lebt, der bringt viel Frucht, also daß außer meiner Lehre kein Leben ist.

6. Wer nicht lebt durch meine Lehre, der verdorrt und geht zu Grunde; die dürren Zweige aber werden abgeschnitten und verbrannt.

7. So ihr leben werdet durch meine Lehre und sie erfüllen, werdet ihr alles haben, was ihr wünschet.

8. Darum, daß der Wille des Vaters der ist, daß ihr ein wahrhaftes Leben lebtet und hättet was ihr wünscht.

9. Wie mir der Vater das Heil gab, so werde ich euch das Heil geben. Haltet euch an dieses Heil.

10. Ich bin lebend darum, daß der Vater mich liebt und ich den Vater liebe, und ihr lebt durch die selbige Liebe.

11. Werdet ihr durch sie leben, so werdet ihr selig sein.

12. Das ist mein Gebot, daß einer den anderen liebe, gleich wie auch ich geliebt habe.

13. Keine größere Liebe giebt es, als die, daß man sein Leben opfere aus Liebe zu den Seinen, wie ich es that.

14. Ihr seid Meinesgleichen, wenn ihr thut, was ich euch lehrte.

15. Nicht als Knechte, denen man befiehlt, betrachte ich euch, sondern als Gleiche, darum daß ich euch alles erklärte, was ich vom Vater verstand.

16. Nicht nach eurem Willen wählt ihr meine Lehre, sondern darum, daß ich euch die einzige, wahre wies, eine solche, bei der ihr leben werdet und alles haben, was ihr wünscht.

17. Das ist die ganze Lehre, daß man einander liebe.

18. Wird die Welt euch hassen, dann wundert euch nicht darüber; sie haßt meine Lehre.

19. Wenn ihr im Einvernehmen wäret mit der Welt, dann würde sie euch lieben. Aber ich schied euch von der Welt und dafür wird sie euch hassen.

20. Wie man mich verfolgte, wird man auch euch verfolgen.

21. Alles dies werden sie thun, darum, daß sie den wahren Gott nicht kennen.

22. Ich erklärte ihnen den, aber sie wollten mich nicht hören.

23. Sie verstanden meine Lehre nicht, darum daß sie den Vater nicht verstanden.

24. Sie sahen mein Leben an und mein Leben wies ihnen ihre Fehle.

25. Und dafür warfen sie noch mehr Haß auf mich.

26. Der Geist der Wahrheit, der zu euch kommen wird, wird zeugen wie ich.

27. Und ihr werdet es bezeugen.

XVI, 1. Ich sage euch das zum voraus, daß ihr nicht enttäuscht seiet, wann es Verfolgung wider euch geben wird.

2. Zu Verstoßenen werden sie euch machen. Indem sie euch töten, werden alle glauben, sie thuen das Gott Gefällige.

3. Alles das können sie nicht unterlassen, darum daß sie meine Lehre weder, noch den wahren Gott verstehen.

4. Alles das sage ich euch zum voraus, daß ihr euch nicht wundertet, wann alles das sich ereignen wird.

5. So nun gehe ich jetzt fort zu dem Geiste, der mich sandte, und jetzt versteht ihr, daß ihr mich nicht fragen könnt, wohin ich gehe.

6. Vorher waret ihr bekümmert, daß ich euch nicht sagte, wohin eigentlich, an welchen Ort ich fortginge.

7. Aber wahrlich, ich sage euch, es ist gut für euch, daß ich fortgehe. So ich nicht sterben werde, wird euch der Geist der Wahrheit nicht erscheinen; werde ich aber sterben, so wird er wohnen in euch.

8. Er wird wohnen in euch und klar wird euch sein, welches die Lüge, welches die Wahrheit, welches das Urtel [sic] ist.

9. Die Lüge die, daß die Menschen nicht glauben an das Leben des Geistes.

10. Die Wahrheit die, daß ich eins bin mit dem Vater.

11. Das Urtel das, daß die Macht des fleischlichen Lebens vernichtet ist.

12. Noch vieles würde ich euch sagen, aber es wird euch schwer, es zu verstehen.

13. Wann aber der Geist der Wahrheit in euch wohnen wird, der wird euch die ganze Wahrheit weisen, darum daß er nicht etwas neues von sich reden wird, sondern das von Gott, und in jeder Lage des Lebens wird er euch den Weg weisen.

15. Vom Vater wird er sein, gleichwie ich vom Vater bin, darum so wird er ganz dasselbe reden wie ich.

16. Aber auch wann ich, wann der Geist der Wahrheit in euch wird sein, werdet ihr mich nicht immer sehen. Zuweilen werdet ihr mich, zuweilen werdet ihr mich nicht hören.

17. Und die Jünger sagten einer dem anderen: Was bedeutet das, was er sagte: Zuweilen werdet ihr mich sehen, zuweilen werdet ihr mich nicht sehen?

18. Was bedeutet: Zuweilen werdet ihr, zuweilen werdet ihr nicht? Wovon redet er?

19. Jesus sagte zu ihnen: Ihr versteht nicht, was das bedeute: Zuweilen werdet ihr mich, zuweilen werdet ihr mich nicht sehen?

20. Ihr wißt, wie es hergeht auf der Welt, wo die einen trauern und sich grämen, die anderen sich freuen. Und trauern werdet ihr und eure Trauer wird übergehen in Freude.

21. Ein Weib, wenn sie gebiert, härmt sich in Qual, ist es aber vorüber, dann gedenkt sie der Qual nicht vor Freude, daß sie einen Menschen zur Welt gebar.

22. So werdet auch ihr trauern und werdet plötzlich mich sehen; der Geist der Wahrheit wird eingehen in euch, und eure Trauer wird sich in Freude wandeln.

23. Und dann werdet ihr nichts mehr von mir erbitten, darum daß ihr dann alles haben werdet, was ihr wünscht. Alles, was einer wünscht im Geiste, alles wird er vom Vater haben.

24. Ihr erbatet zuvor nichts um des Geistes willen, dann aber werdet ihr um des Geistes willen bitten, was ihr wollt, und alles wird euch werden, sodaß eure Seligkeit völlig sein wird.

25. Jetzt, als Mensch, kann ich euch das nicht klar sagen mit Worten, dann aber, wann ich als Geist der Wahrheit in euch lebe, dann werde ich euch alles vom Vater klar verkündigen.

26. Dann werde ich euch alles, was ihr vom Vater bittet im Namen des Geistes, geben.

27. Euer Vater aber wird euch geben darum, daß er·euch liebt, daß ihr meine Lehre annahmet.

28. Ihr verstandet, daß die Erkenntnis ausgeht vom Vater in die Welt und aus der Welt zurückkehrt zum Vater.

29. Damals sagten die Jünger zu Jesu: Jetzt verstanden wir alles und haben nichts mehr zu fragen.

30. Wir glauben, daß du von Gott bist.

31. Und Jesus sagte:

33. Alles das sagte ich euch, daß ihr Gewißheit und Ruhe hättet in meiner Lehre. Welches Leid euch auch träfe in der Welt, fürchtet nichts, meine Lehre wird die Welt besiegen.

XVII, 1. Nach diesem erhob Jesus seine Augen zum Himmel und sagte: Mein Vater! Du gabst deinem Sohne Freiheit des Lebens, dazu daß er das wahre Leben empfinge.

3. Das Leben ist das Wissen vom wahren Gotte: Erkenntnis, der von mir ist offenbart worden.

6. Ich offenbarte dich den Menschen auf Erden. Ich that das Werk, das du mir befahlst.

4. Ich zeigte den Menschen auf Erden dein Wesen. Dein waren sie auch zuvor, nach deinem Willen aber offenbarte ich ihnen die Wahrheit. Und sie erkannten dich.

7. Sie verstanden, daß alles, was sie haben, daß ihr Leben allein von dir ist.

8. Und daß ich sie nicht lehrte von mir, sondern das, daß ich und sie ausgingen von dir.

9. Ich bitte dich aber für die, die dich anerkennen.

10. Sie verstanden, daß alles Meine dein, und alles Deine mein ist.

11. Nicht länger bin ich in der Welt, sondern kehre zurück zu dir; sie aber sind in der Welt, und darum bitte ich dich, Vater, erhalte ihnen deine Erkenntnis.

15. Nicht darum bitte ich, daß du sie aus der Welt nehmest, darum aber, daß du sie befreiest vom Bösen.

17. Daß du sie deiner Wahrheit versicherst. Deine Erkenntnis ist Wahrheit.

18. Mein Vater! Ich wünsche, daß sie wären gleich mir, daß sie verstünden wie ich, daß das wahre Leben begann, ehe die Welt begann.

21. Daß sie alle eins wären wie du, Vater, in mir und ich in dir, so daß auch sie eins wären in uns.

23. Ich bin in ihnen, du aber in mir, daß alle vereint würden in eins und die Menschen verstünden, daß sie nicht selbst geboren wurden, sondern daß du sie in die Welt sandtest aus Liebe, gleich wie mich.

25. Gerechter Vater! Die Welt erkannte dich nicht, ich aber erkannte dich, und sie erkannten durch mich. 26. Und ich erklärte ihnen was du bist, daß die Liebe, mit der du mich liebtest, in ihnen wäre. Du gabst ihnen das Leben, also liebtest du sie. Das lehrte ich sie erkennen und dich so lieben, daß deine Liebe zu ihnen aus ihnen zu dir zurückkehre.

———

ZWÖLFTES KAPITEL.
DER SIEG DES GEISTES ÜBER DAS FLEISCH.

Und darum giebt es für einen Menschen, der kein persönliches, sondern ein gemeinsames Leben im Willen des Vaters lebt, kein Böses. Der fleischliche Tod ist die Vereinigung mit dem Vater. (Denn dein ist das Reich und die Kraft und die Herrlichkeit.)

Inhalt des zwölften Kapitels.

Da Jesus seine Rede an die Jünger geendet hatte, stand er auf und, statt zu fliehen, oder sich zu verteidigen, ging er Judas entgegen, der die Soldaten herführte, ihn zu greifen. Jesus trat zu ihm und fragte ihn, warum er hier sei. Judas aber antwortete nicht und der Haufe der Soldaten umringte Jesum. Petrus warf sich ihnen entgegen, seinen Meister zu verteidigen und zog das Messer und begann zu kämpfen; aber Jesus hielt Petrus zurück und sagte zu ihm, wer mit dem Messer kämpfe, solle selber umkommen durch das Messer, und hieß ihn das Messer ausliefern.

Und danach sagte Jesus zu denen, die ihn zu greifen kamen: Zuvor schon ging ich mitten unter euch allein und fürchtete euch nicht; auch jetzt fürchte ich euch nicht und übergebe mich euch. Thut mit mir wie ihr wollt. Und da alle Jünger auseinander liefen, blieb Jesus allein. Der Hauptmann hieß die Soldaten Jesum fesseln und ihn zu Annas führen.

Annas war vorher Bischof und wohnte mit Kaiaphas auf einen Hof hinaus. Und Kaiaphas war zur Zeit Bischof. Er ersann auch den Beweis, auf den sie beschlossen, Jesum zu töten, den nämlich, daß, so sie ihn nicht töteten, das ganze Volk zu Grunde gehen werde.

Jesus, da er sich im Willen des Vaters fühlte, war bereit zum Tode und widersetzte sich nicht, da sie ihn griffen und fürchtete sich nicht, da sie ihn fortführten, jener selbe Petrus aber, der soeben erst Jesu versprach, er werde ihn nicht verlassen und werde sterben für ihn, derselbe, der Jesum verteidigen wollte, erschrak jetzt, da er sah, daß sie Jesum zum Tode führten, daß sie auch ihn möchten hinrichten und auf die Frage der Knechte, ob er nicht auch mit Jesu war, sagte er sich von ihm los und ging fort von ihm, und erst später, da der Hahn krähte, begriff Petrus alles, was Jesus zu ihm sprach. Er begriff, daß es zwei Verführungen des Fleisches gebe: die zur Furcht und die zum Kampfe, und daß Jesus rang mit ihnen, da er im Garten betete und die Jünger aufforderte zu beten. Und sieh, jetzt fiel er in beide Schlingen des Fleisches, vor denen Jesus ihn warnte: erst wollte er ringen mit dem Bösen und wollte, die Wahrheit zu verteidigen, kämpfen und Böses thun, und jetzt hielt er es nicht aus vor Furcht vor körperlichen Leiden und sagte sich los von dem Meister. Jesus unterlag der Verführung zum Kampfe nicht, da die Jünger zwei Messer bereit machten, ihn zu verteidigen, noch der Verführung zur Furcht vor den Leuten in Jerusalem, vor den Heiden und jetzt vor den Soldaten, als sie ihn banden und vor Gericht führten.

Sie brachten Jesum vor Kaiaphas und Kaiaphas begann ihn zu verhören, worin seine Lehre bestünde. Jesus aber, da er wußte, daß Kaiaphas ihn nicht ausfragte darum, daß er um seine Lehre wüßte, sondern darum, daß er ihn anklagte, antwortete nicht darauf, sondern sagte: Ich verbarg nichts und verberge nichts. Willst du wissen, worin meine Lehre besteht, frage die, die ihr nachdachten und sie verstanden. Dafür schlug der bischöfliche Wächter Jesum auf die Wange, und Jesus fragte ihn, warum er ihn schlage. Jener aber antwortete ihm nicht und der Bischof fuhr fort, Gericht zu halten. Sie brachten Zeugen her, und die Zeugen sagten aus, Jesus rühme sich des, daß er den jüdischen Glauben vernichtete. Und die Bischöfe verhörten Jesum; er aber, da er sah, daß sie ihn nicht ausfragten, darum, daß sie etwas wüßten, sondern darum nur, daß sie den Anschein einer gerechten Rechtsprechung erweckten, antwortete nichts. Da fragte ihn der Bischof: Sage mir, bist du Christus, Gottes Sohn? Jesus sagte: Ja, ich als Mensch bin Gottes Sohn, und jetzt, indem ihr mich martert, sollt ihr sehen, daß ein Mensch Gott gleich sein kann.

Und der Bischof war froh über diese Worte und sagte zu den anderen Richtern: Diese Worte genügen, ihn zu verurteilen. Und die Richter sagten: Sie genügen und wir verurteilen ihn zum Tode. Und als sie das sagten, da warf das ganze Volk sich auf Jesum und begann ihn zu schlagen, ihm ins Gesicht zu speien und ihn zu höhnen. Er schwieg.

Die Juden hatten kein Recht, einen Menschen mit dem Tode zu strafen; sie bedurften der Erlaubnis des römischen Verwesers und darum führten sie Jesum, nachdem sie ihn ihrerseits verurteilt und verhöhnt, zu den römischen Verweser Pilatus, daß er Jesum hinrichten lasse. Pilatus fragte sie, wofür sie ihn töten wollten. Sie sagten, dafür, daß er ein Bösewicht ist. Pilatus spricht: Ist er ein Bösewicht, so richtet ihn nach eurem Gesetze. Sie sagten: Wir wollen, daß du ihn hinrichtest, darum, daß er schuldig ist vor dem römischen Kaiser: er ist ein Aufrührer, er wiegelt das Volk auf, verbietet, dem Kaiser die Steuern zu zahlen, und nennt sich jüdischer Herrscher. Pilatus rief Jesum zu sich und sagte: Was bedeutet das, daß du der Herrscher der Juden bist? Jesus sagte: Willst du in Wahrheit wissen, was mein Reich bedeutet, oder willst du mich zum Schein fragen? Pilatus sagte: Ich bin kein Jude und mir gilt es ganz gleich, ob du dich Herrscher der Juden nennst oder nicht, aber ich frage, was für ein Mensch du bist, und warum sie sprechen, du seist ein Herrscher. Jesus sagte: Sie reden die Wahrheit, daß ich mich Herrscher nenne. Ich bin in Wahrheit ein Herrscher, mein Reich aber ist kein irdisches, sondern ein himmlisches. Irdische Herrscher befehden und bekriegen sich und haben Heere, du aber siehst, mich banden sie und schlugen sie und ich widersetzte mich ihnen nicht. Ich bin ein himmlischer Herrscher, ich bin allmächtig durch den Geist. Pilatus sagte: Also ist es wahr, daß du dich für einen Herrscher hältst? Jesus sagte: Du weißt es selbst. Ein jeder, der durch die Wahrheit lebt, ist frei und darum Herrscher. Und dadurch nur lebe ich und das nur lehre ich, daß man frei ist durch den Geist. Pilatus sagte: Du lehrst Wahrheit, niemand aber weiß, was Wahrheit ist, und jeder hat seine Wahrheit, und da er das gesagt, wandte er sich ab von Jesu und trat wieder heraus zu den Juden. Und da er zu den Juden herausgetreten war, sagte Pilatus: Ich fand nichts Verbrecherisches an diesem Menschen. Wofür soll er hingerichtet werden? Die Bischöfe sagten: Er muß hingerichtet werden dafür, daß er das Volk aufwiegelt. Pilatus begann Jesus vor den Bischöfen zu verhören; Jesus aber, da er sah, daß das Verhör nur der Form wegen stattfand, antwortete nichts. Da sagte Pilatus: Ich allein kann ihn nicht verurteilen; führt ihn zu Herodes. Vor Herodes Gerichtshof antwortete Jesus ebenfalls nicht auf die Beschuldigungen der Bischöfe und Herodes, der Jesum für einen seichten Menschen hielt, hieß ihn zum Gelächter in ein Prachtkleid kleiden und sandte ihn zu Pilatus zurück. Pilatus that es leid um Jesum; er begann die Bischöfe zu ermahnen, daß sie Jesum begnadigten, wenigstens auf das Fest; die Bischöfe aber bestanden auf dem ihren und das ganze Volk hinter ihnen schrie, daß man Jesum kreuzige. Pilatus ermahnte sie zum anderen Male, Jesum freizulassen, die Bischöfe aber und das Volk schrieen, unter allen Umständen müsse er hinrichtet werden. Sie sagten: Er ist schuldig darin, daß er sich Gottes Sohn nennt. Pilatus rief Jesum wiederum zu sich und fragte ihn: Was bedeutet das, daß du dich Sohn Gottes nennst? Wer bist du? Jesus antwortete nichts. Da sagte Pilatus: Wie, du antwortest mir nicht, da ich doch Macht habe, dich hinzurichten oder freizulassen! Jesus antwortete: Du hast keine Macht über mich. Die Macht ist allein von oben. Und Pilatus begann die Juden zum drittenmal zu bereden, daß sie Jesum freiließen, sie aber sagten zu ihm: Richtest du diesen Menschen nicht hin, den wir dir als Aufrührer wider den Kaiser bezeichnen, dann bist du selbst des Kaisers Freund nicht, sondern Feind. Und da er diese Worte hörte, gab Pilatus ihnen nach und befahl Jesum hinzurichten. Zuvor aber ließ er ihn auskleiden und peitschen und darauf wieder in das Spottkleid kleiden, und sie schlugen ihn und höhnten ihn und schimpften ihn. Und darauf gaben sie ihm das Kreuz zu tragen und führten ihn an den Ort der Hinrichtung und dort schlugen sie ihn ans Kreuz.

Und da Jesus am Kreuze hing, höhnte ihn das ganze Volk. Und auf ihre Schmähungen antwortete er: Vater! rechne es ihnen nicht an, sie wissen nicht, was sie thun. Und dann, da er schon dem Tode nahe war, sagte er: Mein Vater! In deine Macht gebe ich meinen Geist; und senkte das Haupt und hauchte den Geist aus.

———

Matth. XXVI, 46. Und danach sagte Jesus: Jetzt auf und gehen wir! Schon kommt der, der mich ausliefert.

47. Und kaum, daß er das gesagt, erschien plötzlich Judas, einer der zwölf Jünger, und mit ihm ein großer Haufe Volks mit Knütteln und Messern.

48. Er sagte zu ihnen: Ich werde euch hinführen, wo er mit den Jüngern ist; daß ihr ihn aber herauserkennt aus allen, so achtet auf; wen ich zuerst küssen werde, der ist es.

49. Und alsbald trat er zu Jesu und sagte: Sei gegrüßt, Meister! und küßte ihn.

50. Und Jesus sagte: Freund, warum bist du hier! Da umringte die Wache Jesum und wollte ihn greifen.

51. Und hier entriß Petrus dem bischöflichen Diener das Messer und hieb ihm ein Ohr ab.

52. Jesus sagte: Dem Bösen darf man sich nicht widersetzen. Laßt ab! Und zu Petrus sagte er: Gieb das Schwert zurück, dem du es nahmst. Wer zum Schwerte greifen wird, der soll auch umkommen durch das Schwert.

55. Und hierauf wandte sich Jesus zur ganzen Schar und sagte: Warum kommt ihr nach mir mit Waffen, wie nach einem Mörder? Alle Tage war ich doch mitten unter euch im Tempel und lehrte euch, und ihr griffet mich nicht.

Luk. XXII, 53. Jetzt aber ist eure Stunde da und die Macht der Finsternis.

Matth. XXVI, 56, Da die Jünger sahen, daß sie ihn ergriffen, liefen sie alle auseinander.

Joh. XVIII, 12. Da befahl der Hauptmann den Soldaten, Jesum zu greifen und ihn zu fesseln. Die Soldaten fesselten ihn und

13. führten ihn zuerst zu Annas; dies war der Schwiegervater des Kaiaphas, der ersann, wie man Jesum tötete. Er ersann das, daß es dem Volke nützlich sei, Jesum zu töten, daß, so man Jesum nicht tötete, das ganze Volk schlimm daran sei.

Mark. XIV, 53. Und sie brachten Jesum in den Hof des Hauses, wo der Erzpriester wohnte.

Matth. XXVI, 58. Als sie Jesum dorthin führten, ging ihm einer seiner Jünger, Petrus, von weitem nach und paßte auf, wo man ihn hinführen werde. Als sie Jesum in den Hof des Erzpriesters führten, trat auch Petrus dort ein, um zu sehen, wie alles enden möge.

69. Und ein Mädchen auf dem Hofe sah Petrus und spricht zu ihm: Du warst auch mit dem Galiläer Jesus.

70. Petrus erschrak und daß man ihn nicht anklage, sagte er laut vor allem Volke: Ich weiß nicht, was du redest.

71. Darauf, als sie Jesum ins Haus führten, trat Petrus mit dem Volke in die Vorhalle. In der Vorhalle wärmte sich ein Weib am Feuer und Petrus trat herzu. Das Weib blickte Petrus an und spricht

zu dem Volke: Der sieht auch aus, als ob er mit dem Nazaräer Jesus war.

72. Petrus erschrak noch mehr und verschwur, er sei nie mit Jesu gewesen und wisse nicht, was für ein Mensch Jesus sei.

73. Und da er ein wenig gewartet, traten Männer zu Petrus und sprachen: Aber das steht man aus allem, daß du auch mit diesem Aufrührer warst. An deiner Sprache kann man erkennen, daß du aus Galiläa bist.

74. Da begann Petrus zu schwören und zu beeiden, daß er Jesum weder kannte noch sah. Und da er das sagte, krähte der Hahn.

75. Und Petrus gedachte der Worte, die Jesus zu ihm sprach, da Petrus schwur, wenn alle sich von ihm lossagten, werde doch er sich nicht lossagen von ihm: Bis zum Hahnenschrei heute Nacht wirst du dich dreimal von mir lossagen. Und Petrus trat aus dem Hofe und weinte bitterlich. Er weinte darüber, daß er nicht vermochte sich zu erheben durch den Geist, daß er nicht in Versuchung fiel. Er fiel in die eine Versuchung zum Kampfe, da er begann, Jesum zu verteidigen, und in die andere Versuchung zur Furcht vor dem Tode, da er sich lossagte von Jesu.

Mark. XIV, 53. Und bei dem Erzpriester versammelten sich die rechtgläubigen Bischöfe, die Gelehrten und die Oberen. Und da alle versammelt waren,

Joh. XVIII, 19. brachten sie Jesum und der Erzpriester fragte ihn, worin seine Lehre bestünde und wer seine Jünger seien.

20. Und Jesus antwortete: Ich redete stets alles vor aller Welt und verheimlichte weder, noch verheimliche etwas vor jemand.

21. Wonach fragst du mich? Frage die, die meine Lehre hörten und verstanden. Sie werden es dir sagen.

22. Da Jesus das sagte, schlug einer der bischöflichen Diener ihn ins Gesicht und sagte: Mit wem redest du? Antwortet man so dem Bischofs?

23. Jesus sagte: Sprach ich Unziemliches, so sage, was ich Unziemliches sprach. Sprach ich aber nichts Unziemliches, dann wozu mich schlagen?

Matth. XXVI, 59. Die rechtgläubigen Bischöfe bemühten sich, Jesum anzuklagen und fanden im Anfange keinen solchen Beweis gegen ihn, um deswillen es möglich war, ihn zu verurteilen.

60. Darauf fanden sie zwei Angeber.

61. Diese Angeber sagten von Jesu aus: Wir selbst hörten, wie dieser Mensch sprach: Diesen euren mit Händen gebauten Tempel werde ich vernichten und Gott in drei Tagen einen anderen, nicht mit Händen gebauten Tempel bauen.

Mark. XIV, 59. Aber auch dieser Beweis genügte nicht, ihn zu verurteilen.

Matth. XXVI, 62. Und darum begann der Bischof Jesum aufzufordern und sagte: Wie, antwortest du nicht auf ihre Aussage?

63. Jesus schwieg und sagte nichts. Da sagte der Bischof zu ihm: So sage doch, bist du Christus, Gottes Sohn?

64. Jesus antwortete ihm und sagte: Ja, ich bin Christus, Gottes Sohn. Und ihr seht jetzt selbst, daß ein Menschensohn Gott gleich ist.

65. Da begann der Bischof zu schreien: Du lästerst Gott! Und jetzt sind uns keine Beweise nötig. Wir hören jetzt alle, daß du ein Gotteslästerer bist.

66. Und der Bischof wandte sich zu der Versammlung und sagte: Jetzt hörtet ihr ihn selbst Gott lästern. Wozu verurteilt ihr ihn dafür? Und alle sagten: Wir verurteilen ihn zum Tode.

67. Und da nun machte sich das ganze Volk und die Wache an Jesum, und sie begannen ihm ins Gesicht zu speien und auf die Wangen zu schlagen und ihn zu kratzen. Sie hielten ihm die Augen zu, schlugen ihm ins Gesicht und fragten: Nun, du Prophet, rate! Wer schlug dich? Und Jesus schwieg.

Matth. XXVII, 2. Nachdem sie ihn verhöhnt, führten sie ihn gefesselt zu Pontius Pilatus.

Joh. XVIII, 28. Und brachten ihn auf die Regierung.

29. Pilatus, der Verweser, trat heraus zu ihnen und fragte: Wessen beschuldigt ihr diesen Menschen?

30. Sie sagten: Dieser Mensch thut Böses, dafür brachten wir ihn zu dir.

31. Pilatus spricht zu ihnen: That er euch Böses, so richtet ihn selbst nach eurem Gesetze. Sie aber sagten: Wir brachten ihn zu dir, dazu, daß du ihn hinrichtetest, uns ist es nicht erlaubt, jemand zu töten.

32. Und so kam es, wie Jesus erwartete. Er sprach, er müsse bereit sein, am Kreuze durch die Römer zu sterben und nicht des eigenen Todes, noch durch die Juden.

Luk. XXIII, 2. Und da Pilatus sie fragte, wessen sie ihn beschuldigtcn, sagten sie, er sei schuldig darin, daß er das Volk aufwiegele, daß er verbiete, dem Cäsar die Steuern zu zahlen und daß er sich selbst zum Christus und Herrscher erhebe.

Joh. XVIII, 33. Pilatus hörte sie an und befahl, Jesus zu ihm zu bringen auf die Regierung. Als Jesus eintrat bei ihm, sagte Pilatus zu ihm: So, Herrscher der Juden, bist du es?

34. Jesus sagte zu ihm: Glaubst du wirklich, daß ich ein Herrscher bin, oder wiederholst du nur, was andere dir sagten?

35. Pilatus spricht: Ich bin kein Jude, folglich kannst du mein Herrscher nicht sein, und die Deinen brachten dich zu mir. Was für ein Mensch bist du?

36. Jesus antwortete: Ich bin ein Herrscher, mein Reich aber ist nicht von hier. Wäre ich ein irdischer Herrscher, meine Unterthanen würden für mich kämpfen und mich nicht den Bischöfen lassen. Nun aber siehst du, daß mein Reich kein irdisches ist.

37. Auf dieses sagte Pilatus: Gleichwohl aber hältst du dich für einen Herrscher? Jesus sagte: Nicht ich nur, auch du kannst nicht umhin, mich für einen Herrscher zu halten. Ich lehre allein, daß ich allen die Wahrheit vom Himmelreiche offenbare. Und jeder, der lebt durch die Wahrheit, der ist Herrscher.

38. Pilatus sagte: Wahrheit, sprichst du. Ja, was ist Wahrheit! Und da er das gesagt, wandte er sich und ging wieder zu den Bischöfen. Er trat heraus zu ihnen und sagte: Meines Erachtens that dieser Mensch nichts Schlechtes.

Mark, XV, 3. Die Bischöfe aber bestanden auf dem ihren und sagten, er thue viel Böses und wiegele das Volk auf und setze ganz Judäa in Aufruhr von Galiläa aus.

4. Da begann Pilatus Jesum zu verhören vor den Bischöfen, Jesus aber antwortete nicht. Pilatus sagte zu ihm: Siehst du, wie sie dich überführen? Was rechtfertigst du dich nicht?

5. Jesus aber schwieg wie zuvor und sagte ferner kein Wort, sodaß Pilatus sich verwunderte über ihn.

Luk. XXIII, 6. Pilatus erinnerte sich, daß Galiläa unter der Oberherrlichkeit des Regenten Herodes stehe und fragte, ob er aus Galiläa sei. Sie sagten ihm: Ja.

7. Da sagte er: Ist er aus Galiläa, dann steht er unter Herodes Oberherrlichkeit. Zu ihm werde ich ihn schicken. Herodes war

damals in Jerusalem, und Pilatus sandte Jesum zu Herodes, sie los zu werden.

8. Da man Jesum zu Herodes brachte, war Herodes sehr froh, daß er Jesum sah. Er hörte vieles von ihm und wollte wissen, was für ein Mensch es wäre.

9. Herodes rief ihn zu sich und begann ihn auszufragen über alles, was er zu wissen wünschte; Jesus aber antwortete ihm nicht.

10. Und die Bischöfe und Lehrer beschuldigten Jesum hart, wie bei Pilatus, so auch bei Herodes und sprachen, er sei ein Aufwiegeler.

11. Und Herodes achtete Jesum für einen seichten Menschen und, sich zu belustigen über ihn, befahl er, daß man ihn in ein Prachtkleid kleide, und sandte ihn zurück zu Pilatus.

12. Herodes war dessen zufrieden, daß Pilatus ihn beachtete, indem er Jesum vor sein Gericht sandte, und darüber söhnten sie sich aus, zuvor aber waren sie uneins.

13. Da nun, als sie Jesum wiederum zu Pilatus brachten, berief Pilatus wiederum die jüdischen Bischöfe und Oberen.

14. Und sagte zu ihnen: Ihr brachtet diesen Menschen zu mir, darum, daß er das Volk auswiegele, und ich verhörte ihn vor allen und sehe nicht, daß er ein Aufwiegler ist.

15. Ich sandte ihn mit euch zu Herodes und auch dort, wie ihr seht, fand sich nichts Gefährliches an ihm. Meines Erachtens ist kein Grund da, ihn mit dem Tode zu strafen; das Richtige wäre wohl, daß man ihn züchtigt und freiläßt.

Matth. XXVII, 20. Und da die Bischöfe das hörten, schrieen sie alle: Nein! Richte ihn hin, richte ihn auf römisch hin, kreuzige ihn!

21. Pilatus hörte sie an und sagte zu den Bischöfen: Gut denn, nur ist es Gebrauch bei euch, zum Passah-Feste einen Übelthäter zu begnadigen. Da sitzt Barrabas bei mir im Gefängnis, ein Mörder und Aufwiegler. So müsste man einen von beiden freilassen, Jesum oder Barrabas. Pilatus wünschte Jesum freizugeben; die Bischöfe aber setzten dem Volke zu, daß alle zu schreien begannen: Den Barrabas, den Barrabas!

22. Weiter sagt Pilatus: Und mit Jesu, was ist mit ihm zu thun? Sie begannen wiederum auf römisch zu schreien: Ans Kreuz, ans Kreuz mit ihm!

23. Und Pilatus begann sie zu ermahnen. Er sagte: Was fällt ihr so über ihn her? Er that nichts derart, daß man ihn mit dem Tode strafe und that auch nichts Böses.

Joh. XIX, 4. Ich werde ihn freilassen, darum daß ich keine Schuld an ihm finde.

6. Die Bischöfe und ihre Diener begannen zu schreien: Kreuzige, kreuzige ihn! Und Pilatus sagte: Ist dem so, dann nehmt ihn hin und kreuzigt ihn selbst, denn ich sehe keine Schuld an ihm.

7. Die Bischöfe antworteten: Wir fordern das, was aus dem Gesetze folgt, daß man ihn hinrichte dafür, daß er sich selbst zu Gottes Sohn machte.

8. Da Pilatus dies Wort hörte, ward er verlegen, darum daß er nicht wußte, was das Wort Gottes Sohn eigentlich bedeute.

9. Und Pilatus kehrte zurück in die Regierung und rief Jesum wiederum und fragte ihn: Wer bist du und woher? Jesus aber antwortete ihm nicht.

10. Da sprach Pilatus: Wie, du antwortest mir nicht? Siehst du etwa nicht, daß du in meiner Macht bist und daß ich dich kreuzigen kann oder freilassen?

11. Jesus antwortete ihm: Du hast keinerlei Macht. Die Macht ist allein von oben.

12. Pilatus wünschte gleichwohl, Jesum frei zu lassen.

15. Und er sagte zu den Juden: Wie, euren Herrscher wollt ihr kreuzigen!

12. Die Juden aber sagten zu ihm: Lässest du Jesum frei, so wirst du damit bezeugen, daß du dem Cäsar ein ungetreuer Diener bist, darum daß des Cäsars Feind ist, wer sich zum Herrscher macht.

15. Der Cäsar ist unser Herrscher! Kreuzige ihn!

13. Und da Pilatus dies Wort hörte, begriff er, daß er nicht umhin könne, Jesum zu strafen.

Matth. XXVII, 24. Da trat Pilatus heraus zu Jesu, nahm Wasser, wusch sich die Hände und sagte: Nicht ich bin schuldig am Blute dieses Gerechten.

25. Und das ganze Volk begann zu schreien: Gut, komme sein Blut über uns und unsere Kinder!

Luk. XXIII, 23. Sodaß die Bischöfe die Oberhand behielten.

Joh. XIX, 13. Da setzte Pilatus sich auf seinen Tribunalsplatz.

Matth. XXVII, 26. Und befahl, zuvor Jesum zu peitschen.

„Golgotha | Голгофа":
Gemälde des mit Tolstoi befreundeten Künstlers
Nikolai Nikolajewitsch Ge |
Николай Николаевич Ге (1831-1894)

commons.wikimedia.org

28, 29. Als sie ihn peitschten, setzten ihm die Soldaten, jene, die ihn peitschten, eine Krone aufs Haupt und gaben ihm einen Stab in die Hand und warfen ihm einen roten Mantel über die Schultern und begannen sein zu spotten: zum Spott warfen sie sich nieder vor ihm und sprachen: Heil dir, Herrscher der Juden! und dann schlugen sie ihn auf die Wangen und auf das Haupt und spieen ihm ins Gesicht.

Joh. XIX, 16. Die Bischöfe aber schrieen: Kreuzige ihn! Der Cäsar ist unser Herrscher. Kreuzige ihn! Da befahl Pilatus, daß man ihn kreuzige.

Matth. XXVII, 31. Und sie zogen Jesu das Prachtkleid aus und kleideten ihn in das seine und befahlen ihm, das Kreuz zu tragen nach dem Orte Golgotha, daß sie ihn dort kreuzigten. Und er trug sein Kreuz und kam so an den Ort Golgotha.

Joh. XIX, 18. Und dort schlugen sie Jesum ans Kreuz und noch zwei andere Menschen; diese beiden waren zu den Seiten, Jesus aber war in der Mitte.

Luk. XXIII, 34. Da sie Jesum kreuzigten, sagte er: Vater! vergieb ihnen: sie wissen nicht, was sie thun. Und da Jesus bereits am Kreuze hing, umringte ihn das Volk und höhnte ihn.

Mark. XV, 29. Sie traten heran, nickten ihm mit dem Kopfe zu und sprachen: Nun, du – der du den Tempel Jerusalems wolltest zerstören und wieder aufbauen in drei Tagen.

30. Nun, so mach dich selbst los: komm herab vom Kreuze!

31. Und die Bischöfe und Seelen-Hirten standen eben da und lächelten über ihn und sprachen: Andere erlöste er und kann sich nicht erlösen.

32. Nun, laß sehen, daß du Christus bist, komm herab vom Kreuze und wir werden dir glauben. Er sprach, er ist Gottes Sohn und sprach, Gott verläßt ihn nicht. Wie steht es jetzt damit? Gott verließ ihn. Und das Volk und die Bischöfe und die Soldaten höhnten ihn und sogar der mit ihm gekreuzigten Verbrecher einer, auch der höhnte ihn.

Luk. XXIII, 39. Einer der Mörder sprach, ihn zu höhnen: Bist du Christus, so rette dich und uns.

40. Der andere Mörder aber hörte das und sagte: Fürchtest du Gott nicht, der du selbst am Kreuze bist, und höhnst einen Unschuldigen?

41. Ich und du, wir werden rechtmäßig hingerichtet, dieser Mensch aber that nichts Schlechtes.

42. Und zu Jesu gewandt sagte der Mörder: Herr, gedenke meiner in deinem Reiche!

43. Und Jesus sagte zu Ihm: Alsbald wirst du mit mir selig sein.

Matth. XXVII, 46. In der neunten Stunde aber sprach Jesus im Übermaße der Qual zu wiederholten Malen laut: Eloi, eloi, lama sabachthani. Das bedeutet: Mein Gott, mein Gott, warum verließest du mich?

47. Und da sie das hörten im Volke, da begannen sie zu reden und zu lachen: Den Propheten Elias ruft er. Sehen wir zu, ob Elias kommen wird.

48. Darauf rief Jesus aus: Zu trinken! Und ein Mensch nahm einen Schwamm, netzte ihn mit Essig (es stand ein Fäßchen da) und reichte ihm den auf einem Schilfrohr. Jesus saugte ein wenig an dem Schwamme und sagte mit lauter Stimme: Es ist zu Ende! Vater! In deine Hände gebe ich meinen Geist. Und er senkte das Haupt und hauchte den Geist aus.

———

SCHLUSS.
DIE ERKENNTNIS DES LEBENS
IST DIE AUSÜBUNG DES GUTEN

Inhalt des Schlusses.

Die Verkündigung vom Heile Jesu Christi ist die Verkündigung von der Erkenntnis des Lebens. Die Erkenntnis des Lebens ist die, daß der Ursprung des Lebens das vollendete Gute ist. Und darum ist das Leben des Menschen ebenso vollendetes Gute. Diesen Ursprung zu fassen, muß man das verstehen, daß der Geist des Lebens im Menschen aus diesem Ursprunge hervorging. Der Mensch, der zuvor nicht da war, ward ins Leben gerufen durch diesen Ursprung. Dieser Ursprung gab den Menschen das Heil und darum ist das Wesen dieses Ursprunges das Heil.

Dafür, daß er sich nicht abwende vom Ursprunge seines Lebens, muß der Mensch sich an die einzige ihm verständliche Eigenschaft dieses Ursprunges, an die Wohlthaten der Liebe halten. Gutes aber kann der Mensch niemand anderem thun, als den Menschen.

Alle persönliche Lust ist wider den Ursprung des Heils, und darum muß der Mensch sie opfern, sie und sein ganzes fleischliches Leben, um des Ursprunges des Wohlthuns, der Nächstenliebe willen.

Aus der Erkenntnis des Lebens, die offenbart ist durch Jesum Christum, fließt die Liebe zum Nächsten. Für die Wahrheit dieser Erkenntnis giebt es zwei Beweise. Der eine ist der, daß, wofern man sie nicht anerkennt, der Ursprung des Lebens sich als trügerisch erweist, als einer, der den Menschen ein unbefriedigendes Streben nach Leben und Heil gegeben habe; der andere aber der, daß der Mensch in seinem Herzen fühlt, daß Liebe und Güte zum Nächsten das einzige wahre, freie und ewige Leben ist.

———

Kap. I, Vers 1, 2, 3. Das ist die Verkündigung von der Erkenntnis des Lebens, bei der die Menschen Gemeinschaft haben mit dem Vater des Lebens und darum das ewige Leben haben.

4. Das ist die Verkündigung vom Heile.

5. Die Erkenntnis des Lebens ist die, daß Gott das Leben und das Heil ist, und daß im Leben und Heile kein Tod und Böses ist.

6. So wir sagten, daß wir eins wurden mit Gott und leben doch im Bösen und Tode, so betrügen wir uns entweder, oder thun nicht, was wir sollen.

7. Nur wenn wir jenes Leben leben, wie er es lebte, dann nur sind wir mit ihm vereint.

Kap. II, Vers 1. Als Erzieher zu diesem Leben haben wir Jesum Christum, den Gerechten.

2. Er befreite uns und die ganze Welt von der Ungerechtigkeit.

3. Das, daß wir die Lehre Jesu Christi kennen, erkennt man daran, daß wir seine Gebote erfüllen.

4. Der, der spricht, er kenne die Lehre Jesu Christi, der seine Gebote aber nicht erfüllt, der ist ein Betrüger und in ihm ist keine Wahrheit.

5. Der aber, der seine Gebote erfüllt, der hat die göttliche Liebe. Allein durch die Liebe wissen wir, daß wir vereint sind mit dem Vater.

8. Der, der spricht, daß er vereint ist mit Jesu Christo, der muß auch leben wie Jesus lebte.

9. Der, der von sich spricht, daß er im Leben und Heile sei, seinen lebenden Bruder aber haßt, der ist nicht im Leben und Heile, sondern im Tode und im Bösen und weiß selbst nicht, was er thut; und blind ist der, der das Leben haßt, das in ihm ist.

15. Dazu, daß man nicht blind sei, muß man gedenken, das alles Irdische, Weltliche, Begierde des Fleisches oder Eitelkeit ist und alles das nicht von Gott.

16. Daß alles das dahin geht und stirbt.

17. Daß der nur, der den Willen des Vaters, die Liebe erfüllt, immer bleiben wird.

23. Nur der, der seinen Geist anerkennt, als Sohn des Vaters, nur der vereint sich mit dem Vater.

24. Und darum, so haltet auch an jener Erkenntnis, daß ihr dem Geiste nach Söhne seid des Vaters, Gottes, und dann werdet ihr das ewige Leben haben.

Kap. III, Vers 1. Gott gab uns die Möglichkeit, seine Söhne zu sein und – ebensolche wie er.

2. So daß wir in diesem Leben seine Söhne werden. Obschon wir nicht wissen, was wir sein werden, wissen wir, daß wir solche sind wie er und uns vereinigen mit ihm.

3. Die Hoffnung auf dieses ewige Leben befreit den Menschen von Fehlern und macht ihn rein, zu einem solchen, wie der Vater ist.

4. Jeder der Sünde thut, handelt gegen den Willen des Vaters.

5. Jesus Christus erschien, daß er uns lehrte, frei zu werden von Sünden und eins zu werden mit Gott.

6. Und darum kann der, der sich vereinte mit ihm, nicht länger mehr sündigen. Der nur sündigt, der ihn nicht kennt.

7. Und wer in Gott lebt, der thut recht.

8. Recht thut nur der nicht, der nicht eins geworden ist mit Gott.

9. Wer seine Geburt aus Gott anerkennt, der kann nichts Falsches thun.

10. Und darum werden die Menschen unterschieden nach Göttlichen und Nicht-Göttlichen, nach solchen, die die Gerechtigkeit kennen und die Brüder lieben, und solchen, die die Gerechtigkeit nicht kennen und die Brüder nicht lieben.

11. Darum, daß wir nach der Verkündigung Jesu Christi nicht umhin können, die Brüder zu lieben.

14. Nach der Verkündigung Jesu Christi wissen wir, daß wir aus dem Tode übertreten ins Leben, dadurch, daß wir die Brüder lieben, und daß der, der den Bruder nicht liebt, im Tode ist.

15. Wir wissen, daß der, der den lebenden Bruder nicht liebt, der auch das Leben nicht liebt. Der aber, der das Leben nicht liebt, das Leben auch nicht haben kann.

16. Wir kennen nach seiner Verkündigung die Liebe dadurch, daß das Leben uns gegeben ist, und darum wissen wir, daß wir unser Leben geben müssen für den Bruder.

17. So daß wer das Leben hat und sieht, daß sein Bruder in Not

ist, und dem Bruder sein Leben nicht giebt, daß in dem keine göttliche Liebe ist.

18. Lieben muß man nicht mit Worten, sondern durch die That und Wahrheit.

19. Und wer so liebt, dessen Herz ist ruhig, darum, daß er eins geworden ist mit dem Vater.

20. Wenn sein Herze kämpft, dann unterwirft er sein Herze Gott.

21. Darum, daß Gott wichtiger ist, als die Wünsche des Herzens. Wenn aber sein Herze nicht kämpft, dann ist er selig.

22. Darum, daß er alles was er kann aufs beste thut und erfüllt das, was ihm geboten ist.

23. Geboten aber ist ihm, zu glauben an das, daß er ein Sohn Gottes ist, und daß man die Brüder liebe.

Kap. IV, Vers 4. Die, die so handeln, werden eins mit Gott und höher denn die Welt, darum, daß das, was in ihnen ist, mehr ist und wichtiger als die ganze Welt.

7. Und darum werden wir einander lieben. Die Liebe ist von Gott, und jeder der liebt, der ist Gottes Sohn und kennt Gott.

8. Wer aber nicht liebt, der kennt Gott nicht, darum, daß Gott die Liebe ist.

9. Daß Gott die Liebe ist, das erkennen wir daraus, daß er seinen Geist, einen solchen wie er selbst, in die Welt sandte und uns das Leben gab durch ihn.

10. Wir waren nicht und Gott bedurfte unser nicht, er aber gab uns das Leben zum Heil, folglich liebt er uns.

12. Gott erkennen kann niemand. Alles was wir wissen können von ihm ist dies, daß er uns liebte und durch diese Liebe uns das Leben gab.

11. Und darum, daß wir in Gemeinschaft seien mit Gott, müssen wir solche sein wie er, und thun wie er, d. h. die Menschen lieben.

12. So wir einander lieben, ist Gott in uns und wir sind in ihm.

15. Nachdem wir diese Liebe Gottes zu uns verstanden, glauben wir an das, daß Gott die Liebe ist und daß wer liebt, eins wird mit Gott.

17. Und da wir das verstanden, so fürchten wir den Tod nicht, darum, daß wir in dieser Welt ebensolche wurden wie Gott.

18. Unser Leben ward Liebe und ward befreit von Furcht und allen Leiden.

19. Wir lieben darum, daß er liebt.

20. Und lieben nicht einen Gott, den man nicht lieben kann, darum, daß niemand ihn sieht, sondern lieben den Bruder, den man lieben kann. Der, der spricht, daß er Gott liebt, seinen Bruder aber haßt, der betrügt sich, darum, daß, so er seinen Bruder nicht liebt, den er sieht, wie kann er Gott lieben, den er nicht sieht?

21. Darum, daß uns das Gebot gegeben ist, Gott zu lieben in unserem Bruder.

Kap. V, Vers 2 und 4. Die Liebe Gottes ist die, daß man seine Gebote erfülle. Seine Gebote aber sind nicht schwer für den, der, nachdem er seine Geburt aus Gott erkannt, höher ward als die Welt. Unser Glaube hebt uns über die Welt hinaus. Unser Glaube aber ist wahr in dem, was uns Jesus, Gottes Sohn, lehrte.

8. Und der Geist ist in uns und versichert uns der Wahrheit seiner Lehre.

9. So wir glauben an das, dessen die Menschen uns versichern, wie sollten wir dann nicht glauben an den Geist, der in uns ist?

10. Der, der glaubt an das, daß der Geist des Lebens in ihm ist, ein Geist, von oben herabgestiegen, der hat Befriedigung in sich selber. Der aber, der nicht glaubt an das, daß das Leben Geist ist, von oben, vom Vater herabgestiegen, der macht Gott zum Betrüger.

11. Der Geist versichert uns dessen, daß das Leben in uns ein ewiges Leben ist.

12. Wer glaubt an das, daß dieser Geist ein Sohn des ewigen Geistes ist und ein solcher wie er, der hat auch das ewige Leben.

14. Und wer an das glaubt, für den giebt es keine Hindernisse im Leben, sondern alles, was er wünscht nach dem Willen des Vaters, alles das wird sich vollenden für ihn.

18. Und darum so lebt, wer glaubt, daß er ein Sohn Gottes ist, nicht in der Lüge und rein vom Bösen.

19. Darum, daß er weiß, daß die weltliche Welt Trug ist.

20. Daß in ihm (dem Menschen selber) Vernunft ist dazu, daß er erkenne, daß es Wahrheit giebt. Die Wahrheit aber, die es giebt, das ist der Geist, der Sohn des Vaters.

Ende

ANHANG

Kommentierte Bibliographie zu
Leo N. Tolstois Werken über die Evangelien

1. Vereinigung und Übersetzung
der vier Evangelien

Russischer Text I Lew TOLSTOI: Soedinenie i perevod četyrech Evangelij (Vereinigung und Übersetzung der vier Evangelien, 1879-1881). In: PSS [Russische Gesamtausgabe in 90 Bänden, Moskau 1928-1957ff: Polnoe sobranije sočinenij]. Band 24. Moskau 1957, S. 7-800. [Als Internet-Ressource: http://tolstoy.ru/creati vity/90-volume-colection-of-the-works].

Zur Editionsgeschichte I Das in den Jahren 1879 bis 1881 entstandene Werk „erschien erstmals 1892-1894 in Genf (in drei Bänden). 1901 veröffentlichte Čertkov in England eine Kompilation der ‚Vereinigung und Übersetzung‘ und der ‚Kurzen Darlegung‘ [→2]. Eine erste textologisch zuverlässige Fassung erschien 1906-1907 (der erste Band noch in England, die beiden weiteren aufgrund der Lockerung der Zensurgesetze nach der Revolution von 1905 schon in Russland 1907). Diese Ausgabe wurde allerdings nach einem längeren juristischen Prozess 1912 in Russland wieder verboten und ein Großteil der Auflage wurde beschlagnahmt und vernichtet." (Daniel Riniker. In: Martin George / Jens Herth / Christian Münch / Ulrich Schmid [Hg.]: Tolstoj als theologischer Denker und Kirchenkritiker. Zweite Auflage. Göttingen 2015, S. 165).

Übersetzungen von kurzen Auszügen I L. N. TOLSTOI: Vorrede zum Werke ‚Vereinigung und Übersetzung der vier Evangelien‘, übersetzt von Dr. N[achman]. Syrkin. In: L. N. Tolstoi: Das Evangelium. Kurze Auslegung mit Anmerkungen aus dem Werke „Vereinigung und Uebersetzung der vier Evangelien". Berlin: Hugo Steinitz Verlag 1902, S. 130-141. (Ebd., S. 156-183 auch weitere Auszüge = Anmerkungen). – L. N. TOLSTOJ: Das Wunder der Auferstehung Christi (aus dem Buch Vereinigung und Übersetzung der vier Evangelien), übersetzt von Olga Radetzkaja. In: Martin George / Jens Herth / Christian Münch / Ulrich Schmid (Hg.): Tolstoj als theologischer Denker und Kirchenkritiker. Zweite Auflage. Göttingen: Vandenhoeck & Ruprecht 2015, S. 164-173. – Eine Übertragung des gesamten, sehr umfangreichen Werkes für deutschsprachige Leser*innen liegt nicht vor!

2. Kurze Darlegung des Evangeliums

Russischer Text I Lew TOLSTOI: Kratkoe izloženie Evangelija (Kurze Darlegung des Evangeliums, 1881-1883). In: PSS [Russische Gesamtausgabe in 90 Bänden, Moskau 1928-1957ff: Polnoe sobranije sočinenij]. Band 24. Moskau 1957, S. 801-938. [Als Internet-Ressource: http://tolstoy.ru/creativity/90-volume-colection-of-the-works]. – Zur Entstehung dieser Schrift vgl. im vorliegenden Band →S. 31.

Übersetzungen (chronologisch) | Graf Leo TOLSTOI: Kurze Auslegung des Evangeliums. Deutsch von F. W. Ernst. Berlin: Hugo Steinitz Verlag 1891. [256 Seiten]. – Graf Leo N. TOLSTOJ: Kurze Darlegung des Evangelium. Aus dem Russischen von Paul Lauterbach. Leipzig: Druck und Verlag von Philipp Reclam jun. [1892]. [204 Seiten]. – Graf Leo TOLSTOI: Leben und Lehre Jesu [= nur die Kapitelzusammenfassungen der ‚Kurzen Darlegung des Evangeliums‘]. In: L. N. Tolstoi: Über Gott und Christentum. Deutsch von Dr. N[achman]. Syrkin [zuerst 1896]. Dritte Auflage. Berlin: Hugo Steinitz Verlag 1901, S. 53-105. [Gesamtumfang des Bandes 114 Seiten]. – L. N. TOLSTOI: Das Evangelium. Kurze Auslegung mit Anmerkungen aus dem Werke „Vereinigung und Uebersetzung der vier Evangelien". Deutsch von Dr. N[achman] Syrkin. Berlin: Hugo Steinitz Verlag 1902. [192 Seiten.] [Ohne die Anmerkungen neu ediert in L. N. Tolstoi: Wahrheit will gefunden werden. Aufzeichnungen eines Gottsuchers, herausgegeben von Manfred Baumotte. Zürich/Düsseldorf: Benzinger 1998, S. 137-197]. – Graf Leo N. TOLSTOI: Das Leben und die Lehre Christi [= nur die Kapitelzusammenfassungen der ‚Kurzen Darlegung des Evangeliums‘]. In: L. N. Tolstoi: Gott und Unsterblichkeit. Aus dem Russischen übersetzt von L. A[lbert]. Hauff. Berlin: Verlag von Otto Janke [1901], S. 43-109. [Gesamtumfang des Bandes 131 Seiten]. – L. N. TOLSTOI: Kurze Darlegung des Evangeliums [daraus nur die Kapitelzusammenfassungen], übersetzt von Olga Radetzkaja. In: Martin George / Jens Herth / Christian Münch / Ulrich Schmid (Hg.): Tolstoj als theologischer Denker und Kirchenkritiker [2014]. Zweite Auflage. Göttingen: Vandenhoeck & Ruprecht 2015, S. 134-163.

Tagebucheinträge & Briefbezüge zur ‚Bibelarbeit‘ | Leo N TOLSTOI: Tagebücher 1847-1910. Aus dem Russischen übersetzt von Günter Dalitz. München: Winkler 1979, S. 256, 533, 767, 770, 778. – Lew TOLSTOI: Briefe. Erster Band: 1844-1885. Übersetzt von Günter Dalitz aus dem Russischen. (= Gesammelte Werke in zwanzig Bänden. Hg. Eberhard Dieckmann und Gerhard Dudek, Band 16). Berlin: Rütten & Loening 1971, S. 563, 585. – Lew TOLSTOI: Briefe. Zweiter Band: 1886-1910. Übersetzt von Günter Dalitz (= Gesammelte Werke, Band 17). Berlin 1971, S. 132f., 240.

3. Die Lehre Christi, dargestellt für Kinder

Russischer Text | Lew TOLSTOI: Učenie Christa, izložennoe dlja detej (Die Lehre Christi, dargestellt für Kinder. 1908). In: PSS [Russische Gesamtausgabe in 90 Bänden, Moskau 1928-1957ff: Polnoje sobranije sotschinenij w 90 tomach]. Band 37. Moskau 1956, S. 97-147. [Als Internet-Ressource: http://tolstoy.ru/creativity/90-volume-colection-of-the-works].

Übersetzung | Leo TOLSTOI: Die Lehre Christi dargestellt für Kinder. Einzige autorisierte Übersetzung aus dem Original-Manuskript von Dr. A[lbert]. Škarvan. Herausgegeben von Dr. E. H. Schmitt. Zweite Auflage. Dresden: E. Piersons Verlag 1909. [VI und 113 Seiten] [Laut Bibliothekskatalog: drei Auflagen im Jahr 1909]. – Neu-Edition in: Leo N. TOLSTOI: Die Christliche Lehre. Katechetische Schriften für Erwachsene und Kinder. (= Tolstoi-Friedensbibliothek Reihe A, Band 10). Norderstedt: BoD 2023, S. 87-156.

Ausgewählte Sekundärliteratur zu Tolstois Bibelarbeit

ACKERMANN 1927 = Johannes Ackermann: Tolstoj und das Neue Testament. Leipzig: Teubner 1927.

GAEDE 1974 = Käte Gaede: Das Schriftverständnis Lev Tolstojs und Fragen seines gesellschaftlichen Bezuges. Theologische Dissertation I Humboldt-Universität. Berlin 1974. [Maschinenschriftlich vervielfältigt].

GAEDE 1980 = Käte Gaede: Lew Nikolajewitsch Tolstoi. Schriftsteller und Bibelinterpret. Berlin: Evangelische Verlagsanstalt 1980.

GASTROW 1905 = Paul Gastrow: Tolstoj und sein Evangelium. Gießen: A. Töpelmann 1905.

GEORGE/HERLTH/MÜNCH/SCHMID 2015 = Martin George / Jens Herlth / Christian Münch / Ulrich Schmid (Hg.): Tolstoj als theologischer Denker und Kirchenkritiker. (Übersetzung der Tolstoj-Texte von Olga Radetzkaja und Dorothea Trottenberg, Kommentierung von Daniel Riniker). Zweite Auflage. Göttingen: Vandenhoeck & Ruprecht 2015. [Erstauflage 2014.]

GLOGAU 1893 = Gustav Glogau: Leo Graf Tolstoi ein russischer Reformator. Ein Beitrag zur Religionsphilosophie. Kiel/Leipzig: Lipsius & Tischler 1893.

GOLDT 2015 = Rainer Goldt: Judentum. In: M. George / J. Herlth / Chr. Münch / U. Schmid (Hg.): Tolstoj als theologischer Denker und Kirchenkritiker. Zweite Auflage. Göttingen: Vandenhoeck & Ruprecht 2015, S. 557-570.

HEIM 1922 = Karl Heim: Tolstoj und Jesus. (= Stimmen aus der deutschen christlichen Studentenbewegung, 15). Berlin: Furche-Verlag 1922.

HODEL 2015 = Robert Hodel: Ludwig Wittgenstein [Tolstoi-Rezeption]. In: M. George / J. Herlth / Chr. Münch / U. Schmid (Hg.): Tolstoj als theologischer Denker und Kirchenkritiker [2014]. Zweite Auflage. Göttingen: Vandenhoeck & Ruprecht 2015, S. 653-667.

HOLL 1922/1928 = Karl Holl: Tolstoi nach seinen Tagebüchern [1922]. In: Karl Holl: Gesammelte Aufsätze zur Kirchengeschichte. Band II. Der Osten. Tübingen: Verlag von J.C.B. Mohr 1928, S. 433-449.

KJETSAA 2001 = Geir Kjetsaa: Lew Tolstoj. Dichter und Religionsphilosoph. Gernsbach: Casimir Katz Verlag 2001.

KLOSTERMANN 1961 = Robert Adolf Klostermann: Zur Problematik der russischen Bibelexegese. In: Studien zum Neuen Testament und zur Patristik. (= Texte und Untersuchungen zur Geschichte der altchristlichen Literatur, Bd. 77). Berlin: Akademie-Verlag 1961, S. 351-378.

KOEBER 1890 = Raphael von Koeber: Leo Tolstoi und sein unkirchliches Christentum. Herausgegeben mit einer Nachschrift: Die Flucht aus dem brennenden Cirkus, von Hübbe-Schleiden. Braunschweig: C. A. Schwetschke & Sohn 1890.

LAURILA 1944 = Kaarle Sanfried Laurila: Leo Tolstoj und Martin Luther als Ausleger der Bergpredigt. Annales Academiæ Scientiarum Fennicæ, Band 55,1. Helsinki 1944.

MACHINEK 1998 = Marian Machinek: „Das Gesetz des Lebens"? Die Auslegung der Bergpredigt bei L. N. Tolstoj im Kontext seines ethisch-religiösen Systems. (= Moraltheologische Studien – Systematische Abteilung, Band 25). St. Ottilien: Eos Verlag Erzabtei St. Ottilien 1998.

MILKOV 2004 = Nikolay Milkov: Leo Tolstois Darlegung des Evangeliums und seine theologisch-philosophische Ethik. In: Perspektiven der Philosophie. Neues Jahrbuch. Band 30 (2004), S. 311-333.

MÜNCH 2015 = Christian Münch: Offenbarung und Bibel. In: M. George / J. Herlth / Chr. Münch / U. Schmid (Hg.): Tolstoj als theologischer Denker und Kirchenkritiker. Zweite Auflage. Göttingen: Vandenhoeck & Ruprecht 2015, S. 338-354.

ORECHANOV 2015 = Georgij Orechanov: Russische Orthodoxe Kirche [Tolstoj-Rezeption]. In: M. George / J. Herlth / Chr. Münch / U. Schmid (Hg.): Tolstoj als theologischer Denker und Kirchenkritiker. Zweite Auflage. Göttingen: Vandenhoeck & Ruprecht 2015, S. 585-593.

SALOMON 1929 = Richard Salomon: Tolstoj als Bibelexegetiker. In: Archiv für slavische Philologie, Berlin 42. Jg. (1929), S. 184-186.

TAMCKE 2010 = Martin Tamcke: Tolstojs Religion. Eine spirituelle Biographie. Berlin: Insel Verlag 2010.

TAMCKE 2015 = Martin Tamcke: Protestantische Theologie [Tolstoj-Rezeption]. In: M. George / J. Herlth / Chr. Münch / U. Schmid (Hg.): Tolstoj als theologischer Denker und Kirchenkritiker. Zweite Auflage. Göttingen: Vandenhoeck & Ruprecht 2015, S. 608-619.

Dieser Band erscheint in der Reihe A des Editionsprojekts
‚Tolstoi-Friedensbibliothek' zur (Neu-)Erschließung
gemeinfreier Übersetzungen von ‚religionsphilosophischen
(theologischen) und sozialethischen Schriften' Leo N. Tolstois.
Über weiterführende Literatur, zu unseren Angeboten
sowie zum Kreis der Beteiligten (Konzeption
und Herausgeberschaft, Bearbeitung, Beratung,
Kooperationspartner*innen) informiert die Projektseite:
www.tolstoi-friedensbibliothek.de